KB275176

이브리어 단어별 해설로
새롭게 알아가는

일곱 가지의 복

이브리어 단어별 해설로
새롭게 알아가는

일곱 가지의 복

초판 1쇄 인쇄 2025년 9월 04일
초판 1쇄 발행 2025년 9월 15일

지은이 조길봉
펴낸이 황성연
펴낸곳 하늘기획
출판등록 제306-2008-17호
주소 경기도 파주시 광탄면 혜음로883번길 39-32

전화 031- 947-7777
팩스 0505-365-0691
편집 박상진
표지 그림 조예르
마케팅 이숙희, 최기원
제작 관리 이은성, 한승복
Copyright © 2025, 하늘기획

ISBN 979-11-92082-295 03230

이브리어 단어별 해설로
새롭게 알아가는

일곱 가지의 복

Exploring the Meaning of Each Word
to Understand Elohim's Promises

지은이 조길봉
Writer Shepherd Cho Gil-Bong

이브리어 단어별 합성어 해설 연구원
A research Institute of compound words for each Ebrew word

영이신 아버지, 전능하신 아버지께서 이브리어 상형문자 단어들 안에 심오한 복들의 내용과 영적 의미들을 담아 놓으셨다. 이 복들은 오직 이브리어 단어별 합성어 해설을 할 때 그 의미를 명확하게 알 수가 있다. 필자는 이브리어 고음 표기를 99% 사용한다. 생소할 수 있지만 알 권리 차원에서 모음 표기를 사용한다.

한글번역 성경, 영어성경, 한문 성경으로는 이브리어 상형문자 단어에 담아 놓으신 복들의 의미를 명확하게 알 수가 없다. 도리어 오역이 많다. 오역이 많은 이유는 그 나라의 토속문화와 국어에 한계 때문일 것이다. 예컨대 구약 원어 텍스트에는 엘로힘(만능들이시다), 엘(힘과 강함이시다), 엘로바흐(능력이시다), 신약 원어 텍스트에는 데오스(전능들, 전능들이시다. 데오스 이브리어 역어는 엘로힘이다)에는 '하느님', '하늘님', '하나님'이라는 명칭이 나오지 않는다.

'원라 한국어에는 기독교의 신을 지칭하는 고유한 단어가 없었다.'
'18세기 말, 성경이 한국어로 번역되는 과정에서 스코틀랜드 선교사 존 로스는 평안도 방언에서 '하늘'과 존칭 접미사 '-님'이 결합한 '하느님'이라는 단어가 기독교의 유일신을 나타내는 데 가장 적합하다고 보았다.'

이 땅에 복음이 들어온 이후 존 로스 선교사가 1883년 10월부터 한글성경에 표기하면서부터 공식적으로 부르던 그 '하나님'은 신구약 원어 텍스트에서 말하는 유일신 '하나님'이 아니다(신 6:4, 약 2:19). '하나님 유래' 등을 구글(Google)에 검색해보라. 자료가 차고 넘친다. 영이신 아버지, 전능하신 아버지의 공식적인 본명은 영(루하, 프뉴마, 명사 프뉴마 이브리어 역어는 루하이다)이시다. * רוּחַ (7307, 루아흐 - 영, 숨, 바람)를 사전에서는 '루아흐'라고 하였으나 바브 ו에 모음은 슈렉(ㅜ)이다. 헤트 ח 모음은 파타 흐(ㅏ)이다. 바브에 슈렉(ㅜ)을 레소 ר에서 가져가므로 바브는 무음이다. 그러므로 '루하'가 정음 모음 표기이다. 필자는 발견하지 못 할 때에는 지나칠 수 있지만 발견하면 즉시 교정(矯正)한다.

에하흐(능력과 생명으로 실존하심), 엘로힘(만능들), 엘(힘, 강함), 엘로바흐(힘, 능력, 권능), 예슈아(에하흐는 구원하신다, 에하흐는 구출 하신다), 아도나이(나의 주), 아브(아버지), 바알(남편)등은 루하 - 프뉴마께서 어떤 분이신지를 알려주는 이름과 칭호들이다. 영이신 아버지께서 가장 진노하시고 가증스럽게 여기시며 심판하시는 것이 우상숭배이다. '하나님'의 명칭은 '우리 민족의 3대 경전인 천부경, 삼일신고, 참전계정'에 나오는 미신의 명칭, 우상의 명칭이므로 사용해서는 안 된다. 142년 동안 사용하였어도 문제가 없었다고들 하지만 우리의 신앙과 행위의 유일한 법칙은 오직 신구약 원어 텍스트라는 것을 모두가 믿고 있다.

이브리어 일곱 개 단어가 대표적인 복들이다. 이브리어를 어렵게만 생각하고 이브리어에 관심이 없는 목회자는 영이신 아버지, 전능하신 아버지께서 주시고자 하시는 일곱 가지의 복들에 대하여 아마도 모르고 있을 것이다. 헬라어에도 복에 대한 말씀이 있지간 이브리어 상형문자가 아니므로 본문과 사전적 의미로만 해설한다.

본서는 필자가 목회하는 잘되는 교회에서 2024년 1월부터 1년 내내 전하여온 말씀들을 정리하였다. 복들을 말하여도 이브리어 원어를 모르면 전능하신 아버지께서 주시고자 하시는 복들의 의미와 거리가 멀다. 그리고 많은 목회자가 전능하신 아버지께 '축복'하여 달라는 기도와 설교를 한다. 한자의 축복(祝福 - 빌어서 복을 내림)의 의미를 알면 그런 축복을 하지 않게 될 것이다.

한자어(漢字語) 축복의 사전적 의미를 보라.

축(祝 빌 축 : 빌다, 기원하다, 귀신(鬼神)을 섬기는 일을 업으로 하는 사람, 사내무당, 박수), 복(福 복 복 : 복을 내리다, 돕다, 편안하고 단족한 상태와 그에 따른 기쁨, 좋은 운수)

축복(祝福 ① 복을 빌어서 행복을 빎. 또는 그런 행복, 축(祝)자는 빌 축이다. 사전적 의미 - 빌다, 기원하다, 귀신(鬼神)을 섬기는 일을 생업으로 하는 사람, 사내무당, 박수 등이 자기보다 큰 신(神)에게 빌어서 축복하는 행위를 말함, ② [기독교] 전능하신이가 복을 내림)이다.

무속적인 사람들과 귀신(鬼神)을 섬기는 무당들은 그들의 신(神)들에게 '비나이다.'를 하여 사람에게 축복해달라는 것은 맞는 말이다. 하지만 목회자는 축복해주시옵소서라고 하면 안 된다.

영이신 아버지, 전지전능하신 아버지를 믿고 섬기는 목회자는 무당들처럼 전능하신 아버지 '축복해 주시옵소서'라고 기도를 해서는 안 된다. 전능하신 아버지 '복을 주시옵소서' 라고 해야 한다. 전지전능하신 아버지는 못하실 것이 없는 분이시다. 만능이신 엘로힘보다 더 큰 전능하신이가 계셔서 그 분에게 빌어서 사람에게 축복을 주시는 분이 아니시라는 것을 알아야 한다. 전능하신 아버지께서는 복을 내려주시는 분이시다. 축복(祝福 - 빌어서 복을 내림)하시는 분이 아니다. 사람이 사람을 축복(祝福 - 빌어서 복을 내림)하는 것은 가능하다.

22 에하흐 그가 약속하여 모세에게 말씀하셨다. 23 아하론에게와 그 아들들에게 선언하라고 말씀하셨다. 이 방법으로 이스라엘 아들들, 그들에게 빠라크(성공, 번영, 생산, 장수 등을 위한 능력을 부여) 본질을 선언하라. 24 에하흐 그가 네게 복(빠라크)을 주시며 그가 너를 지키시며 25 에하흐 그의 얼굴들과 그의 빛(오르 – 예슈아 생명의 빛)을 비추시며 그가 네게 대하여 그가 네게 은혜(하난 – 하나닏께서 정하여 놓으신 생명의 울타리와 생명의 경계선 안에 있는 자)를 베푸시며 26 에하흐 그 얼굴들을 네게로 그가 들어 올려 솨롬(완전한 평안, 번영, 성공, 승리, 건강, 행복)을 네 안에 그가 세우시며 27 그들을 내 이름의 본질로 계속 세워달라고 하면 내가 이스라엘 아들들 위에 내가 그들에게 복(빠라크)을 주리니라고 하였다.

그러므로 전능하신 아버지 축복해주세요. 영이신 아버지 축복해주세요. 하지 갈고 전능하신 아버지 복을 주시옵소서. 영이신 아버지 복을 주시옵소서. 어하흐 엘로힘께서 복을 주시옵소서. 예슈아여 복을 주시옵소서라고 기도해야 한다.

사람들은 서로가 부족하기 때문에 빌어서 축복하므로 축복이라는 말이 맞지만 목회자가 전능하신 아버지의 이름을 넣어서 축복하여 달라고 하는 것은 아버지의 뜻이 아니다.

영이신 루하 엘로힘은 능치 못함이 없는 모든 만능들이시기 때문이다.

세계 각 나라에서 1+1=2의 팩트는 세월이 지나도 변하지 않는다. 나라가 달라도 동일하게 사용한다. 영이신 루하 엘로힘의 감동으로 기록된 전능하신 이의 말씀이 세월이 지나서 변형 되었다는 이브리어 단어들이 있다. 그렇다면 전능하신 아버지의 감동으로 기록된 말씀이 아니다. 본질이 변질되었고 정경의 본질의 권위를 잃게 된다.

필자는 이런 단어들이 발견되면 올바르게 잡는다. 이브리어 모음 표기를 정확히 이해하고 사용하는 것은 이브리어 문법을 이해하는데 매우 중요하다. 필자가 이브리어 모음 표기를 사용하는 이유이다. 한글 표기가 안 되는 것은 어쩔 수 없지만 한글 표기를 할 수 있는 단어들은 모두 모음 표기를 하고 있다. 조선 땅에 1832년 7월 25일로, 개신교 선교사 칼 귀츨라프가 최초로 조선을 방문해 복음을 전하였다. 조선 땅에 복음이 들어 온지 193년이 되었다. 193년 만에 정통적인 이브리어 모음 표기가 생소할 수가 있다. 모음 표기가 맞는 것과 맞지 않는 것이 있다. 출처도 불분명하다. 모음 표기까지 토속문화의 영향이라고 해야 하는 지는 의문이다. 그러나 분명한 것은 중국의 한문 영향과 영어권 선교사들의 영향으로 이브리어와 헬라어의 고유명사들까지 너무나 다르게 표기하였다. 그것도 영이신 아버지가 어떤 분이신지를 알려주는 이름과 칭호들 까지 영어 표기로 본질이 왜곡 되었다.

한국교회 목회자, 신학교수, 신학생, 성도들이 생소하고 어려울 수도 있다. 하지간 팩트의 올바른 진리에 대하여 칸대를 할 수 없다. 팩트는 믿고 받아들이는 것이다. 필자는 영이신 아버지의 부르심에 사명감을 가지고 신구약 원어 성경번역과 이브리어 단어별 해설로 진리의 복음을 알리는 일에 전념하고 있다. 이브리어 한글 사전에 모음 표기가 너무 많이 왜곡되어 있어 정확한 모음 표기를 하고 있다. 지금은 생소하지만 세월이 지나면 공통어가 될 것이다.

▣ 목 차

예슈아 יְשׁוּעָה 의 복

예슈아를 믿고 받는 죄 사함과 영생구원은 지상 최대의 복이다.

- **개역개정**

'여호와여 나는 주의 구원을 기다리나이다'(베레쉬트세페르(창) 49:18)

- **원어 직역 문장정리**

에하흐 당신의 예슈아를 나는 소망하고 기다립니다.

'모세가 백성에게 이르되 너희는 두려워하지 말고 가만히 서서 여호와께서 오늘 너희를 위하여 행하시는 구원(예슈아)을 보라 너희가 오늘 본 애굽 사람을 영원히 다시 보지 아니하리라'(쉐모트세페르(출) 14:13)

'여호와는 나의 힘이요 노래시며 나의 구원(예슈아)이시로다 그는 나의 하나님이시니 내가 그를 찬송할 것이요 내 아버지의 하나님이시니 내가 그를 높이리로다'(쉐모트세페르(출) 15:2)

'그런데 여수룬이 기름지매 발로 찼도다 네가 살찌고 비대하고 윤택하매 자기를 지으신 하나님을 버리고 자기를 구원(예슈아)하신 반석을 업신여겼도다'(다바림세페르(신) 32:15)

■ 예슈아 사전적 의미

יְשׁוּעָה (3444 예슈아 사전적 의미- 네게 복리를, 네게 번영을 네가 구조를 받는다, 네가 도움을 받는다, 네가 승리하게 한다, 네가 구원을 받는다, 네가 구출을 받는다. 78회)

לִישׁוּעָתֶךָ 전치사 – 명사 여성 단수 – 2인 남성 단수

예슈아(명여) 어근은 야솨 יָשַׁע (3467: 사전적 의미 – 구원하다, 해방시키다, 구원, 구출, 구조, 안전, 복리, 번영, 승리, 236회)이다.

● 예슈아 합성어

요드 + 쉰 + 바브 + 아인 + 헤이 이다.

● 상형문자 의미

요드 – 에하흐 손, 능력, 하게함, 되게 함이다.

쉰 – 이빨, 되새김질, 형상, 모양, 올바름이다.

바브 – 갈고리, 못, 연결하는 사람 예슈아이다.

아인 – 눈, 대답, 예, 아니요, 이해하다.

헤이 – 호흡, 목숨, 실존, 영원히 실존하는 생명이다.

예슈아를 믿으면 죄 사함을 받고 영생구원을 얻는다. 그런데 예슈아의 이름의 의미도 모르고 믿는다면 부끄러운 일이다. 아마도 대부분의 성도들이 예슈아의 이름의 뜻을 '그가 자기 백성을 그들의 죄에서 구원할 자이심이라'(마1:21)로 믿을 것이다. 필자도 그렇게 믿었다. 그러나 이브리어에 담아놓으신 예슈아의 이름의 의미를 듣거나 배우지 못하였다. 그래서 자세히 해설하려고 한다.

- **개정개역**

  '아들을 낳으리니 이름을 예수라 하라 이는 그가 자기 백성을 그들의 죄에서 구원할 자이심이라 하니라'(맛다이오스유앙겔리온(마) 1:21)

- **원어 직역 문장정리**

  그리고 그가 아들을 낳으며 그의 이름 그를 너는 예슈아라 부르라. 그는 참으로 그가 그의 백성을 그들의 죄(하마르티아)들의 이것들 에서부터들 구원하시며

한글번역은 '예수 그리스도'라고 하였다. 예수 그리스도는 이브리어 '예슈아'와 헬라어 '크리스토스'의 합성어이다. 그러므로 정확한 표기는 ① 예슈아 크리스토스 ② 이브리어 헬라 표기는 예수스 크리스토스 ③ 헬라 표기는 이에수스 크리스토스 (한글번역 성경은 예수 그리스도인데 그 근거(根據 - 뿌리의 사실 근거)가 없다)이다. 한글성경 번역 예수 그리스도는 그 출처가 없다. 그러므로 세 가지 중에 하나로 한글성경을 개정해야 한다.

예슈아 간략해설

예슈아께서 왜 복중에 복인가. 예슈아 크리스토스는 신구약 성경의 핵심이라는 것을 부인할 사람은 아무도 없다(요 5:39, 눅 24:25,27,44, 창 3:15). 그 핵심 내용은 '그는 참으로 그가 그의 백성을 그들의 죄(하마르티아)들의 이것들에서 부터들 구원하시며'(마1:21)라는 의미이다. 예슈아께서 육신을 입고 오셔서 당신의 백성들의 저주의 하마르티아의 죄를 짊어지시고 저주의 십자가에서 죽으심으로 쇠탄과 죄들에서 부터들 구원하신다는 의미이다.

죄 사함이 가장 큰 복이라는 것도 부인할 사람은 아무도 없을 것이다. 죄 사함을 받아야 영생구원을 받기 때문어 가장 중요한 복이다. 죄 사함은 성경에 핵심복음이다. 죄 사함을 위하여 죄 없으신 예슈아께서 저주의 십자가 위에서 죽으신 것이다(고후 5:21, 갈 3:13, 빌 2:7-8, 히 4:15, 히 7:26, 요일 3:5, 요일 4:9-10).

필자가 발견한 죄는 100여개이다. 그중에 10개 정도는 꼭 알아야 한다. 『이브리어 단어별 해설로 새롭게 알아가는 신론 죄론』 2024. 5.20발행본 상세해설을 보라. 신학자, 목회자가 죄를 말하지만 죄를 올바르게 가르치지 못하고 있다. 죄를 모르면 영생구원도 없다.

■ 이에수스 Ἰησοῦς 사전적 의미

'에하흐는 구원이시다', '에하흐는 도움이시다', '구원하신다', '구출하신다', '구조하신다'는 의미이다.

이브리어 예슈아 속에 그 진리를 담아 놓으셨다. 다섯 개의 알파벳으로 구성된 합성어를 하나씩 해설을 할 때 명확하게 예슈아 이름의 뜻을 이해할 수 있다.

예슈아 이름의 뜻 상세해설

1. 예슈아는 에하흐 능력의 손으로 오셨다.

요드’ 의 상형문자의 의미는 쥔 손, 하게하시는, 되게 하시는, 능력이다.

• 개역개정

11 여호와(에하흐)여 위대하심과 권능과 영광과 승리와 위엄이 다 주께 속하였사오니 천지에 있는 것이 다 주의 것이로소이다 여호와(에하흐)여 주권도 주께 속하였사오니 주는 높으사 만물의 머리이심이니이다. 12 부와 귀가 주께로 말미암고 또 주는 만물의 주재가 되사 손에 권세와 능력이 있사오니 모든 사람을 크게 하심과 강하게 하심이 주의 손에 있나이다(디브리하야밈알렢(대상) 29:11-12).

• 원어 직역 문장정리

11 에하흐는 그 위대하심과 그 권능과 그 영광과 그 승리와 그 위엄의 광채는 모두 주께, 저 하늘들과 이 땅이 주께, 에하흐께서는 그 왕국의 통치권으로 그것을 들어 올리는 모든 머리이십니다. 12 그 재물(부, 재산)과 그 영광이 주의 주권에, 주의 얼굴들 앞에 그 모든 것이 주의 손의 능력과 권능에, 그 모든 사람이 크게 되는 것과 강하게 하심이 주의 손에

요드 간략해설
- - - - - - - - - - - - - - - - - -

요드는 이브리어 22개 알파벳 중에 가장 작은 알파벳이다. 에하흐 쥔 손의 능

력, 예슈아께서 십자가에 못 박히신 능력의 손을 상징한다(수 4:24, 삼상 7:13-14, 대상 29:11-12, 대하 30:12, 시 89:13, 사 48:12, 사 53:10, 사 62:3, 슥 13:7-9, 마 27:35, 요 10:28-30, 잠 21:30-31). 그리고 에하흐의 약자이다.

예슈아께서 '요드'를 일점이라고 하였다(마 5:18). '요드'는 너무 작기에 주목받지 못하는 것 같고 알아주지 않았다. '요드'의 상형문자의 의미를 다시 보라. 그 누구도 예슈아께서 죄 사함과 영생구원을 주신 성도들을 아버지의 손과 예슈아의 손에서 빼앗아 갈 자가 없는 가장 강력한 능력의 손이다(요 10:28-30, 사 41:10). 성도라면 이 말씀을 굳게 믿고 어떤 상황에서도 흔들리지 말아야 한다.

에하흐의 손은 곧 예슈아께서 저주의 십자가에서 못 박히실 손이다. 예슈아는 가장 강력한 능력이시지만 당신을 가장 작은 요드의 알파벳처럼 가장 낮은 자와 섬기는 자로 오셨다(마 20:28, 막 6:3, 막 11:1-10, 요 7:3-5, 빌 2:6-8, 사 53:1-3).

예슈아의 손은 십자가에 못 박히신 죄 사함과 구원의 손이다(요 20:25-27, 시 22:16).

인류를 죄에서 구원하시려고 예슈아께서 가장 약한 자처럼 되셨다(마 26:67-68, 마 27:26-31). 저주의 십자가에서 대리적 속죄의 희생물로 못 박혀 죽으셨다(마 27:35, 갈 3:13, 딤전 2:4, 사 53:1-12).

요드는 '에하흐께서 하게 하시는 능력의 쥔 손이다'. '에하흐'는 곧 '예슈아' 이시다. 그러므로 '예슈아'께서 오신 후토는 '에하흐'께서 한 번도 나오지 않는다. 에하흐 - 예슈아 쥔 손의 하게하시는 능력으로 겨누어 이기게 하시는 손이다(삼하 8:6,14,1-14, 요일 5:4-5), 위대하게 하시는 손이다(대상 29:11-12).

예슈아께서 하시고자 하시는 복음운동의 계획을 가로막거나 해체할 수가 없다. 그리고 예슈아 손의 능력을 겸손하게 받아들이는 자에게도 그 능력이 나타난다(마 9:20-21, 막 6:5,7,12,13, 막 7:32-35, 막 16:17-18, 눅 13:11-17, 요 5:1-9, 행 3:1-10).

요드의 손의 하게 하시는 능력이 사람에게 임하면 영생구원의 영적인 복과 육신적으로 잘되는 형통의 복을 받게 한다(시 5:11-12, 시 18:1-2,34-50, 시 121:7-8, 시 140:7, 시 144:1-2, 잠 21:30-31, 롬 8:37, 고전 15:57, 요일 4:4, 계 12:11, 계 17:14, 계 21:6-7).

구원 – '야솨' יָשַׁע, (민 10:9, 신 20:4, 신 33:29, 수 10:42, 대하 20:29, 겔 36:29, 겔 37:23, 호 1:7, 합 1:2-13, 슥 9:16)

2. 예슈아는 영이신 아버지의 형상과 모양이시며 본체로 오셨다.

쉰 שׁ의 상형문자 의미는 이빨(되새김질), 형상, 모양, 올바름, 소멸하다, 파괴하다의 뜻이다.

• **개역개정**

하나님(엘로힘 – 만능들, 힘들)이 자기 형상 곧 하나님(엘로힘 – 만능들, 힘들)의 형상대로 사람을 창조하시되 남자와 여자를 창조하시고(베레쉬트세페르(창) 1:27)

- **원어 직역 문장정리**

  얼로힘의 본질인 그의 형상을 닮은 얼로힘 닮은 아담을 그가 창조하시며 그가 남자와 여자를 그가 창조하셨고 그들의 본질과 실체를 창조하셨다.

- **가역개정**

  그는 근본 하나님(데오스-전능들)의 본체시나 하나님과 동등 됨을 취할 것으로 여기지 아니하시고(필립포이(빌) 2:6)

- **원어 직역 문장정리**

  6 이 사람(예슈아) 안에는 데오스(전능들)의 형상과 모양이 있다. 나는 데오스(전능들)와 동등하다들(요1:1, 요10:30).

- **개역개정**

  이 사람(예슈아)은 영광의 광채시요 그 본체의 형상이시라 그의 능력의 말씀으로 만물을 붙드시며 죄를 정결케 하는 일을 하시고 높은 곳에 계신 위엄의 우편에 앉으셨느니라(이브라이우스(히) 1:3)

- **원어 직역 문장정리**

  이 사람(예슈아)은 그의 형상과 광채의 영광이 이 사람(예슈아)이 본질의 형상이시다. 이 능력의 말씀으로 이것과 저것들과 모든 것들을 그가 다스린다. 이 사람(예슈아)이 하마르티아(하타)죄를 깨끗하게 하는 것을 행하시고 이 위대한 곳 위에와 높은 오른쪽 위에 그가 앉으셨다.

예슈아는 영이신 데오스(전능들)의 형상과 모양이시며 본체이시다(창 1:1,26-28, 창 3:15, 사 9:6, 마 1:23, 사 7:14, 요 1:1,18, 요 5:18, 요 10:30, 요 14:9, 요 20:28, 고후 4:4, 빌 2:6, 골 1:15-16, 히 1:3).

'형상' εἰκών(1504, 에이콘 사전적 의미 - 형상, 같다, ~로 보이다)명사 에이콘 이브리어 역어는 체렘 צֶלֶם (6754, 체렘 사전적 의미 - 형상, 닮음, 창1:26-27)이다.

에이콘 & 체렘 간략해설

형상이 같다는 것은 예슈아의 본질이 영이신 루하 엘로힘(프뉴마 데오스)과 동일하다는 의미이다. 뜻이 동일하시다. 죄가 없으신 것이 동일하다. 영광이 동일하시다. 사랑이 동일하시다. 심판이 동일하시다. 거룩하심이 동일하시다.

이브리어 체렘은 책임(차데 צ)과 목자(라메드 ל)와 필수적인 생명진리(멤 ם)가 동일하다는 의미이다. 루하 엘로힘과 예슈아는 책임전가가 없으시다. 복음을 믿는 자들을 책임지시고 구원하신다. 에하흐 목자(시23:1)와 예슈아 목자가 같다(요10:11,1-18). 미리미리 가르쳐주시고 생명의 길, 영생의 길로 인도하심이 동일하다(시1:1-6, 시23:1-6,창-계). 그리고 항상 필수적인 생명진리의 말씀으로 사역하시는 것이 같다는 의미이다(신 32:3-4, 시 18:30, 시 19:7-10, 요 1:14, 요 16:7-15, 약 1:17, 약 4:12).

예슈아는 아버지(루하 아브(영이신 아버지) - 프뉴마 파테르(영이신 아버지))의 말씀을 순종하셨다. 예슈아는 죄 없으신 자이시다(고후 5:21, 히 4:15, 요일 3:5). 예슈아는 전능하신 평강의 왕, 영존하시는 아버지이시다(사 9:6). 그럼에도 불구하고 예슈아께 대한 예언의 말씀들을 따라 저주의 십자가에서 대리적 속죄의 희생물로 죽는 것까지 복종하셨다(창 3:15, 사 53:1-12, 신 21:23, 시 22:11-18, 요 4:34, 요 8:29, 요 10:18, 요 12:27,49, 요 14:9,31, 요 15:10, 요 17:4, 시 22:16, 사 9:6, 사 50:5-6, 마 26:39, 눅 24:27,44, 갈 3:13, 빌 2:8, 히 5:8-9, 히 10:7-9, 히 12:2, 벧전 2:24, 벧전 3:18).

예슈아를 믿는 자들은 잃어버렸던 영이신 아버지의 형상과 모양을 회복한 자들이다(마 10:40, 요 1:12-13, 요 3:5-6,16, 창 2:7, 요 20:31, 롬 8:14, 갈 3:26, 갈 4:6, 벧후 1:4, 요일 5:12).

영이신 아버지의 형상과 모양을 회복한 자들은 생명진리의 말씀을 부지런히 되새김질을 한다. 전능하신 자의 말씀이 생명이 되도록 되새김질을 한다. 이런 사람은 악과 싸탄 마귀의 미혹을 대적하며 영생구원의 길을 간다(창 12:4, 신 28:1-14, 수 1:8, 시 1:2,1,3, 욥 23:12, 시 40:8, 시 112:1, 시 119:1,9,18,105,175,1-175, 마 7:13-14,15-27, 눅 14:26, 롬 14:11, 고후 10:4-5, 엡 6:11-13, 딤후 4:7, 히 11:35-38, 약 1:15, 약 4:6-10, 벧전 5:8-9, 요일 2:13-14, 요일 5:3-5, 계 2:7,10,11,13,17,26, 계 3:5,12,21, 계 6:9, 계 7:13-14, 계 12:11,17, 계 14:1,4, 계 20:4).

영이신 아버지의 형상과 모양을 가진 자는 전능하신 아버지의 말씀을 따라 올바르게 살아가기를 힘쓰는 자이다. 올바르게 살아가는 자는 영이신 아버지의 말씀을 읽고 되새김질을 하므로 되어져간다. 이러한 사람에게 안녕과 번영과 복지와 승리의 복을 주서서 누리게 하신다. 예슈아 이름의 사전적 의미의 뜻을 보라. 영육간의 복이 함께 들어있다는 것을 발견하였을 것이다. 그럼에도 불구하고 사전적 의미를 보지 않는 목회자는 구원 정도만 알고 있었을 것이다. 사전적 의미에 영육간의 복을 담아 놓으신 것은 환경구원을 포함 시켜 놓았다는 것을 알려주신 것이다. 가난은 아버지의 뜻이 아니다.

영이신 아버지는 볼 수가 없다. 그러므로 거룩한 영의 전능하신 자(하기오스 프뉴마 데오스 - 영은 거룩하시고 전능들이시다), 영이신 루하 엘로힘(영은 만왕의 왕과 생명과 모든 것들의 만능들이시다)으로 잉태하신 예슈아께서 곧 보이지 아니하시는 영이신 아버지의 형상의 본체이시다(마 1:18,20,23, 요 1:1-3,18, 요 10:30, 요 17:5, 요 20:28, 고후 4:4, 빌 2:6, 골 1:15, 딤전 1:17, 히 13:8, 사 7:14, 사 9:6, 미 5:2).

예슈아의 본질과 실체가 영이신 아버지이시기에(마1:18-20, 눅1:35,34-38,39-45) 예슈아를 믿고 소망하는 자들에게 죄 사함과 영생구원을 주시는 것이다. 육신의 만사형통의 복과 번영의 복과 승리의 복을 주시는 분도 예슈아이시다. 예슈아 이름의 뜻 안에 모두 들어있다. 예슈아 이름의 사전적 의미는 '구원, 구출, 구조, 구원하다, 해방시키다, 복리(福利 - 행복과 이익), 번영, 도움, 승리'의 대한 의미를 목회자는 되새김질하여 명확하게 진리를 선포하며 가르쳐야 한다.

- **개역개정**

'본래 하나님(데오스 - 전능들)을 본 사람이 없으되 아버지 품속에 있는 독생하신 하나님(데오스 - 전능들)이 나타내셨느니라'(요안네스유앙겔리온(요) 1:18)

- **원어 직역 문장정리**

그 보다 하나이신 데오스(전능들), 이제까지 이 사람(예슈아)은 그 아버지 데오스(전능들)의 품속에 있다가 유일하게 태어난 이 사람(예슈아)이 그것을 설명한다.

- **개역개정**

'예수께서 이르시되 빌립아 내가 이렇게 오래 너희와 함께 있으되 네가 나를 알지 못하느냐 나를 본 자는 아버지를 보았거늘 어찌하여 아버지를 보이라 하느냐'(요안네스유앙겔리온(요) 14:9)

- **원어 직역 문장정리**

그 이에수스(예수스, 예슈아) 그가 그에게 말씀하시기를 필립포스(빌립)야 내가 이렇게 많은 기간을 너희와 함께 있었다. 네가 나를 알지 못하였구나. 그리고 나를 본 사람은 그 아버지 그를 보았다. 너는 어떻게 우리 그 아버지를 네게 보여 달라고 네가 말하는구나

• 개역개정

'그 중에 이 세상의 신이 믿지 아니하는 자들의 마음을 혼미하게 하여 그리스
도(크리스토스)의 영광의 복음의 광채가 비치지 못하게 함이니 그리스도(크리스토
스)는 하나님(데오스 - 전능들)의 형상이니라'(코린도스 베타(고후) 4:4)

• 원어 직역 문장정리

이 사람들이 믿을 수 없는 자들이 된 것은 그 데오스(전능들)께서 그 영원한 이
것을 그들 속에서와 이 사람들의 생각들을 그가 혼미케 하였다. 그 크리스토
스의 이 영광의 광채가 그들에게 이 복음의 기쁜 소식의 그 계시가 비취지 않
도록 하셨다. 이 사람(예슈아) 그는 그 데오스(전능들)의 형상이다.

• 개역개정

'그는 보이지 아니하는 하나님(데오스 - 전능들)의 형상이시요 모든 피조물보다
먼저 나신이시니'(콜롯사이(골) 1:15)

• 원어 직역 문장정리

이 사람은 눈에 보이지 않는 그 데오스(전능들)의 형상이다. 이 사람은 모든 창
조물보다 처음 태어난 자이다.

• 개역개정

'이 사람(예슈아)은 영광의 광채시요 그 본체의 형상이시라. 그의 능력의 말씀

으로 만물을 붙드시며 죄를 정결하게 하는 일을 하시고 높은 곳에 계신 지극
히 크신 이의 우편에 앉으셨느니라'(어브라이우스(히) 1:3)

• 원어 직역 문장정리

이 사람(예슈아)은 그의(아버지) 형상과 광채의 영광이시다. 이 사람(예슈아)이 본질
의 형상이시다. 이 능력의 말씀으로 이것과 저것들과 모든 것들을 그가 다스
린다. 이 사람(예슈아)이 하마르티아(하타)죄를 깨끗하게 하는 것을 행하시고 이
위대한 곳 위에와 높은 오른쪽 위에 그가 앉으셨다.

이 외에 예슈아는 창조주이시다(창 1:1,26, 시 33:6, 잠 8:22-31, 사 45:12,18, 요 1:1-
3,10, 골 1:16-17, 히 1:2,10, 계 4:11).

그리고 엘로힘 - 데오스(전능들, 만능들)의 말씀을 생명이 되도록 되새김질
을 하지 않는 사람은 비뚤어진 악인의 길을 가므로 에하흐 엘로힘의 심판을
받아 파괴되어 소멸한다(시 1:1,4-6, 시 37:20, 시 112:10, 잠 14:12, 잠 15:9, 사 17:13, 사
29:5, 단 3:12, 눅 13:1-5, 딤후 2:19, 살후 2:10, 히 12:29, 벧후 2:12-14).

엘르힘 - 데오스(전능들, 만능들)의 말씀을 읽는 사람은 십자가의 복음을 만
나 영생구원을 얻게 된다(눅 16:29,31, 눅 24:27,44-45, 요 1:12-13, 요 3:16-17, 요 5:39,
요 20:31, 행 2:37-38, 행 17:11, 롬 1:2-4,16, 고전 1:18,21-25, 고전 2:2,14-15, 고후 4:3-6, 갈
6:12-14, 딤후 3:15-17, 벧전 1:10-11, 벧후 1:19-21, 요일 5:13, 계 19:10, 창 2:17, 창 3:15,21, 창
4:4, 창 8:20-21, 창 12:7-8, 창 15:3-4, 갈 3:16, 갈 4:4-7, 창 49:10, 출 12:5-11, 시 22:10-21, 시
132:11, 사 7:14, 사 53:1-12, 미 5:2-8).

3. 예슈아는 영이신 아버지께 사람을 연결하려고 오셨다(요 14:6).

바브 ו 의 상형문자 의미는 갈고리, 못, 연결하는 사람 예슈아이시다.

- **개역개정**

  '예수께서 이르시되 내가 곧 길이요 진리요 생명이니 나로 말미암지 않고는
  아버지께로 올 자가 없느니라'(요안네스유앙겔리온(요) 14:6)

- **원어 직역 문장정리**

  그 이에수스(예수스, 예슈아) 그가 저에게 말씀하시기를 내가 이 길과 진리와 그
  리고 내가 생명이다. 만일 나와 함께하지 않으면 나의 이 아버지를 향하여 그
  에게 올 자가 하나도 없다.

- **개역개정**

  '나를 보내신 아버지께서 이끌지 아니하시면 아무도 내게 올 수 없으니 오는
  그를 내가 마지막 날에 다시 살리리라'(요안네스유앙겔리온(요) 6:44)

- **원어 직역 문장정리**

  나를 보내신 그 아버지께서 만일 이 사람과 저 사람을 내게로 그가 끌어당기
  지 않으면 하나도 할 수 없다. 그리고 앞서 가시며 나에게로 오게 하는 자를
  내가 이 마지막 날에 내가 함께 일으킨다.

바브 간략해설

예슈아의 십자가는 영이신 아버지를 믿는 사람들을 연결하는 유일한 사람이시다. 생명의 길이다. 영이신 아버지께로 가는 길을 열어주셨다(눅 23:24-26, 요 14:6, 롬 3:23-27, 롬 6:10, 골 1:20-23, 히 6:9-10, 히 9:12,26,28, 히 10:9-18,19-22, 요일 2:2, 요일 4:10, 계 5:9).

길 ὁδός(3598, 호도스 사전적 의미 - 길, 생활 방식(生活方式 - 생활하는 방법과 양식))
호도스 명어 이브리어 역어는 떼레르 דֶּרֶךְ (1870, 떼레크 사전적 의미 - 길, 태도, 방식)이다.

호도스 & 떼레크 간략해설

생명의 문이신 예슈아를 마음에 받아들이고 잉태하여 의식하고 사랑하며 예슈아께서 이루신 그 십자가복음의 진리를 생활에 적용하는 자들이 가는 생명의 길이다(마 7:13-14). 인간의 선한 생활방식으로 영이신 아버지께로 갈 수 없다. 크리스토스교 외 타종교들에는 없다. 또 다른 길도 없다. 오직 영이신 아버지께로 가는 길은 예슈아 크리스토의 십자가 복음의 한 길 만 있다(막 15:37-38, 요 19:30, 고전 1:18, 히 10:19-20).

길이요 진리요 생명이신 예슈아와 연결되지 않는 자는 누구도 영이신 아버지께로 갈 수가 없다. 지옥 불에 던짐을 받는다(요 15:4-6, 요 6:53-58, 마 3:7-10, 마 7:16-23, 마 13:38-42, 계 20:15, 계 21:8).

예슈아의 영적생명과 연결된 자는 예슈아의 왕국으로 들어간다(마 25:34, 시 24:7-10, 마 5:3-12, 계 21:7).

진리 ἀλήθεια(225, 알레데이 - 진리)명사 알레데이아 이브리어 역어는 에메트 אֱמֶת (571, 에메트 사전적 의미 - 신실, 성실, 확실함, 확고함, 진리, 진실)이다. 에메트(명여)어근은 '아만'이다.

알레데이아 & 에메트 간략해설

영이신 아버지께서 말씀하시는 진리가 무엇입니까? '에메트'와 '아만'에 담아 놓으셨다. 예슈아께서 진리가 무엇인지를 알려주셨다. 예슈아 십자가 진리를 배워서 그 진리의 말씀으로 생활에서 신실하게, 진실하게 살아가는 자가 성도이다. 아만은 예슈아 십자가의 진리의 말씀을 배워서 그 말씀을 받아들이고 그 말씀 안에서 살아가는 자이다. 영이신 아버지께 진실하고 확실하게 믿을 만하다는 증거를 받은 자에게 생명의 구원이 주어진다는 의미이다.

생명 ζωή (2222, 조에 - 생명)명사 조에 이브리어 역어는 하이 חַי (2416, 하이 - 살아있는, 생존하여 있는, 단 6:20,26)이다.

조에 & 하이 간략해설

하이는 유월절 어린양 예슈아께서 살아있는 생명이시다. 에하흐의 능력과 생명을 의미한다. 하이는 영이신 아버지의 생명력을 의미한다. 예슈아께서 내가 생명이다(요 1:4, 요 5:26, 요 6:33,35,48,51,63, 요 8:12, 요 11:25-26, 요 14:6, 요일 1:1-2, 요일 5:12)라고 알려주셨다. 그래서 영이신 아버지는 생명의 주인이시다(신 32:39, 삼상

2:6, 시 36:9, 시 104:29, 마 10:28). 영이신 아버지의 최상의 선물은 영원한 생명이다
(창 2:7, 요 5:24-25, 고전 1:18,21).

이 약속은 반드시 실행되어지는 복이다.

때가되어 예슈아께서 당신이 거주하실 집 - 성전을 만드시기 위하여(요
14:1-4,16-20, 고전3:16-17, 고전6:19-20, 갈4:4-5, 엡2:21-22, 골1:27, 벧전2:5) 십자가에서
죽으시려고 오셔서 세상 죄를 짊어지시고 저주의 십자가에 못 박혀 죽으셨
다(막 10:45, 갈 3:13, 요 19:30).

'바브'의 상형문자 의미는 갈고리, 못, 연결하는 사람 예슈아이다.

바브의 상형문자 의미는 갈고리와 못이다. 갈고리와 못은 성막교회를 세
우는데 필수적이다. 성막을 세우기 위하여 기둥과 짐승들의 가죽과 끈 등이
준비 되어있으나 갈고리와 못이 없이는 세워지지 않는다. 교회는 예슈아께
서 세우신다는 영적의미이다.

광야 40년 동안 장소를 옮겨 다니면서 장막(168, 오헬 - 천막, 거처, 출 26:36, 출
33:7)고 성막(미쉬칸 - 거처, 장막, 성막, 출 25:9, 출 26:1,9)은 오늘날 성도들을 상징한
다(고전 3:16-17, 고전 6:19-20). 영이신 아버지께서 사람으로 당신이 거주하시는
집을 삼으신다. 그래서 다뷔드가 건물의 집을 세우려고 할 때에 세우지 말라
고 하셨다(왕상 17:4-5). 영이신 아버지께서 거주하시는 집을 사람이 건축하지
못한다는 것을 다뷔드에게 말씀하신 것이다. 영이신 아버지께서 거주하는
영적인 집이기 때문이다. 예슈아 십자가와 부활 그리고 승천하신 후에 거룩
한 영(프뉴마)께서 사람에게 임재하심으로 세워지는 집이다(행 2:1-4, 38-39).

디브레하야밈알렢(대상) 17:4 가서 내 종 다윗에게 말하기를 여호와(에하흐)의 말씀이 너는 나의 거할 집을 건축하지 말라. 5 내가 이스라엘을 애굽에서 올라오게 한 날부터 오늘까지 집에 있지 아니하고 오직 이 장막과 저 장막에 있으며 이 성막과 저 성막에 있었나니. 라고 하셨다(참고 대상17:1-15)

또 말씀하시기를

디브레하야밈알렢(대상) 17:11-14 네 생명의 연한이 차서 네가 조상들에게로 돌아가면 내가 네 뒤에 네 씨 곧 네 아들 중 하나를 세우고 그 나라를 견고하게 하리니 12 그는 나를 위하여 집을 건축할 것이요 나는 그의 왕위를 영원히 견고하게 하리라 13 나는 그의 아버지가 되고 그는 나의 아들이 되리니 나의 인자를 그에게서 빼앗지 아니하기를 내가 네 전에 있던 자에게서 빼앗음과 같이 하지 아니할 것이며 14 내가 영원히 그를 내 집과 내 나라에 세우리니 그의 왕위가 영원히 견고하리라 하셨다 하라고 하셨다.

디브레하야밈알렢(대상) 17:11-14절의 말씀은 다뷔드의 아들 셸로몬이 아니다. 셸로몬의 우상숭배와 에하흐 말씀을 거역한 자이다(왕상 11:1-11, 신 7:3-4, 신 17:14-20).

장차 아브라함과 다뷔드의 씨(창 13:16, 창 15:4-5, 창 17:6, 창 22:17-18, 마 1:1, 갈 3:16)로 오시는 루하 엘로힘의 아들 예슈아를 가르켜 말씀하신 것이다(시 2:6-7, 눅 1:31-33). 예슈아만 왕위가 영원하다(계 11:15, 계 22:5). 셸로몬은 기원전 931년 (향년 약 58 ~ 59세(요세프스는 셸로몬 향년을 80세로 보았다), 이스라엘 3대 왕, 통치기간 40년)이었을 뿐이다(왕상 11:42).

영원한 집과 왕국은 루하 엘로힘이시고 영원한 왕국이다(단 7:27). 셀로몬의 왕국은 40년이었다(왕상 11:42). 그 집을 에하흐 엘로힘께서 내가 세운다고 하신 것이다(대상 17:14). 그렇다. 영이신 아버지께서 거주하시는 집을 직접 만드신다. 좀 더 쉽게 말하면 나의 자녀들은 내가 낳는다는 말씀이다(요 1:12-13, 요 3:5, 요 15:26, 롬 8:15-16,29-30, 고전 4:15, 고후 4:6, 갈 4:6, 약 1:18, 벧전 1:23, 요일 3:9, 요일 5:18, 요일 4:2, 시 2:7), 예슈아 크리스토스를 가장 많이 닮았다는 파울로스(바울)도 영적인 성전을 지을 수 없다. 예슈아 크리스토스의 십자가의 복음을 전할 뿐이다.

성전은 성도들이다. 성도는 거룩한 영이 그 사람에게 임하심으로 되어진다. 거룩한 영이 임하셔서 그 사람이 십자가 복음을 들을 때 믿어지도록 하신다(행 2:37-38,47, 행 10:44-45, 행 16:13-14).

영이신 아버지께서 낳는 자라야 루하 엘로힘의 아들과 딸이다. 영이신 아버지의 아들과 딸은 누구도 대신하여 낳아 줄 수가 없다. 사람이 복음을 전하고 그 복음을 믿게 하시는 분은 거룩한 영이 하시는 사역이다(롬 8:30, 롬 10:10-15, 고전 1:18-21, 고전 12:3, 살후 2:13-14). 원어 직역 문장정리를 보라(요 6:44, 요 14:6). 예슈아께서 저주의 십자가 위에서 대리적 속죄를 완성을 하시고 오순절 파라클레토스(보혜사) 하기오스 프뉴마(성령)의 강림으로 세워지는 영적 성전을 말씀하신 것이다(행 1:4-5,8, 행 2:1-4).

예슈아께서 만왕의 왕으로 영원히 견고한 집 - 성도와 영이신 하나님의 왕국이 그들의 마음에 세워지므로 나는 그의 아버지가 되고 그는 나의 아들이 되는 것을 이루시겠다는 예언의 말씀을 하셨다(마 1:1,21,23, 요 1:29, 요 19:30, 요 14:16-17,23,26, 롬 8:9,11,14, 고후 13:5, 갈 4:6, 엡 2:22, 엡 3:17, 골 1:27, 딤후 1:14, 요일 2:27, 요일 3:24, 요일 4:4,12-13).

그러나 다뷔드는 유형 예배당을 건축하려는 열정으로 무형(영적)교회를 전혀 생각하지 못하였다. 영적교회(성도)는 예슈아께서 십자가로 이루시는 영적인 성전에 대한 진리를 깨닫지 못하고 루하 엘로힘께서 거할 집(베이트 - 집 house)을 건축하지 말라는 엘로힘 에하흐의 말씀을 어기고 셸로몬을 세워서 건물을 건축하게 하였다.

셸로몬이 멋지고 화려하게 건물 예배당을 세웠지만 얼마가지 않아서 셸로몬은 에하흐 엘로힘(생명과 쥔 손의 만능들로 실존하시는 분)을 버리고 각종 우상을 세워 섬기는 죄를 범하였다(출 20:3-5, 왕상 11:1-11). 오늘날 그 폐해가 심각하다. 서로가 앞 다투어 세계적인 건물 예배당을 성전이라고 성도들을 속이면서 연보를 강요하며 예배당 건축의 경쟁을 벌이고 있다.

그러나 영이신 아버지께서는 거주하시는 집으로 건물 예배당을 원하지 않으셨다. 예슈아께서 하신 말씀을 들어보라(마 24:1-2, 막 13:1-5, 눅 21:5-6). 그런데 수많은 사람들이 목숨 걸고 예배당을 건축하려고 한다. 예배당 짓는 것이 헛되고 헛된 일이며 또 헛된 일이다.

그리고 집 - '바이트' בַּיִת(1004, 바이트 - 집 house)을 성전이라고 오역한 곳이 많다. 말라킴알렢(왕상 7~9장 중심으로, 왕상 7:50,51, 왕상 8:6,10,11,13,16,17,18,19,20,2 7,29,31, 33,38,42,43,44,48,63,64, 왕상 9:1,3,7,8,10,15 등)성전이라고 번역하려면 '바이

트 카다소'(카다소 바이트 - בַּיִת - 집 house, קָדַשׁ - 거룩하다, 성별하다, 봉헌하다)와 '헤칼'이라고 해야 한다. 그러나 대부분은 '바이트' - 집이다.

הֵיכָל(1964, 헤칼 - 궁전, 궁궐, 성전, 엘로힘의 궁전, 엘로힘의 집, 왕상 6:3, 시 11:4, 시 18:6, 미 1:2, 합 2:20, 욘 2:4, 80회)이다.

생각해 보라. 영이신 아버지께서 거주하실 집을 사람이 어떻게 건축할 수 있겠는가? 사람이 살 집은 사람이 짓고 새가 살 집은 새가 짓듯이 영이신 아버지의 집도 영이신 아버지께서 짓는다. 그리고 영이신 아버지께서 건물 안에 계시겠는가?

아포칼시스요안누(계) 1장에 예슈아께서 일곱 금 촛대(엑클레시아 - 집회, 회중, 예배장소, 경건을 사모하는 자들의 모임의 장소) 사이(메소스 - 중간의, 한가운데에)를 거니신다고 하셨다(계 1:20-2:1).

아포칼시스요안누(계) 1:20-2:1절 중심으로 해설

이 말씀에 대하여 오해들이 많다. 헬라어 사전적 의미를 보라. 영이신 아버지께 예배(집회)를 드리기 위하여 모인 회중이 교회이다. 그리고 사이는 사람과 사람 사이, 혹은 중간을 말하기도 하지만 한가운데, 예배자의 마음 한가운데 행하신다고 하셨다.

'거니신다'는 헬라어는 '페리파테오'(페리파테오 - 행하다. 돌아다니다, 걷다)이다. 사전적 의미가 3가지이다. 3가지 중에 어느 것을 선택하여 번역하느냐는 번역자의 권한이다.

① 성경 원어 본문 중심으로 번역해야 한다.

② 성경 전체의 균형에 맞아야 한다.

③ 본문에 대한 역사를 중시해야 한다.

④ 거룩한 영(성령)의 감동과 뜻을 따라야 한다.

⑤ 신구약 원어 텍스트 사전적 의미에 따라 번역해야 한다.

⑥ 문장 정리를 할 때 매끄럽게 하려고 하지 말아야 한다.

⑦ 신구약 원어 텍스트를 학자들의 견해와 추정이 반영 되어서는 절대 안 된다. 신구약 원어 텍스트의 본질이 훼손되기 때문이다. 신구약 원어 텍스트의 해설은 목회자 몫이다. 성경 번역은 해설서가 되어서는 안 된다.

일곱 별은 일곱 교회의 사자 앙겔로스(앙겔로스 - 사자)는 영이신 아버지께 말씀을 받아 전하는 자들이다. 오늘날 목회자라고 할 수 있다.

그러므로 예슈아께서 일곱 별의 사자(목회자)들을 오른손에 붙들고 계셨다(계1:20). 예슈아께서 오른손에 붙들고 사용하시는 사자(목회자)들의 집회 중에 아버지와 아들 예슈아께서 보내신 거룩한 영으로 임하셔서 그 사자(목회자) 입에서 증거 되는 말씀 사모하는 마음으로 받아들이는 자들에게 생명이 되도록 행하신다. 마음의 감동과 감화와 깨달음을 주시는 일을 행하셔서 열매 맺게 하신다는 말씀이 더 합당한 해설이다.

신약교회 - 나오스(나오스 - 성전, 성소) 역시 예슈아의 핏 값으로 세워진 교회(엑클레시아 - 집회, 회중, 거룩한 영이 거하시는 몸)이다(고전 3:16-17, 고전 6:19-20).

'너희는 너희가 데오스(전능들)의 성전(나오스 - 영이신 아버지의 집, 영이신 아버지가 거주하는 집, 영이신 아버지가 사는 집 곧 성도의 몸, 고전3:17, 고전6:20)인 것과 데오스(전능들)의 영(프뉴마)이 너희 안에 계시는 것을 알지 못하느냐'(고전 3:16)고 하였다.

'너희 몸은 너희가 데오스(전능들)께로부터 받은바 너희 가운데 계신 성(하기오스 - 거룩) 령(프뉴마 - 영)의 전(나오스 - 거룩한 영의 집, 거룩한 영이 거주하는 집, 거룩한 영이신 아버지께서 사는 집, 곧 성도의 몸, 고전 6:20)인 줄을 알지 못하느냐 너희는 너희 자신의 것이 아니라'(고전6:19)고 하였다.

"데오스(전능들)의 영(프뉴마)이 너희 안에 계시는 것을 알지 못하느냐"는 것은 성도들이 자기의 몸이라고 자기 마음대로 사용할 수 없다는 것이다. 그리고 자기 안에 거주하고 계시는 거룩한 영이신 아버지를 의식하며 구별된 삶을 살라는 말씀이다. 거룩한 관리를 못하면 파멸하여 죽이신다고 하셨다. "멸하리리라" φθείρω(5351, 프데이로 사전적 의미 - 파괴하다, 죽이다, 파멸하다, 부패시키다, 못쓰게 만들다, 경제적 파산)이다. 무서운 말씀이다. 프데이로 이브리어 역어는 쇠하트 שָׁחַת(7843, 샤하트 사전적 의미 - 멸망시키다, 파괴하다, 파멸하다, 부패하다)이다.

쇠하트 상형문자 의미 간략해설

영이신 아버지를 의식하는 유일한 방법은 생명의 말씀이다. 생명의 말씀을 되새김질하지 않는 자, 영이신 아버지게서 정하여 놓으신 생명의 울타리를 떠난 자를 멸망시킨다고 하셨다. '프데이로'와 '쇠하트' 사전적 의미를 읽어보라. 두렵고 떨리는 말씀이다.

4. 예슈아는 육신의 눈으로 볼 수 있는 데오스(전능들)로 오셨다(요 1:18).

아인 𓂀의 상형문자 의미는 눈, 대답, 바라보다, 이해하다, 알다, 지식을 얻다, 증인이라는 의미이다.

• **개역개정**

'본래 하나님(데오스 - 전능들)을 본 사람이 없으되 아버지 품속에 있는 독생하신 하나님(데오스 - 전능들)이 나타내셨느니라'(요안네스유앙겔리온(요) 1:18)

• **원어 직역 문장정리**

이제까지 데오스(전능들) 그를 본 사람은 하나도 없다. 그 아버지 품속에 단 하나이신 이 데오스(전능들)가 그를 말씀하셨다.

아무도 영이신 아버지, 데오스(전능들)를 본 사람이 없었다. 예슈아께서 데오스(전능들)에 대하여 말씀하시고 보여주셨다. 그리고 예슈아께서 만능들이심을 공생애 기간동안 다 나타내시고 보여주셨다는 말씀이다

• **개역개역**

'6 그는 근본 하나님(데오스 - 전능들)의 본체시나 하나님(데오스 - 전능들)와 동등 됨을 취할 것으로 여기지 아니하시 7 오히려 자기를 비워 종의 형체를 가지사

사람들과 같이 되셨고 8 사람의 모양으로 나타나사 자기를 낮추시고 죽기까지 복종하셨으니 곧 십자가에 죽으심이라'(필립포이(빌) 2:6-8)

- **원어 직역 문장정리**

6 이 사람(예슈아) 안에는 데오스(전능들)의 형상과 모양이 있다. 나는 데오스(전능들)와 동등하다들 이것을 그가 생각하거나 붙잡지 않았다. 7 도리어 그 자신을 그가 비우고 종의 모양을 외형적으로 취하였다. 그와 함께 사람들의 형상이 도었다. 8 그리고 사람과 같은 모양이 되어 발견되셨고 그가 낮아지셨다. 그리고 그 자신이 죽음까지 순종하여 십자가에서 죽으셨다.

예슈아께서는 데오스(전능들)와 모든 면에서 동등하시다는 것은 영으로 하나이시기 때문이다. 하나의 영으로 계셨던 분이 육신을 입고 성탄 하시므로 사람의 이름 예슈아라는 이름과 예슈아 크리스토스라는 이름이 주어졌다(마 1:21). 그러나 본질은 영으로 동일한 하나라는 의미이다. 거룩한 영으로 잉태되신 것이 그 증거이다(마 1:20, 눅 1:34-38, 요 1:1, 요 10:30). 아버지와 나(예슈아)와 하나인 것처럼 예슈아를 믿는 자들과 하나 되게 해달라는 예슈아의 기도는 영으로 하나를 말한다(요 17:5,11.21-24).

사람의 본질도 영이다. 영이 빠져나가면 그것이 곧 죽음이다. 죽음 이후에 육체는 흙으로 영은 주신 자이신 영이신 아버지께로부터 나왔고 아버지께로 돌아가 원래의 상태를 회복한다(전 12:7, 요 16:5,10,17,28).

'내가(예슈아) 아버지에게서 나와 세상에 왔고 다시 세상을 떠나 아버지께로 가노라'(요 16:28)고 하셨다.

예슈아께서 아버지라는 분은 누구신가?

① 영이신 아버지이시다.

② 거룩한 영으로 잉태하시고 낳았다는 의미에서의 아버지이시다(시 2:7,
   마 3:17)

살아나셔서 승천하심으로 하나의 영의 본질로 원상회복 되었지만 예슈
아, 예슈아 크리스토스, 즉 아들이라는 이위(二位)는 유지되고 있다.

요안네스 알파(요일) 1:1-2절 중심으로

· 개역개정

'1 태초부터 있는 생명의 말씀에 관하여는 우리가 들은 바요 눈으로 본 바요
자세히 보고 우리의 손으로 만진 바라. 2 이 생명이 나타내신 바 된지라 이 영
원한 생명을 우리가 보았고 증언하여 너희에게 전하노니 이는 아버지와 함께
계시다가 우리에게 나타내신 바 된 이시니라'(요안네스 알파(요일) 1:1-2)

· 원어 직역 문장정리

처음부터 이 사람 그가 있었다. 우리가 이것을 들었다. 이 생명의 그 로고스 –
말씀이신 이 사람에 관하여 우리 눈들이 이것을 우리가 보았다. 그리고 우리
가 이 사람들과 그들의 손들이 만졌다. 2 그리고 이 생명을 그가 나타내었다.
그리고 이 영원한 이 생명을 우리가 보았다. 그리고 우리가 누구에게든지 증
언하였다. 그리고 너희에게 우리가 알렸다. 그 아버지로부터 그가 있었다. 그
리고 우리에게 그를 나타내었다.

• **개역개정**

'또 이르시되 네가 내 얼굴을 보지 못하리니 나를 보고 살 자가 없음이니라'(쉬

므트세페르(출) 33:20)

• **원어 직역 문장정리**

그가 말씀하시기를 네게 내 얼굴들의 실체를 보게 할 수 없다. 왜냐하면 그

아담 그가 나를 보고 그의 생명을 유지하지 못한다.

사람이 영이신 아버지를 보면 죽을까? 본성이 타락한 인간은 거룩으로 구별되어 계시는 영이신 루하 엘로힘이시므로 모세에게도 보여 주지 않으셨다. 모세가 에하흐와 함께 사십 일 사십 야를 거기 있으면서 떡도 먹지 아니하였고 물도 마시지 아니하였다. 가능할까? 이것이 '팔라'의 기묘한 기적이다(출 34:28).

영이신 루하의 현현의 영광으로 모세 얼굴의 광채(카란 - 빛을 발하다, 뿔을 들어내보이다)로 얼굴을 수건으로 가렸다(출 34:29-35). 그러므로 구약성경에서는 에하흐 사자, 또는 사람의 현현으로 나타나 보여주셨다. 에하흐 사자는 장차 사람으로 오실 예슈아의 상징이었다. 창세기 18~19장에 잘 나타난다. 삼손의 아버지 마노아(마노아흐)에게 기묘자라고 알려주셨다(삿 13:18-20).

이 기묘자(필레이 - 뛰어나다, 비범하다, 기이하다, 놀랍다, 경이로운, 기이한, 불가사의한, 기적, 필레이 어근은 팔라(스코1681-1682)디므로 의미가 같다)는 곧 예슈아이시다

(사 9:6). 영이신 루하 엘로힘의 영광을 경험한 자들은 하나같은 죽은 자(다니엘, 예솨야, 사도요한(요안네스))같이 되었다 바울(파울로스)는 시력을 잃어버렸다. 거룩의 카다소 קָדֹשׁ 는(거룩하다, 거룩하게 하다, 성별하다, 봉헌하다, 성화하게 하다, 성결하다)인간의 상상과 표현의 밝힐 수 없다. 사람이 영이신 루하를 보면 죽는 원인은 전적 타락한 사람이 죄 없으신 영광의 영이신 루하를 보면 죽는다는 의미이다.

아인 간략해설

'마노바흐'가 '에하흐'의 '마레아크 מַלְאָךְ (4397, 마레아크 - 사자, 사신)에게 이름을 물어보았다. 이에 그 '마레아크'가 대답하기를 내 이름은 '필레이 - 기묘자'라고 하였다(삿 13:18).

이 기묘자 פֶּלֶא (6381, 팔라이 - 뛰어나다, 비범하다, 기이하다, 놀랍다, 팔라이 어근은 펠레이 פֶּלֶא (1682 - 경이로운 일, 기이한 일, 불가사의한 것, 기적)이다. 기묘자는 곧 예슈아이시다. 최상의 '팔라이'는 영이신 아버지로부터 처녀 마리아에게 예슈아께서 잉태하시고(눅 1:34-35) 탄생하셔서 보여주신 것이다(눅 2:1-52). 이것이 가장 큰 '필레이'이다. 경이로운 일과 기이한 일, 불가사의한 일이다. 구약에

'에하흐 마레아크'는 모두 장차 오실 여슈아의 나타남이었다)가 예슈아이시
다(삿 13:18, 시 139:6, 사 9:6).

눈으로 볼 수 없는 영이신 루하 엘토힘, 에하흐 엘로힘께서 눈으로 볼 수
있게 오신 분이 예슈아이시다(요 1:14,18, 요 12:45, 요 14:7-11,20, 히 1:3).

사도들은 예슈아를 눈으로 보고 들은 것을 기록한 말씀을 읽으며, 들으며,
믿으며, 지켜 영적인 '마카리오스 - 복'을 받으라는 것이다(요일 1:1-4, 계 1:3).
데오스(전능들)의 말씀을 지키는 사람에게 반드시 '마카리오스'(마카리오스 - 복
된, 행복한)의 복(계1:3)을 주신다. 마카리오스 이브리어 역어는 '아쏴르'(아쏴르
- 똑바로 가다, 나아가다, 계속하다, 성공하다, 형통하다, 향상하다, 축복하다, 복되다, 기쁨,
행복, 복, 지복)이다(신 33:29, 시 41:2, 시 72:17, 잠 3:18, 말 3:12).

진리 안에서 행하는 사람을 기뻐하시고 사랑하시기 때문에 아쏴르의 복
을 주신다.

세상에는 법이 있지만 옳고 그름의 기준이 평등하지 못하다. 입법부, 사법
부, 행정부가 혈연, 지연, 학연, 정치적 영향을 받으면 편향(偏向 - 한쪽으로 기
우려짐)된 판결을 하기 때문이다. 세상에서 오직 믿을 수 있는 분은 편향 없
이 공의로 재판하시는 영이신 아버지, 데오스(전능들)와 그 아버지의 형상과
모양의 본체이신 예슈아 크리스토스 밖에는 없다(요 8:13-18, 롬 2:1-3, 계 20:7-15,
출 23:2-3, 레 19:15, 사 11:4-5, 마 5:3, 약 4:11-12, 시 72:2).

이야코부(약) 4:11-12 '형제들아 서로 비방하지 말라. 형제를 비방하는 자
나 형제를 판단하는 자는 곧 율법을 비방하고 율법을 판단하는 것이라. 네

가 만일 율법을 판단하면 율법의 준행자가 아니요 재판관이로다. 12 입법자와 재판관은 오직 한 분이시니 능히 구원하기도 하시며 멸하기도 하시느니라. 너는 누구이기에 이웃을 판단하느냐' 라고 하였다.

전적 부패한 인간들은 법을 집행할 때 헌법대로 판결해야 한다. 법 앞에 모든 사람이 평등하다는 원칙을 지키며 두렵고 떨림으로 판결에 임해야 한다. 정치에 의한 판결을 하는 자는 법관으로서 자격이 없다. 국회 입법부에서는 합법(合法 - 법령이나 규범에 맞음. 적법. 합법칙)적인 법률을 재정해야 한다. 당리당략에 의한 입법은 공복(公僕)이 국민 주권위에 군림(君臨)하는 죄요. 위헌이다.

영이신 아버지의 말씀에 아멘하여 받아들이면 인류를 죄악에서 구원하시는 예슈아, 영혼을 구원하시는 구주(救主 - 막아서서 건지고 구원하여 고치고 치료하시는 영혼의 주인) 예슈아에 대한 영의 눈이 열린다. 성경이 깨달아지는 눈이 열린다. 그리고 영생구원과 복음의 증인이 된다.

5. 예슈아께서 영원히 실존하는 생명을 주시려고 오셨다(요 3:16, 요 5:24-25).

헤이 ㅠ의 상형문자 의미는 숨구멍, 목숨, 호흡, 실존, 계시하다, 바라보다이다.

• **개역개정**

'하나님(데오스 - 전능들)께서 세상을 이처럼 사랑하사 독생자를 주셨으니 이는

그를 믿는 자마다 멸망하지 않고 영생을 얻게 하려 하심이라'(요안네스유앙겔리온(요) 3:16)

- **원어 직역 문장정리**

그 전능자께서 이 세상을 이렇게 참으로 사랑하셨다. 그러므로 그 단 하나의 그 아들을 그가 주시는 것은 그를 믿는 모든 자에게 그가 그를 멸망시키지 아니하고 도리어 영원한 생명을 그가 소유하게 하기 위함이다.

- **개역개정**

'내가 진실로 진실로 너희에게 이르노니 내 말을 듣고 또 나 보내신 이를 믿는 자는 영생을 얻었고 심판에 이르지 아니하나니 사망에서 생명으로 옮겼느니라. 25 진실로 진실로 너희에게 이르노니 죽은 자들이 하나님(데오스 - 전능들)의 아들의 음성을 들을 때가 오나니 곧 이 때라 듣는 자는 살아나리라'(요안네스유앙겔리온(요) 5:24-25)

- **원어 직역 문장정리**

24 내가 진실하고 확실한 이것 때문에 너희에게 말한다. 그리고 나의 그 말을 듣고 누구나를 위하여 보내신 것을 믿는 자는 영원한 생명을 가졌다. 그는 심판 - 판단을 받는 것이 아니다 그리고 이것을 내가 가졌다. 또한 저 죽음에서 떠나고 그 생명을 향하여 그가 온다. 25 진실로 확실하게 너희들 때문에 말한다. 그리고 그 죽은 자들이 그 데오스(전능들)의 그 아들의 그 음성을 그들이 들을 때 그가 온다. 그리고 그것들을 듣는 자들에게 내가 있는 동안 그들이 지은 살아난다.

생명은 두 가지가 있다. ① 영원히 실존하는 생명이 있다. 사람에게만 주어진 생명이다. 사람이 죽으면 (a) 영이신 아버지 품으로 들어가는 자가 있다. (b) 유황불 지옥으로 가는 자가 있다. ② 코에 붙어있는 생명이 있다. 동식물, 곤충들의 생명이다. 이것들은 죽으면 그 생명과 함께 소멸된다. 이 생명들은 죽음과 함께 사라져 없어진다.

'헤이'는 사람의 호흡을 통하여 영원히 실존하는 생명의 주인이 영이신 루하 엘로힘이시라는 것을 알려주셨다(창 2:7, 신 32:39, 삼상 2:6, 시 36:9, 시 104:29, 마 10:28). 예슈아를 사모하여 바라보며 믿는 자에게 최상의 복인 영원히 실존하는 생명을 주신다(요 3:16-17, 요 5:24-25, 요 6:35,40,48-51,53-58,63, 요 14:6).

사람의 호흡은 그 사람의 것이 아니라 영이신 루하 엘로힘의 것이다. 영이신 루하 엘로힘께서 계속 불어 넣어주시고 계시기 때문에 생명이 유지된다(창 1:26-28, 창 2:7, 전 12:7). 만물의 생명의 주인이시고 만인의 호흡을 주장하신다(행 17:25, 시 104:29, 단 5:23). 호흡은 영이신 아버지의 형상과 모양이요. 생명이요. 영이다.

테힐림(시) 146:4절에 호흡이라고 번역한 단어가 루하 - 영이다.
이르미야흐에이카(애) 4:20절에는 코에 있는 숨(루하)이라고 하였다.
이요브세페르(욥) 15:30절에 엘로힘의 입의 숨(루하)이라고 하였다.
이요브세페르(욥) 19:17절에서는 숨결(루하)이라고 하였다.

- 개역개정

  '여호와 하나님이 땅의 흙으로 사람을 지으시고 생기를 그 코에 불어넣으시
  니 사람이 생령이 되니라'(베레쉬트세페르(창) 2:7)

- 원어 직역 문장정리

  예하흐 엘로힘께서 그 아담을 흙으로부터 그가 만들었다 그가 그 흙 코들에
  그가 숨을 계속 불어넣고 계시므로 호흡하는 생명들이 그에게 일어나며 그
  아담이 숨 쉬는 존재(네페쉬 - 목숨, 생명)로 생존하게 되었다.

'불어넣으시니' '와우 계속법 - 칼 미온 3인 남성 단수'는 그가(에하흐 엘로힘)
중단 없이 호흡을 계속 불어 넣어주시고 계신다는 의미이다. 그래서 사람
이 실존한다. 불어 넣어 주심이 중단 되면 죽는다. 사람의 호흡이 사람의 것
이라면 그 사람은 죽지 않는다. 사람이 죽는 것은 병들어 죽는 것 같지만 실
상은 숨을 쉬지 못하니까 죽는다. 모든 육체의 생명(호흡)은 루하 엘로힘, 에
하흐 엘로힘의 것이다(창 18:25, 민 16:22, 민 27:16, 욥 12:10, 욥 27:3, 욥 34:14-15, 시
104:29, 시 146:3-4, 단 5:23, 행 17:25,28).

영이신 루하 엘로힘께서 계속 불어넣어주지 않으시면 사람은 죽는다(창
2:7, 욥 34:14-15, 시 90:3, 시 104:24-30, 시 146:4, 행 17:25). 루하 엘로힘(거룩한 영의 하
나님)께서 영생구원을 사모하는 자에게 복음계시를 열어주셔서 알게 하시고
믿게 하신다(마 11:27, 마 16:16-17, 요 15:26, 요 16:13-15, 고전 12:3, 요일 4:2).

영생구원을 받은 자는 예슈아와 연결되어 살아간다. '헤이'는 '바브' 두 개
와 '요드'의 합성어이다. '바브'는 예슈아이시다, '요드'는 못 박히실 예슈아의

손과 생명을 실존케 하시는 능력의 손이다. 십자가에 못 박히신 예슈아를 믿는 자는 호흡하며 살아가는 동안 예슈아와 임마누엘하며 예슈아로 인하여 행복하고 평안하며 영화롭게 되는 복을 받아 누리게 된다(마 1:23, 요 14:27, 벧전 4:14, 시 100:3, 사 43:1,7,21).

요안네스유앙겔리온(요) 14:13-14절에 '내 이름'은 '예슈아'(이에수스, 예수스, 예수)이시다(마 1:1,21). 결국 예슈아께서 가르쳐주신 기도의 응답은 에하흐의 도우심과 구원으로 이루어진다. 즉 환경 속에서 일어나는 모든 일들에서 구원을 받아야 죄 사함과 영생구원에 이르게 된다는 말씀이다. 누가복음 8:12-15절을 기도하면서 읽어보라. 영생구원은 환경구원을 받는 자들에게만 주어진다는 것을 깨닫게 될 것이다.

예슈아를 믿으면 구원받는 것이 맞다. 그러나 환경에서 구원을 이루어가는 자가 영생구원을 이룬다. 막연하게 예슈아를 믿으면 죽어서 천국 간다고 믿고 있으나 환경에서 구원을 이루는 자만 데오스(전능들)의 왕국(바실레이아)에 들어간다(마 7:14, 마 11:12, 눅 13:23-24, 요 6:27-29, 롬 2:7, 롬 13:11-14, 고전 9:24-27, 고전 15:58, 갈 6:7-9, 엡 6:5-9, 빌 1:27-29, 빌 2:12-16, 빌 3:13-14, 빌 4:1, 딤후 2:10, 히 4:1,11, 히 12:1-2,28-29, 벧전 2:11, 벧후 3:18).

'선을 행하여 영광과 존귀와 썩지 아니함을 구하는 자에게는 영생으로 하시고'(롬 2:7)라고 하였다.

'그러므로 나의 사랑하는 자들아 너희가 나 있을 때뿐 아니라 더욱 지금 나 없을 때에도 항상 복종하여 두렵고 떨림으로 너희 구원을 이루라'(빌 2:12)

고 하였다.

‘좁은 문으로 들어가기를 힘쓰라 내가 너희에게 이르노니 들어가기를 구하여도 못하는 자가 많으리라’(눅 13:24)고 하였다.

‘생명으로 인도하는 문은 좁고 길이 협착하여 찾는 자가 적음이라’(마 7:14)고 하였다.

베리쇠트세페르(창) 2:4절에서부터 공식적으로 드러난 에하흐의 칭호는 약 6.823회가 나온다. 그런데 신약에서는 1회도 나오지 않는다. 그리고 지은 것이, 즉 천지만물이 예슈아께서 지으셨다고 하셨는데(요1:3), 창조에서 등장하시는 공식적인 영이신 아버지의 이름과 칭호들은 엘로힘(창1:1), 루하 엘로힘(창1:2), 에하흐 엘로힘(창2:4) 뿐이다(창1:26-28). 그 어디에도 예슈아는 공식적으로 등장하지 않는 것 같지만 ‘으리’ (1인 공성 복수)라는 단어 속에 포함되어있다(창1:26, 요10:30, 잠8:22-31).

그런데 어떻게 예슈아께서 천지만물을 지으셨다고 하실까(창 1:1, 요 1:1-3, 골 1:16(12-20), 히 1:1-3) 예슈아가 에하흐이시다는 증거이다. 예슈아 이름의 뜻이 ‘에하흐는 도움이시다.’, ‘에하흐는 구원이시다.’에서 그 사실을 증명해 주고 있다(행 2:21, 롬 10:13, 욜 2:32, 슥 13:9).

아래 성경을 보라.

* '누구든지 여호와(에하흐)의 이름을 부르는 자는 구원을 얻으리니 이는 나 여호와
(에하흐)의 말대로 시온 산과 예루살렘에서 피할 자가 있을 것임이요 남은 자 중에
나 에하흐의 부름을 받을 자가 있을 것임이니라'(요엘 2:32)

* '누구든지 주의 이름을 부르는 자는 구원을 받으리라'(롬 10:13)

* '이르되 주 예수를 믿으라 그리하면 너와 네 집이 구원을 받으리라'(행 16:31)

* 요안네스유앙겔리온(요) 1:12–13 '영접하는 자 곧 그 이름을 믿는 자들에게는 하
나님(데오스 – 전능들)의 자녀가 되는 권세를 주셨으니 13 이는 혈통으로나 육정
으로나 사람의 뜻으로 나지 아니하고 오직 하나님(데오스 – 전능들)께로부터 난 자
들이니라'

* 요안네스유앙겔리온(요) 3:16–17 '하나님(데오스 – 전능들)께서 세상을 이처럼 사
랑하사 독생자를 주셨으니 이는 그를 믿는 자마다 멸망하지 않고 영생을 얻게 하려
하심이라 17 하나님(데오스 – 전능들)께서 그 아들을 세상에 보내신 것은 세상을
심판하려 하심이 아니요 그로 말미암아 세상이 구원을 받게 하려 하심이라'

* 요안네스유앙겔리온(요) 14:6 '예수께서 이르시되 내가 곧 길이요 진리요 생명이니
나로 말미암지 않고는 아버지께로 올 자가 없느니라'

그리고 구약성경에 에하흐의 사자의 출현이 자자하다. 때로는 에하흐로, 때로는 천사, 사자로, 때로는 사람으로 나타나셨다.

베리쇠트(창) 18-19장에 뚜렷하게 나타난다.

베레쇠트(창) 18:1 에하흐께서 아브라함 나타나 보여주셨다고 하였다.

'나타나시니라'는 '라아'이다. 라아는 '보다', '바라보다'이다. 에하흐께서 아브라함에게 보여주셨고 아브라함이 그 에하흐를 바라볼 때 사람으로 보였다(창 18:2).

베레쇠트(창) 18:2절에는 세 사람(에노쉬 - 사람, 인간)이다. 세 사람 중에 한 사람이 아브라함이 접대한 음식을 먹는 중에 내년에 사라가 아들을 낳는다고 하니까 그 말을 장막 밖에서 들은 사라가 웃었다(창 18:3-12). 이에 음식을 먹던 세 사람 중에 한 사람이 에하흐였다는 증거가 있다(창 18:13-15,14,17,20,22,33). 그리고 세 사람 중에 두 사람이 일어나 소돔으로 간다(창 18:16,22). 그런데 베레쇠트세페르(창) 19:1,15절에 소돔으로 간 그 사람들을 두 천사(말라크 - 사자, 사신)라고 하였다. 그런데 롯의 눈에는 사람으로 보였기에 접대를 하였고 소돔의 동성애자들의 눈에도 사람으로 보였다(창 19:1-5). 창세기 19:10,12,16,17절에 그 두 '말라크'를 사람 אֱנוֹשׁ (582, 에노쉬 - 안간, 사람) 이라고 하였다.

이 말씀들에서 분명하게 알려주시는 것은 에하흐는 장차 영이신 아버지의 형상과 모양으로 오실 예슈아의 모형과 그림자였다는 것을 알 수가 있다(요 1:14,18, 요10:30, 요 11:27, 요 20:31, 요 17:5, 사 9:6, 고전 1:30, 빌 2:6-8, 히 1:3, 요일

5:20, 계 1:8, 계 21:6, 계 22:13, 마 16:16, 창 3:15, 갈 4:4, 대상 29:11, 시 2:7, 사 25:9, 욜 2:32, 시 50:15, 렘 31:7). 그러므로 신약에서 예슈아의 칭호만 나오고 에하흐의 칭호가 나오지 않는 것이다.

아래 성경을 보라.

* '이는 하나님(데오스 - 전능들)의 영광의 광채시요 그 본체의 형상이시라 그의 능력의 말씀으로 만물을 붙드시며 죄를 정결하게 하는 일을 하시고 높은 곳에 계신 지극히 크신 이의 우편에 앉으셨느니라'(히 1:3)

* '그는 근본 하나님(데오스 - 전능들)의 본체시나 하나님(데오스 - 전능들)과 동등 됨을 취할 것으로 여기지 아니하시고' (빌 2:6)

* '태초에 말씀이 계시니라 이 말씀이 하나님(데오스 - 전능들)과 함께 계셨으니 이 말씀은 곧 하나님(데오스 - 전능들)이시니라'(요 1:1)

* '본래 하나님(데오스 - 전능들)을 본 사람이 없으되 아버지 품 속에 있는 독생하신 하나님(데오스 - 전능들)이 나타내셨느니라'(요 1:18)

* '나와 아버지는 하나이니라'(요 10:30)

* '예수께서 이르시되 빌립아 내가 이렇게 오래 너희와 함께 있으되 네가 나를 알지 못하느냐 나를 본 자는 아버지를 보았거늘 어찌하여 아버지를 보이라 하느냐'(요 14:9)

* '도마가 대답하여 이르되 나의 주님이시요 나의 하나님(데오스 – 전능들)이시니이
  다'(요 20:28)

* '그 중에 이 세상의 신이 믿지 아니하는 자들의 마음을 혼미하게 하여 그리스도(크리
  스토스)의 영광의 복음의 광채가 비치지 못하게 함이니 그리스도(크리스토스)는 하나
  님(데오스 – 전능들)의 형상이니라'(고후 4:4)

* '그는 보이지 아니하는 하나님(데오스 – 전능들)의 형상이시요 모든 피조물보다 먼저
  나신이시니'(골 1:15)

사람의 미혹을 주의하라(마 24:4) 성경번역을 사견(私見 - 자기 개인의 생각이나
의견)이나 개인의 학문(고정관념과 선지식)으로 하는 자가 있다면 큰일 날 일이
다. 한자와 영어가 아니라 신구약 원어 텍스트의 뜻과 원리원칙에 맞게 번
역해야 한다.

유교와 무속 샤머니즘 신앙에서 유래한 제사(祭祀 - 신령이나 죽은 넋에게 음식
을 바쳐 정성을 나타냄)라는 단어가 성경번역에 도입(導入 - 끌어 들임)되었다는 것
은 슬픈 일이다. 제사 제(祭)의 도입을 철회하고 희생(제바흐)이나 희생물(제바
흐)이라고 해야 한다.

'제바흐'는 זֶבַח (2077, 제바흐 - 희생, 희생물)이다. 예슈아의 존귀한 희생을 상
징하는 '제바흐'을 모두 제사, 또는 제사(祭祀) 제(祭)자가 다 들어갔다. 그리
고 영이신 루하를 귀신(鬼神) 신(神)이라고 하였다(창1:2). 이제는 신구약 원어

텍스트의 본질로 회귀(回歸)할 때가 되었다. 필자의 저서 '신구약 원어 테스트의 본질로 회귀하는 대개혁'이 출판되면 한국교회와 세계교회에서 대개혁의 불길이 타오를 것이다. 신구약에서 토속문화 한민족의 미신 명칭인 '하나님'(하늘의 신(神), 하나의 신(神))이 다 사라질 것이다. 구약은 엘로힘으로, 신약은 데오스로 바뀌게 될 것이다.

어느 모임에서의 필자가 직접 묻고 들은 이야기이다. 세계적으로 저명한 어느 신학자가 "귀신(鬼神) 신(神)자의 신(神)자를 옥편에 오기(誤記) 되었다고 하면서 중국에서의 신(神)자는 "창조주 하나님"을 일컫는다"고 하였다. 그러면서 "신학교의 신(神)자가 모두 귀신(鬼神) 신(神)자라고 하는 것이 말이 되느냐고 필자에게 반문하였다." 이 분이 정말 세계적인 신학자인지 의문이 들었다. 이 신학자의 주장을 그대로 받아들인다 할지라도 그 신(神)은 창조주 엘로힘 - 데오스가 아니다. 신구약 원어 텍스트에서 말하는 엘로힘 - 데오스(모든 것들의 만능들, 능력들, 전지전능들)가 아니다. 이 신학자는 6~7명이 같이 있는 장소에서 "세계의 성경을 몇 백 권 가지고 있다"고 자랑을 늘어놓았다. 가지고 있으면 뭐하나 그 성경들에서 자국의 토속문화 전통의 최고의 신의 명칭들이라는 것을 모르고 있다면 성경수집가가 아닐까?.. 신구약 원어 텍스트의 엘로힘 - 데오스로 번역되지 않은 세계의 모든 성경들은 전통신의 명칭들에다 창조주라는 수식어를 붙였을 뿐이다.

그러므로 신구약 원어 텍스트의 엘로힘 - 데오스(모든 것들의 만능들, 능력들, 전지전능들)가 아니다. 그런데 이 신학자는 한글의 하나님이 창조주라고 열변을 토하였다. 그러면서 자기는 엘로힘으로 바꾸지 않고 계속 하나님이라고 할 것이라고 하였다. 과연 이 신학자가 세계적인 학자인지 의문이 들었다. 학자라면 자기가 모르는 학문을 인정하고 연구해 보겠다고 해야 한다. 필자가 신구약 원어 텍스트의 본질로 돌아가는 대개혁을 외치는 이유가 여기에 있다. 이 학자가 필자에게 또 하나의 질문을 하였다. 엘로힘의 뜻이 무엇입니까? 주저 없이 만능들이시다.라고 하였더니 눈이 휘동 그래지면서 다시 묻는다. 뭐라고요? 만능들이시다.라고 하였더니 말을 못하고 멍하니 필자를 바라보았다. 이 신학자는 엘로힘에 대해서 '하나님, God, 신, god'이라는 답을 기다렸을 것이다. 현재 사전에 나와 있는 엘로힘의 의미이기 때문이다. 엘로힘은 하나님, God, 신, god이라고 하였다면 자기의 논리를 펴 갔을 것이다. 그래야 앞에서 말한 것들을 장황하게 늘어놓을 수 있었을 것이다. 그런데 필자가 상형문자의 의미인 엘로힘은 만능들이시다라고 말하니까 말문이 막힌 것이다. 누구나 자기의 지적 수준의 이상을 말할 수 없다. 들은 풍얼(諷讞)이라도 있어야 하는데 아마도 처음 들어 보았을 것이다. 수십 년 신학생들을 가르쳤다는 조직신학교수와 총장이었던 그가 이 정도라면 이 신학자에게 배운 목회자들 또한 그 수준을 벗어나지 못한다는 것이 지론이다. 이 학자 앞에 굽실대는 목회자들을 보면서 실망하였다.

이 모임에서 필자가 깨달은 것들이 있다. 루하 엘로힘의 가장 큰 적들은 아이러니 하게도 신학자들이라는 것을 알게 되었다. 이 신학자들은 이브리어 원어 텍스트의 팩트(Fact)앞에 무릎을 꿇지 않았다. 한글성경과 현재 사전들만을 믿고 있다는 것을 증명한 사례이다. 학문을 성경의 권위 위에 올려놓는 현대판 교황들이라는 것을 알게 되었다. 필자가 『신구약 원어 텍스트의 본질로 회귀하는 대개혁』을 집필하면서 가장 실망한 부류가 신학자들이다. 아~ 이 일을 어찌 하리요. 한국의 신학교들의 앞날이 암담(暗澹)하도다.

다른 것도 아닌 영이신 아버지, 전능하신 아버지의 이름을 우상 신의 명칭인 하나님(하늘 heaven + 님 prince)이라고 명기한 이 죄의 대가를 21세기 한국 개신교 성도들이 치르고 있다. 이제는 이 죄를 중단시켜야 한다. 처음부터 존 로스의 성경번역은 토속문화 중심으로 하였다는 것이 명백한 사실이다.

신구약 원어 텍스트에 하나님이라는 명칭이 없다는 것이 확인 되었다. 이 사실은 퍼팩트(perfect)이다.

에하흐 엘로힘께서는 나 외에 또 다른 신(우상, 미신, 마귀, 귀신)의 이름을 부르지 말라고 하셨다(출 20:3, 출 23:13,33, 수 23:7, 시 16:4, 렘 5:7, 습 1:5-6, 고후 6:14-15).

예슈아 크리스토스를 믿는 자들이 우상숭배를 하면 무서운 심판을 받는다(출 20:3-7, 출 32:1-35, 레 24:16, 신 4:24, 신 6:12-15, 신 7:4, 신 13:10, 신 17:2-7, 신 18:20, 신 27:15,27, 신 29:18-28, 수23:16, 렘 7:18, 렘 10:11, 겔 14:3-9, 욘 2:8, 슥 13:2, 고전 10:1-12, 계 14:9-11, 계 18:4-5, 계 21:8, 계 22:15).

모르데카이(모르드개)는 아말레크(아말렉)인 하만에게 무릎을 꿇지 않았다(출 17:16, 해설 생략). 하난야(하나냐), 미솨엘(미사엘), 아자르야(아사랴)는 네부카드네차르(느부갓네살) 왕의 금 신상에게 무릎 꿇지 않았다(단 3:14-21, 해설 생략). 수많은 믿음의 선진들이 우상숭배(조상제사)를 하지 않는다고 순교를 당하였다. 한국교회는 존 로스에 의해서 천부경에 나오는 미신(迷信) 하나님께 모두가 무릎 꿇고 경배를 드리고 있다. 에하흐 엘로힘께 심판 받을 죄를 142년

여 동안 범하고 있다. 알면서도 모로쇠로 일관하는 목회자들은 영이신 루하 엘로힘, 에하흐 엘로힘의 심판을 피해갈 수가 없다. 이것이 자유대한민국의 위기와 한국교회의 타락의 원인이다. 이 사실을 전혀 모르고들 있다. 루하, 엘로힘, 에하흐, 예슈아 크리스토스, 프뉴마, 데오스 외에 권력과 힘들을 의지하고 사랑하는 모든 것들은 다 우상숭배이다(마 10:37,32-39). 이 사실을 부인할 목회자는 아무도 없다. 이것을 통곡하며 회심하여 영이신 아버지의 진노를 풀어드려야 한다.

그럼에도 이 신학자들을 신학적으로 문제가 없다고 한다. 이 학자는 필자가 출판을 앞두고 있는 책의 추천서를 부탁하자, 교단이나 어느 큰 단체에서 공중을 받아오면 해준다고 한다. 그래서 필자가 이 학자에게 반문을 하였다. 세계 개혁자들이 누구에게 공중을 받고 개혁하였습니까? 갈릴레오 디 빈첸초 보나이우티 데 갈릴레이(Galileo di Vincenzo Bonaiuti de' Galilei, 1564년 2월 15일 ~ 1642년 1월 8일)는 이탈리아의 철학자, 과학자, 물리학자, 천문학자가 누구에게 지동설을 공중을 받았습니까? 라는 질문에는 답변을 하지 못하였다. 그리고 이런 신학자의 명성 앞에 굽실거리는 목회자 무리들을 보면서 한국교회의 미래가 더 암담(暗澹)하다. 필자는 신학자들을 통하여 영적인 '토후'(혼돈, 공허, 텅빔), '보후' - 바보후(공허, 텅빔, 황무지), '호셰크' - 베호셰크(어두움, 흑담)를 보았다.

예수아께서 십자가위에서 이루신 대리적 속죄의 희생을 모욕(侮辱), 모독(冒瀆)하지 않으려면 성경에서 제사(祭祀)를 희생물 - 제바흐 זֶבַח (2077, 제바흐 - 희생, 희생물)로 바꿔야 한다.

원어로 표기해 놓으면 목회자들이 뜻이 무엇인지를 찾아보게 될 것이다. 제사(祭祀) 제(祭)자 사용은 예슈아 희생을 모독하거나 모욕하지 말아야 한다. 목회자는 더 이상 설교 중에 제사(祭祀) 제(祭)자의 사용을 금지해야 한다. 이브리어 원어 모음 표기로 번역하고 해설은 목회자가 해야 한다.

(1) 번제(燔祭)는 '올라흐' עֹלָה (5930, 올라흐 - 불살라 전소하여 올려드리는 희생물, 창8:20, 레1:10)라고 번역해야 한다.

(2) 화제(火祭)는 '잇쇠흐' אִשֶּׁה (801, 잇쇠흐 - 불살라 드리는 것, '올라'와 같다. 레1:13)라고 번역해야 한다.

(3) 속죄제(贖罪祭)는 '하타아흐 희생물' הַטָּאָה (2403, 하타아흐 - 지은 죄로 인하여 드리는 희생물, 레4:13-35)이라고 번역해야 한다.

(4) 속건제(贖愆祭)는 '아솸' אָשָׁם (817, 아솸 - 부지중에 알지 못하고 지은 죄이지만 올바른 생명진리의 말씀을 배워 알고 있는 대로 죄사함을 위하여 드려지는 희생물, 레5:1-19)이라고 번역해야 한다.

(5) 화목제(和睦祭)는 '셸렘' שֶׁלֶם (8002, 셸렘 - 화목희생물을 잇쇠로 올려드림, 감사 희생물, 레3:1-17)라고 번역해야 한다.

(6) 요제(搖祭)는 '테누파흐' תְּנוּפָה (8573, 테누파흐 - 흔듦, 아솸의 희생물을 드릴 때 들어 올려 흔들어 올려드렸다. 레 14:12, 21)라고 번역해야 한다.

목회자가 진리를 올바르게 알아야 올바르게 가르칠 수 있다. 목회자의 책임이 크다.

곡식단의 '테누파흐'(레23:15). 떡(구운 빵)두개로 '테누파흐'(레23:17). 레위이(레위) 아하론(아론)과 아들들을 정결케 하는 하타아 희생물로 드려지는 '테누파흐'는 회막에서 에하흐 엘로힘을 섬기는 עָבַד (5647,아바드 - 일하다, 봉사하다, 섬기다, 시중들다) 영적전쟁(צָבָא 6635, 차바 - 전쟁, 군대, 전쟁을 수행하다)의 '테누파흐'(민8:1-16)이다. 출애굽기 35:22절에서는 '테누파흐'를 예물이라고 하였다(출38:29). 레위이의 아들들은 영적 전쟁하는 군대로 바달 בָּדַל (914, 바달 - 나누다, 분리하다, 구별하다)분리하여 구별하였다. 영적전쟁의 필수조건은 타헤르 טָהֵר (2891, 타헤르 - 깨끗하다, 정결하다, 순결하다, 더럽고 사악한 뱀 - 쏴탄을 잡는 전쟁)이다.

타헤르 간략해설

뱀 - 사탄마귀의 거짓된 죄의 미혹과의 전쟁에서 싸워 이기는 일에 군대로 분리 구별된 사람은 레위인의 아들들뿐만 아니라 모든 크리스토스의 사람들은 만인 코헨들이다(딤후 2:2-3, 벧전 2:9). 영원히 실존하는 만왕이신 예슈아의 피로 정결하고 깨끗하게 되는 사람이 쏴탄 - 마귀의 거짓된 죄의 미혹을 이기는 군대가 된다.

아래 민수기 8:24절 직역 문장정리를 보라.

• 버미드바르(민) 8:24절 직역 문장정리
레위이는 이십들 다섯 해 이상으로 오헬 천막에 그 정한 때에 들어가서 전쟁을 수행하여 군대로 섬기는 이것을 하는 자이다.

(1) 곡식을 드리는 소제(素祭)는 미느하흐 מִנְחָה (4503, 미느하흐 - 선물, 공물, 예물, 레 2:1-16, 레 6:14-23)라고 번역해야 한다. 민하(명여)어근은 마나흐 (מָנָה: 마나흐 - 빌려주다, 선물을 주다)이다.

(2) 술을 부어 드리는 전제(奠祭)는 네세크 נֶסֶךְ (5262, 네세크 - 전제, 헌주, 주조된 상, 안식일 성회로 모일 때 '올라흐(번제)희생물'과 '민하 예물'과 '잇솨흐'와 함께 불태워 드려지는 포도주, 레23:12-13,18,31, 매일 아침저녁에 단위에 어린양과 함께 드려지는 포도주 사분의 일 힌, 출29:38-42)라고 번역해야 한다. 이런 원어해설은 목회자의 몫이다.

영이신 루하 엘로힘께 드려지는 모든 희생물들은 죄 사함과 화목과 감사, 거룩과 성결을 위하여, 루하 엘로힘께서 기뻐하시는 향내가 되도록 올려드리는 것이다. 그러므로 중국 유교에서 유래한 제사(祭祀) 제(祭)자를 이제는 더 이상 사용하지 않도록 해야 한다. 토속적 민족문화 용어인 제사(祭祀)의 용어는 성경번역에 활용되어서는 안된다(고전 10:18—23, 고후 6:14-18, 왕상 18:21).

루하 엘로힘께 드려지는 희생물들과 우상과 조상 제사와는 그 내용의 본질이 전적으로 다르다. 아래 내용을 보라.

(1) 한국민족문화 대백과사전

유교 의식행사 祭祀

'신령에게 음식을 바치며 기원을 드리거나 죽은 이를 추모하는 의식을 지칭하는 용어. 추모의식.''제사(祭祀)는 신령에게 음식을 바치며 기원을 드리거나 죽은 이를 추모하는 의식을 지칭하는 용어이다. 원시·고대인들은 자연 그 자체를 대상으로, 혹은 외경심·신비감의 근원인 초월자나 절대자를 상정하고, 삶의 안식과 안락을 기원하거나 감사의 표현으로 제를 드렸다. 이후 인간의 사후 영혼을 신앙하여 조상신에 대해서도 숭배와 복을 비는 제사가 이루어졌다. 문화가 발달하면서 제의는 일정한 격식을 갖추어 제도로 정착하였다. 우리나라는 조선시대에 들어 유교의 가르침에 따라 제도화가 크게 진전되었는데, 국가·왕가·일반사가의 제사는 모두 주희의 『가례』를 기본으로 삼았다.'

(2) 행정안전부 국가기록원 제공

'제사의 기원은 샤머니즘을 바탕으로 한 자연숭배와 연관이 깊다. 고대의 사람들이 신의 가호로 재앙을 피하기 위허 천지신명께 정성을 올린 것이 제사의 시작이다. 우리의 제사는 조상의 넋을 기리고 그 은혜에 보답하고자 후손들이 마음을 다해 예를 올리는 전통문화이다. 고려시대 중국의 주자학이 전래되면서 조상 제사 의식도 함께 유입되었는데, 당시는 불교가 국교였기에 제사를 지내지 않았다. 그러다가 고려 말부터 제사를 지내기 시작했고, 조선시대에 민간에 널리 장려되었다. 처음에 제사는 조정 중신과 일부 양반들 사이에만 행해지다가 조선 중기 이후 평민에게도 일반화됐다. 제사가 많은 폐단을 겪으면서도 지금까지 행해지는 것은, 죽은 조상신이 후손을 지켜주고 복을 준다는 기복사상(祈福思想)에 기인한 것이라 볼 수 있다. 천주교가 처음 우리나라에 들어왔을 때에는 조상제사를 우상숭배로 여겨 금지하였으나, 교황 비오 12세가 1939년 「중국 의식(儀式)에 관한 훈령」을 통해 우교의 조상제사는 종교의식이 아니요, 시민의식이라며 조상제사(祖上祭祀)를 허락하였다.

개신교는 제사(祭祀 - 신령이나 죽은 사람의 넋에게 음식을 바쳐 정성을 나타냄, 그런 의식)를 우상숭배로 여기기 때문에 제사(祭祀)를 지내지 않는다. 성경에 부모를 공경하라고 되어 있어 살아계신 부모님께 효도해야 한다는 주장이다. 조상제사(祭祀)와 샤머니즘에서 비롯된 한자의 제사(祭祀)를 예슈아의 희생을 대신하는 단어로 번역한 것은 의도가 있는 악한 오역이다. 죄 없으신 예슈아께서 저주받은 사람들을 죄에서 구원하시려고 저주의 십자가에서 대리적 속죄의 희생물로 죽으셨다. 예슈아 대리적 속죄의 모독이다.

이 희생으로 예슈아를 믿는 자에게 죄 사함과 영생구원의 복을 주신다. 그런데 성경번역을 이브리어(זֶבַח , 2076, 제바흐 - 희생, 희생물, 레 3:1)와 헬라어 (θύω , 2380, 뒤오 - 희생, 희생물, 막 14:12)의 사전적 의미에 따라서 번역하지 아니하고 유교사상에 근원을 두고 있는 제사(祭祀)로 번역한 것은 기독교 신앙의 반하는 악한 번역이다. 예슈아의 거룩한 희생의 죽음을 모독(冒瀆)하는 표기이다. 예슈아의 저주의 십자가에서 당하신 대리적 속죄의 희생의 죽음을 유교의 제사 사상으로 평가절하 하는 번역이다. 개신교는 조상제사(祭祀)를 우상숭배라고 하여 추도(追悼 - 죽은 사람을 생각하며 슬퍼함, 추념(追念) - 죽은 사람을 돌이켜 생각함), 추모(追慕 - 죽은 사람을 그리워하며 생각함)예배도 드리지 아니한다. 예배라는 옷을 입어도 예배의 대상이 영이신 아버지(루하 엘로힘 아브, 에하흐 엘로힘 아브)가 아니라 조상이기 때문이다. 도덕과 윤리적으로도 모순이다.

각 나라의 토속문화에 따라서 성경을 번역한다면 그 책은 성경이라고 할 수가 없다. 영이신 아버지, 전능하신 아버지의 말씀이라고 할 수가 없다. 그래서 신구약 원어 텍스트의 말씀에 더하거나 가감하지 말라고 하셨다(신 4:2, 신 12:32, 수 1:7, 잠 30:6, 전 12:13, 마 5:18, 갈 3:15, 벧후 1:19-21, 계 22:18-19).

한국교회 각 교단 장들은 대한성서공회에 공문을 보내 더 이상 성경에 제사(祭祀)와 제사제(祭)자, 신(神)과 토속문화 한민족이 수천 년 믿고 섬기며 부르던 하느님, 하나님의 명칭으로의 번역을 금지시켜야 한다. 각 교단 장들의 신앙양심, 오직성경, 오직 엘로힘 - 케오스의 영광을 위해 절실하게 요구된다.

아래 성경을 보라.

| 성경구절 |

* '사무엘이 가로되 여호와(에하흐)께서 燔祀와 다른 祭祀 זֶבַח (제바흐 – 희생, 희생물)를 그 목소리 順從하는 것을 좋아하심 같이 좋아하시겠나이까? 順從 이 祭祀보다 낫고 듣는 것이 수羊의 기름보다 나으니'(삼상 15:22)

* '主는 祭祀 를 즐겨 아니하시나니 그렇지 않으면 내가 드렸을 것이라 主는 燔祀를 기뻐 아니하시나이다'(시 51:16)

* '소를 잡아 드리는 것은 殺人함과 다름이 없고 어린 羊으로 祭祀드리는 것은 개의 목을 꺾음과 다름이 없으며 드리는 禮物은 돼지의 피와 다름이 없고 焚香하는 것은 偶像을 讚頌함과 다름이 없이 하는 그들은 즐그의 길을 擇하며 그들의 마음은 可憎

한 것을 기뻐한즉'(사 66:3)

* '나는 仁愛를 願하고 祭祀 זֶבַח(제바흐 – 희생, 희생물)를 願치 아니하며 燔祀보다
엘로힘을 아는 것을 願하노라'(호 6:6)

* '너희는 가서 내가 矜恤을 願하고 祭祀를 願치 아니하노라 하신 뜻이 무엇인지 배
우라 내가 義人을 부르러 온 것이 아니요 罪人을 부르러 왔노라 하시니라'(마 9:13)

* '나는 慈悲를 願하고 祭祀를 願치 아니하노라 하신 뜻을 너희가 알았더면 無罪한
者를 罪로 定치 아니하였으리라'(마 12:7)

'위에 말씀하시기를 祭祀와 禮物과 全體로 燔祭함과 贖罪祭는 願치도 아
니하고 기뻐하지도 아니하신다 하셨고 이는 다 律法을 따라 드리는 것이
라'(히 10:8). '祭司長마다 每日 서서 섬기며 자주 같은 祭祀를 드리되 이 祭祀
'오직 크리스토스는 罪를 爲하여 한 永遠한 祭祀(θυσία 뒤시아 - 희생의 죽으심)
는 언제든지 罪를 없게 하지 못하거니와'(히 10:11). '오직 크리스토스는 罪를
爲하여 한 永遠한 祭祀를 드리시고 하나님 右便에 앉으사'(히 10:12)라고 하였
다. 예슈아께서 대리적 속죄의 희생물을 제사(祭祀)라고 하여 예슈아께서 영
이신 아버지께 버림을 받으시면서 까지 이루신 대속(代贖)의 희생을 모독하
였다. 무례하고 망령된 번역이다. 예슈아 대속의 희생은 "신령이나 죽은 사
람의 넋에게 음식을 바쳐 정성을 나타내는 의식이 아니다" 영멸의 하타아
죄를 대속하기 위한 희생이었다(요 1:29, 롬 6:23).

이러므로 제사장(祭司長)이라이라 하지 말고 코헨 - '희생물을 드려주는 주요 공직자'라고 번역하고 성경에서 제사(祭祀) 제(祀)자, 신(神), 하나+님를 모두 제거해야 한다.

아담의 타락 이후에 모든 사람은 영혼이 죽었고(영이신 아버지와의 단절) 육신이 목숨(호흡, 영이신 아버지께서 떠남)이 중단 될 자들이다. 죽고(מות모트) 또 죽을(תמות타무트) 자들이다(창 2:17, 전 12:7, 마 25:34,41, 눅 16:22-24, 히 9:27).

타무트 합성어, 사전적 의미, 상형문자 의미, 간략해설

● **타무트 합성어**

타브 + 멤 + 바브 + 타브이다.

● **상형문자 의미**

타브 – 십자가, 죽음, 증표, 사인이다.

멤 – 필수적인 물, 진리, 사역, 생활화이다.

바브 – 갈고리, 못, 연결이다.

타브 – 저주의 십자가, 죽음, 증표, 사인이다.

두트 מות, 타무트 תמות 간략해설

영혼이 먼저 죽고 그 다음에 육체가 죽는다는 의미이다. 이것으로 끝나는 것이 아니고 예슈아를 마음에 영접하여 자신을 대신하여 대리적 속죄의 희생양이 되어주신 것을 믿지 아니하는 사람은 불과 유황으로 타는 못(헬 - 하데스, - 스올, 지옥)에 던져지는 둘째 사망의 해를 받는다는 의미이다(요 1:12-13, 요3:3,5,6, 고전 12:3, 벧전 1:23, 계 21:8).

십자가는 예슈아 죽음의 상징이다. 예슈아께서 저주의 십자가에서 대리적 속죄의 희생물이 되셨다는 마음에 표중이 없는 자는 영혼이 죽었다는 증거이다. 멤은 물, 진리, 사역, 생활화이다.

물은 육체의 생명에 필수적이다. 진리는 영혼의 필수적인 양식이다. 그러므로 필수적인 생명진리의 말씀으로 생활화하지 않는 자는 영적으로 죽은 자이다. 바브는 못, 갈고리, 연결하는 사람은 예슈아이시다. 예슈아께서 친히 십자가에 못 박히셔서 하타의 죄를 범하여(창2:17, 창3:6, 엡2:1-3). 영이신 아버지, 전능하신 아버지와의 단절된 사람과의 연결을 하셨다. 타브는 예슈아 십자가와 표중이라는 의미이다. 예슈아 십자가복음을 믿는 마음에 표중이 없는 자는 죽었다는 의미이다.

죽었다는 3가지 의미

① 영혼이 죽었다는 의미(모든 사람은 원죄로 인하여 영이신 루하 엘로힘과 단절되었다는 증거들 - 롬3:23, 창2:17, 창3:6, 요3:18-19, 창3:7-10, 롬1:18-32, 갈5:19-21, 딤전 1:9-10, 딤후3:1-8)

② 육체가 죽는다는 의미(죄의 삯은 죽음 - 롬6:23, 창3:19, 아담930세 죽음, 창5:3-5, 아브라함 175세 죽음, 창25:7)

③ 영멸지옥으로 들어가는 죽음의 의미(둘째 사망 - 마25:41, 계19:20, 계20:10-15, 계21:8, 계22:15, 창2:17, 레20:9-16,27).

영이신 루하 엘로힘께서 죽음의 그 원인을 '모트', '타무트'에 담아 놓으셨다. 필수적인 생명진리의 말씀 즉 예슈아의 생명이 마음에 연결되어 예슈아의 생명의 빛을 받아 빛의 사람으로 생활하지 아니한 자들이다(마 5:14-16, 요 12:36, 엡 5:8-9, 빌 2:15-16, 살전 5:5-10).

예슈아를 믿지 않는 자는 영이신 루하 엘로힘과 단절되어 영혼이 영이신 아버지를 의식하지 못한다. 이 상태를 영혼이 죽어있다고 하는 것이다. 아담과 하와는 하타 죄를 범하기 전과 후에도 즉시 영이신 에하흐 엘로힘을 의식하여 두려워하여 숨고 벌거벗은 수치를 알게 되었다(창 3:7-10).

최초의 살인자 카인(가인)은 에하흐 엘로힘께서 자신이 드린 예물을 받지 아니하시므로 얼굴이 붉게 달아오르면서 분노하였다. 에하흐 엘로힘께 반항한 최초의 사건이다. 카인이 동생 헤벨(아벨)을 살해할 것을 미리 아시고 하타아 죄를 다스리라는 말씀을 하셨다. 카인은 에하흐 엘로힘을 의식하였지만 그 분노와 하타아 죄를 다스리지 못하고 동생 헤벨을 살해하였다(창 4:1-15).

이때부터 사람의 영과 마음의 감각이 점점 둔해지기 시작하여 화인 맞아 감각을 잃어버리고 무정하며 사나워졌다(딤전 4:2,1, 딤후 3:1-9). 그러므로 영이신 아버지, 전능하신 아버지와 단절된 죽은 영혼이 살아나려면 예슈아의 생명을 받아야 한다. 이 생명은 영원히 실존하는 생명이다. 이 생명을 주시려고 예슈아께서 오셨고 다 이루셨다(요 19:30, 빌 2:6-8).

예슈아께서 다시불어 넣어주시는 하기오스 프뉴마(성령)의 생명을 받아야 한다. 예슈아께서 숨을 내시며 거룩한 영(ἅγιος하기오스 - 거룩한 πνεῦμα 프뉴마 - 생명, 영, 호흡, 바람)을 받으라고 하셨다(창 2:7, 요 20:22, 요 5:24-25, 요 15:4-6, 롬 11:17-24). '숨을 내쉬며'(엠퓌사오 - 숨을 내쉬다, 불어 넣다)동사 엠퓌사오 이브리어 역어는 나파흐(나파흐 - 하나님의 숨을 불어 넣는 것, 숨쉬다, 불다, 창2:7)이다. 헬라어 '엠퓌사오'와 이브리어 '나파흐'의 의미가 같다. 거룩한 영이 영이신 아버지와 단절된 사람에게 들어오는 것은 다시 태어나는 것이다. 영적 관계 회복이다. 이때부터 영이신 아버지를 의식하며 영이신 '루하', '프뉴마'를 아버지라고 부르게 된다(롬 10:15-16, 갈 4:6). 성경말씀을 아버지께서 자기에게 주신 말씀으로 믿게 된다. 영이신 루하 엘로힘의 숨은 곧 생명이신 당신을 불어넣는 것이다. 거룩한 영의 생명이 아담(사람)의 코에 들어가므로 생령(레네테흐 하야흐 - 살아 숨 쉬는 존재)이 되었다(창 2:7).

요엘(욜) 2:32 '누구든지 에하흐의 이름을 부르는 자는 구원(말라트)을 얻으리니 이는 나 에하흐의 말대로 시온산과 예루살렘에서 피할 자가 있을 것임이요 남은 자 중에 나 에하흐의 부름을 받을 자가 있을 것임이니라.'고 하였다.

'구원'은 말라트 מָלַט (말라트 - 피하다, 도망하다, 구출하다, 구원하다, 회반죽, 양회, 96회, 요엘 2:32)이다.

● 달라트 합성어

멤 + 라메드 + 테트이다.

● 상형문자 의미

멤 – 물, 진리, 사역, 생활화이다.

라데드 – 막대기, 목자, 가르치다, 익힘이다.

테트 – 뱀(쇠탄 – 셰드), 이중성, 거짓말, 지혜, 선함이다.

말라트 간략해설

뱀 - 쇠탄마귀(계 12:9)로부터 구출과 구원을 해주신다. 쇠탄마귀는 거짓말과 욕심으로 사람을 미혹하여 시험에 빠뜨려 회반죽처럼 뒤죽박죽 되어있는 자에게 영혼의 목자이신 예슈아께서 전도자, 목회자, 선지자, 사도, 교사들을 보내서서 생명진리의 말씀을 들을 수 있는 기회를 주신다. 그 복음을 받아들이는 자를 '말라트'해 주신다는 것이다(막 6:4-6, 막 16:15-16, 마 28:19-20, 눅 10:1-11, 눅 16:29,31, 요 3:15-21, 요 5:24-25, 행 1:8, 행 16:30-34, 롬 8:1-2,30, 롬 10:8-17, 고전 1:18-21).

종말과 환난 때에 구원하며 구출해주신다는 의미이다(마 24:21-22,31, 막 13:20, 요 13:18, 롬 11:25-28, 고전 10:13, 딤후 2:10, 창 19:17-21, 삿 3:26, 삼상 19:11, 삼상 22:1, 삼상 23:13, 욥 29:12, 시 50:15, 시 107:20(1-43 보라), 사 6:13, 슥 13:8, 슥 14:2).

맛다이오스유앙겔리온(마) 1:21절의 헬라어 '하마르티아' 이브리어 역어는 '하타아'이다. '하마르티아'의 사전적 의미는 '잘못'과 '죄'라고 하였다. 그러나 헬라어나 영어에도 죄명이 무엇인지를 명백하게 알려주지 못한다. 살인인 지, 강도인지, 사기인지에 대한 내용이 없다. 이브리어 사전적 의미에도 어 떤 죄명인지가 명확하지 않다. 그러나 이브리어 단어별 합성어 상형문자 의 미 간략해설을 하면 무슨 죄명인지 명백해진다.

하타아 & 하타아흐 합성어, 사전적 의미, 상형문자 의미 간략해설

하타아 חָטָא (2398, 하타아 사전적 의미-놓치다, 빗나가다, 그릇 행하다, 잘못 행하다, 죄를 짓다, 상실하다, 속죄희생물을 드리다, 정결케 하다, 정죄하다, 죄, 범죄, 죄 있는, 죄 많은, 죄인, 죄인들)이다.

● 하타아 & 하타아흐 합성어

하타아 – 헤트 + 테트 + 알레프이다.

하타아흐 – 헤트 + 테트 + 알레프 + 헤이이다.

● 상형문자 의미

헤트 – 생명의 울타리, 보호의 울타리, 유월절 어린양 보혈의 장소, 에하흐 엘

로힘께서 정하여 놓으신 장소이다.

테트 – 뱀 (쇼탄 – 셰드, 계12:9), 선하다. 지혜이다.

알레프 – 소, 힘, 희생, 가르치다, 배움이다.

헤이 – 호흡, 목숨, 실존, 영원히 실존하는 생명이다.

하타아 간략해설

하타아 죄는 원죄이다. 하타는 '사탄의 거짓말에 속아 생명의 울타리와 힘들, 만능들이신 엘로힘을 놓아버린 죄이다.' 하타아 죄에서 우리를 자유하게 하시려고 예슈아께서 오셔서 대리적 속죄의 희생(물)양으로 저주의 십자가위에서 죽으신 것이다(막 10:45, 요 1:29, 36, 갈 3:13, 빌 2:6-8, 출 12:3-11, 마 27:27-37).

하타아흐 חַטָּאָה (2402, 정음 모음 표기-하타아흐, 사전적 의미 - 죄, 속죄희생, 죄악, 유죄, 죄의 형벌, 속죄희생물)하타아흐(명여) 어근은 하타아(חָטָא, 2398 : 사전적 의미 - 놓치다. 빗나가다, 그릇행하다, 잘못행하다, 죄를 짓다, 상실하다, 속죄제를 드리다, 정결케 하다, 정죄하다)이다.

하타아흐 간략해설

하타아흐는 '뱀 - 쇼탄의 거짓말에 속아 생명의 울타리이신 예슈아와 힘들, 만능들, 권세들이신 엘로힘을 놓아버림으로 영원히 실존하는 생명을 잃어버리고 영멸지옥으로 가는 죄이다.'

하타아흐 죄에서 우리를 자유하게 하시려고 예슈아께서 오셔서 대리적 속죄의 희생양으로 저주의 십자가위에서 죽으시고 보혜사 거룩한 영을 보내어 주시고 완성된 예슈아 크리스토스(이에수스 크리스토스, 예슈스 크리스토스, 예슈아 마쉬아흐, 예수 그리스도는 출처가 불분명함, 생략)의 복음을 믿는 자를 영멸 지옥에서 구원하셔서 영원히 실존하는 생명을 회복 시켜주신다(막 10:45, 갈 3:13, 빌 2:6-8, 요 1:12, 요 3:16, 요 5:24-25, 롬 8:1-2, 고전 1:18-21).

구원과 관련된 이브리어 단어들과 간략해설을 보라.

「하찰라흐」

הַצָּלָה (2020, 하찰라흐 사전적 의미 - 구출, 구원, 에4:14,1-17) 하찰라흐(명여)어근은 나찰(נָצַל , 5337: 사전적 의미 - 구출하다, 구원하다)이다.

하찰라흐 간략해설

목자이신 에하흐께서 영원히 실존하는 생명 구원받는 방법을 가르쳐 주실 때 마음에 잘 받아들이고 나아가는 자의 호흡하는 생명이 죽지 않도록 구원, 구출 하여 준다는 의미이다(에 4:14,1~17, 에 5:1~9:32).

「야솨아」

יָשַׁע (3467, 야솨아 (동사) 사전적 의미 - 구원하다, 구출하다, 구조하다, 200회, (명남)구 원, 구출, 구조, 안전, 복리, 번영, 승리, 36회)이다.

יְשׁוּעָה (3444, 예슈아흐 사전적 의미 - 구원, 구출, 구조, 복리, 번영, 승리, 엘로힘에 의한

구원) **예슈아흐**(명여)어근은 야솨아(יָשַׁע , 3467: 사전적 의미 - 구원하다, 해방시키다, 구원, 구출, 구조, 안전, 번영, 승리)**이다.**

야솨아 간략해설

야솨아는 명여 예슈아 어근이다. 우리의 구원은 영이신 루하 엘로힘 아버지의 형상과 모양의 본체이신 예슈아에 대한 복음의 말씀을 듣고 아멘하여 영접한 자들에게 에하흐 능력의 손으로 구원해주신다는 의미이다(고전 1:18-21, 요 1:12-13, 요 5:24-25).

「모솨아흐」

מוֹשָׁעָה (4190, 모솨아흐 사전적 의미 - 구출, 구원, 구제) **모솨아흐**(명여)어근은 야솨아(יָשַׁע , 3467: 사전적 의미 - 구조하다, 구원하다, 해방시키다)**이다.**

모솨아흐 간략해설

원수의 손, 사망에서 구원을 받으려면 예슈아께서 주시는 진리의 말씀을 아멘으로 받아서 되새김질하며 올바르게 생활하는 자의 생명을 해하지 못하게 하시고 구원하시고 구출하여 주신다는 의미이다(시 68:20).

테힐림(시) 68편 개요
테힐림(시) 68편 시제는 '다뷔드가 지휘하여 시편을 연주하여 노래하다' 이다.
'모솨아흐'는 테힐림(시) 68:20절에 한번 나온다.

'엘(엘 - 남성단수, 힘, 감함, 능력이신 엘, 240회)은 우리에게 구원(모솨아흐)의 엘이시라 사망에서 벗어남은 주 에하흐로 말미암거니와'

테힐림(시) 68:19-20절 남성단수 엘(3회) 엘 - 힘, 강함, 능력이시고 1 - 35절 남성복수 엘로힘(25회)이시다.

다뷔드가 원수들이 죽이려는 사망에서 구원해 달라(엘로힘 25회, 엘 3회, 에하흐 5회, 아도나이 1회, 아브 1회, 재판장 1회, 전능하신 분 1회)고 승리와 구원의 찬양을 올리고 있다.

「팔라트」

פָּלַט (6403 , 팔라트 사전적 의미 - 도피하다, 도망하다, 탈출하다, 구원하다, 도망, 도피, 구원, 자유, 출4:3, 레26:17, 시68:2)이다.

팔라트 간략해설

뱀 - 솨탄을 '대적하라' ἀνθίστημι (436, 안디스테미 - 대적하다, 대항하다, 거역하다, 반대하다. 약4:7, 벧전5:9)는 말씀이 있다. 그러나 뱀 - 솨탄으로부터 도피하라. 도망가라는 말씀은 없다. 솨탄 - 세드(마귀)를 대적하면 솨탄 - 세드가 피하여 도망친다고 하였다. φεύγω (5343, 퓨고 - 도망하다, 피하다, 사라지다, 약4:7, 마2:13, 마24:16, 막14:50). 솨탄 - 세드(마귀)를 대적하는 무기는 영이신 루하 엘로힘의 입으로부터 나오는 말씀이다. 기도하고 성경을 읽으며 묵상하면서 목자이신 예슈아께 가르침을 받아야 한다. 그리고 목자를 대행하는 담임 목회자로부터 엘로힘의 말씀의 가르침을 마음에 담아서 환경에서 그 말씀으로 대적(대항, 거역, 반대)하면 솨탄 - 세드가 도망친다고 하셨다. 이 말씀을 믿는 자에게 능력이 나타난다.

동사 퓨고 이브리어 역어는 누쓰 נוּס (5127, 누쓰 - 사전적 의미 - 도망하다, 달아나다)이다.

누쓰 간략해설

쏴탄 - 셰드(마귀)가 도망가는 이유는 예슈아 생명의 경계선 안에 있는 자, 예슈아를 버팀대로 삼고 있는 자를 대적하면 예슈아를 대적하는 것이 되므로 도망치는 것이다. 예슈아를 대적하면 곧 결망이기 때문이다(막 1:23-27, 마 10:1, 계 20:1-3, 10)

「펠레타흐」

פְּלֵיטָה (6413, 펠레타흐 사전적 의미 - 도피 탈출, 구원, 생존) 펠레타흐(명여)어근은 팔라트(פָּלַט, 6403 : 사전적 의미 - 도피하다, 도망하다, 탈출하다, 구원하다)이다.

펠레타흐 간략해설

루하 엘로힘께서 누구를 뱀 - 쏴탄으로부터 구원하여 주시는가? 영이신 아버지의 입으로부터 나오는 말씀으로 가르침을 받아들이는 자를 에하흐 능력의 손이 뱀 - 쏴탄으로부터 구출해 내시고 구원하신다. 영원히 실존하는 생명을 만지지도 못하게 하신다(요일 3:8, 요일 5:18).

「테슈아흐」

תְּשׁוּעָה (8668, 테슈아흐 사전적 의미 - 구출, 구원) 테슈아흐(명여)어근은 야솨아
(יָשַׁע , 3467: 사전적 의미 - 구원하다)이다.

테슈아흐 간략해설

테슈아흐와 예슈아흐와의 차이는 첫 자가 다르다. 테슈아흐는 '타브'이고 예슈
아흐는 '요드'이다. 테슈아흐는 예슈아께서 저주의 십자가에서 죽으신다는 것을
강조하였다. 예슈아흐는 예슈아께서 저주의 십자가에서 못 박히신 손을 강조하
고 있다. 그리고 테슈아흐와 예슈아흐의 어근은 모두 야솨이다.

그리고 '테슈아'와 '예슈아'에 처음으로 '흐'을 붙였다. 모음 없이 자음으로
음역할 때에는 끝 자도 음역을 하였으나 마소라 학자들이 모음을 붙여 음역
할 때부터 끝 자를 표기할 때도 있고 뺄 때도 있다. 단어별 해설을 할 때 끝
알파벳까지 해설을 하므로 끝 알파벳까지 표기하는 것이 올바르다. 세계 각
나라에서 1+1=2, 2x2=4라는 보편적 진리는 세월이 지나도 변하지 않는다.
그런데 영이신 루하 엘로힘의 감동으로 기록된 영이신 아버지의 말씀이 세
월이 지나면서 변형 되었다는 이브리어 단어들이 있다. 그렇다면 거룩한 영
의 감동으로 기록된 말씀이 아니다. 변형된 사전적 의미들은 정경의 권위를
잃게 된다. 필자는 그런 단어들이 발견되면 올바르게 고쳐가고 있다. 필자
가 이브리어 정음 모음 표기를 사용하는 이유이다. 한글표기가 안 되는 것
은 어쩔 수 없지만 한글표기를 할 수 있는 단어들은 모두 정음 모음 표기를
하고 있다.

"조선 땅에 1832년 7월 25일로, 개신교 선교사 칼 귀츨라프가 최초로 조선을 방문해 복음을 전하였다. 1832년 조선왕조(1392-1910) 말기상황, 순조(1800-1834)의 왕권과 사대부 사이에 권력 다툼, 사대부의 권력이 강화로 정치적 혼란 시기, 순조는 폐쇄 정책인 외교 정책 유지, 천주교 신자들을 박해를 강화하였다. 조선 땅에 복음이 들어 온지 193년이 되었다." 193년 만에 정통적인 이브리어 모음 표기를 들으니 한국교회 목회자, 신학교수, 신학생, 성도들이 생소하고 어려울 수도 있지만 올바른 진리라는 데는 이의가 있을 수 없다. 그러므로 필자는 선그자의 사명감을 가지고 신구약 원어 텍스트를 중심으로 성경번역과 이브리어 단어별 합성어 해설로 진리의 복음 회복에 힘쓰고 있다. 신구약 원어 텍스트를 중심의 저서를 통하여 선교에 힘쓰고 있다.

"한국에 선교가 시작된 시기는 공식적으로 1884년 6월 24일로, 미국 감리교 선교사 R. S. 매클레이가 고종 황제로부터 선교를 허가 받은 때이다."

"한국 최초의 교회는 1883년 5월 16일 서상륜과 서경조가 황해도 장연구 대구면 송천리의 소래마을에서 세운 소래교회이다."

결론

신구약 원어 텍스트의 본질로 돌아가는 진리 회복 운동을 루하 엘로힘께서 가장 기뻐하시는 일이다. 신구약 원어 텍스트의 본질을 바로 세워 놓으면 목회자와 성도들이 올바르게 세워진다.

예슈아를 마음에 받아들여 자기의 죄를 대신하여 대리적 속죄를 위하여 십자가위에서 죽으셨다는 것을 믿는 자에게 죄 사함과 영생구원을 주시는 최상최대의 복을 받아 누리시기를 예슈아 이름으로 슘 שׂוֹם (7760, 슘 - 그가 네 안에 두시며, 그가 네 안에 놓아주시며, 그가 네 안에 세우시며, 그가 네 안에 만들어 주시며)해주시기를 원하노라!

최상최대의 영적인 복을 받은 자들에게는 예슈아 이름 속에 들어있는 복리(福利 - 행복과 이익)와 번영(繁榮 - 일이 성하게 잘되어 영화로움)과 승리(勝利 - 겨루어 이김)의 복들과 환경구원을 이루어가는 복들을 누리게 됩니다. 영 육간에 복들이 누려지기를 원하노라!

토브 טוב 의 복

예슈아를 마음에 모셔 들임으로 마음에서
뱀 - 솨탄을 쫓아내고 잘되는 복을 누리자.

• 개역개정

'1 태초에 하나님(엘로힘)이 천지를 창조하시니라 2 땅이 혼돈하고 공허하며 흑암이 깊음 위에 있고 하나님(엘로힘)의 영(루하)은 수면 위에 운행하시니라 3 하나님(엘로힘)이 이르시되 빛이 있으라 하시니 빛이 있었고 4 빛이 하나님(엘로힘)이 보시기에 좋았더라 하나님(엘로힘)이 빛과 어둠을 나누사 5 하나님(엘로힘)이 빛을 낮이라 부르시고 어둠을 밤이라 부르시니라 저녁이 되고 아침이 되니 이는 첫째 날이니라'(베레쇠트세페르(창) 1:1-5).

• 원어 직역 문장정리

'1 최초에 엘로힘(모든 것들의 만능들이시다)께서 그 하늘들의 본질의 실체와 그 땅의 본질의 실체를 그가 만드셨다. 2 그 땅에 혼돈과 공허와 흑암, 이것이 일어났다 깊은 물위에 엘로힘의 얼굴들이 그 물들 위에 영의 얼굴들로 비상(飛上 - 왕으로 하늘에 좌정해 계시는 것)하셨다. 3 엘로힘 그가 말씀하시기를 그것의 빛이 일어나며 그것의 빛이 계속 일어나며 4 엘로힘께서 그 빛의 본질과 실체를 그가 바라보며 좋아하셨다. 왜냐하면 엘로힘께서 그 빛의 간격과 그 어두움의 간격을 그가 계속 나누시며, 5 엘로힘께서 그 빛을 낮이라고 부르시며 그 어두움을 밤이라고 부르셨다 그것이 저녁 되며 그것이 새벽되니 하나의 날' 이라고 하였다.

טוֹב (2896, 토브 사전적 의미 - 좋은, 선한, 즐거운, 선, 이익, 번영, 복지, 상품이나 물건, 선함, 유익, 번영, 행복, 모든 좋은 것들, 아름다운 것들, 기쁘고 행복하게 하는 것의 대명사) טוֹב 형용사 남성 단수이다.

● 토브 합성어

테트 + 바브 + 베이트이다.

● 상형문자 의미

테트 – 뱀(쇠탄, 셰드, 계12:9), 간교하다 עָרוּם (6175, 아룸 – 교활한, 간교한, 영리한, 슬기로운), 이중적이다, 거짓말쟁이다, 살인자이다, 선한 것이 없다, 루하의 지혜로만 쇠탄의 '아룸'을 이긴다.

바브 – 갈고리, 못, 연결하는 사람 예슈아이다.

베이트 – 집, ～안에, 마음의 집, 속사람이다.

토브 간략해설

'토브'는 모든 좋은 것들의 대명사이다. 모든 것들의 만능들의 엘로힘께서 빛이 계속 일어나라고 하시며 '좋아하셨다.'는 말씀이 '토브'이다. 토브의 복을 받아 누리려면 마음에 생명의 빛으로 오신 예슈아(요1:4-5,8-9, 요8:12, 요12:35,46, 요일 1:5)를 마음에 받아들임으로 마음에서 왕 노릇 하고 있는 흑암과 공허와 혼돈의 쇠탄 - 셰드(마귀)를 쫓아내는 자에게 임하는 복이다. '3 엘로힘 그가 말씀하시기를 그것의 빛이 일어나며 그것의 빛이 계속 일어나며 4 엘로힘께서 그 빛의 본질과 실체를 그가 바라보며 좋아하셨다. 왜냐하면 엘로힘께서 그 빛의 간격과 그 어두움의 간격을 그가 계속 나누시며'(창1:3-4)라고 하셨다.

　　흑암과 공허와 혼돈은 쇠탄 שָׂטָן - 셰드 שֵׁד(마귀)의 본질이요. 속성이다.

쇠탄 & 셰드 간략해설

쇠탄은 루하 엘로힘의 말씀은 알고 있으나 자기의 생명으로 삼지 못한다. 그러므로 말씀과 올바름이 없다. 선한 것이 없다. '하크마흐'(호크마)의 지혜도 없다. 루하 엘로힘께서 정하여 놓으신 생명의 경계선을 넘어간 악한 영이다. 쇠탄은 블랙홀과 같은 악한 영이다. 한 번 빠지면 탈출하지 못한다. 셰드도 루하 엘로힘의 말씀은 알고 있으나 자기의 생명으로 삼지 못한다. 그러므로 말씀과 올바름이 없다. 성경말씀을 역으로 악용하는 전문가이다. 사람을 미혹하여 생명의 문이신 예슈아를 믿지 못하게 한다. 예슈아를 믿는 자들을 미혹하여 예슈아께서 바라시는 열매를 맺지 못하게 하는 전문가이다.

　　모든 사람은 거듭나기 전까지는 쇠탄 - 셰드의 종노릇 한다(마 12:43-45, 눅 22:3, 요 13:2, 행 5:3, 고후 4:4, 엡 2:1-3, 엡 6:12, 약 4:4, 요일 3:8, 계 12:9).

쇠탄 - 셰드와 연결되어 쇠탄 - 셰드에게 마음의 집을 내어주고 살았다. 그래서 죄를 짓는다(창 6:5, 창 8:21, 시 51:5, 사 53:6, 요 8:44, 롬 8:9, 갈 5:19-21, 약 1:15).

쇠탄 - 셰드는 악이다. 선이 존재하지 않는다. 그리고 더럽다. 쇠탄 - 셰드는 죄요. 죽음이고 살인자이다. 욕심이다. 거짓말쟁이다 진리가 없다(요 8:44, 요 10:10, 창 3:4,19, 창 2:17). 진리가 없다는 것은 예슈아 십자가 복음을 믿지 않는다는 것이다. 예슈아와 진리의 말씀이 없다는 것은 곧 예슈아를 반대하는 대적자라는 말이다. 그러므로 쇠탄 - 셰드는 영멸 불지옥으로 떨어진다.

'큰 용(드라콘 - 혼돈의 원시적인 힘, 혼돈의 세력, 바다 괴물)이 내쫓기니 옛 뱀(오피스 - 교활하고 험악한 짐승, 교활한 자, 악마) 곧 마귀(디아볼로스 - 중상자, 비방자, 마귀)라고도 하고 사탄(사타나스 - 악한 상대, 적, 대항자, 대적자, 사단)이라고도 하며 온 천하를 꾀(플라나오 - 길을 잃게 하다, 미혹하다, 빗나가다, 방황하다, 속이다, 타락시키다)는 자라 그가 땅으로 내쫓기니 그의 사자들도 그와 함께 내쫓기니라'(계 12:9)고 하였다.

'또 내가 보매 천사가 무저갱의 열쇠와 큰 쇠사슬을 그의 손에 가지고 하늘로부터 내려와서 2 용을 잡으니 곧 옛 뱀이요 마귀요 사탄이라 잡아서 천 년 동안 결박하여 3 무저갱에 던져 넣어 잠그고 그 위에 인봉하여 천 년이 차도록 다시는 만국을 미혹하지 못하게 하였는데 그 후에는 반드시 잠깐 놓이리라'(계 20:1-3)고 하였다.

'또 그들을 미혹하는 마귀가 불과 유황 못에 던져지니 거기는 그 짐승과 거짓 선지자도 있어 세세토록 밤낮 괴로움을 받으리라'(계 20:10)고 하였다.

'사망과 음부도 불 못에 던져지니 이것은 둘째 사망 곧 불 못이라. 15 누구든지 생명책에 기록되지 못한 자는 불못에 던져지더라'(계 20:14-15)고 하였다.

그렇다. 누구든지 쇄탄 - 셰드(마귀)를 마음의 집에서 좇아내지 않으면 쇄탄 - 셰드와 함께 지옥멸망을 받게 된다. 악한 쇄탄 - 셰드를 이기려면 선이신 엘로힘 - 데오스와 지혜의 말씀으로 무장해야 한다. 악은 선과 말씀이 아니면 이기지 못한다. 선과 말씀으로 무장하려면 마음에 집안에 선하신 엘로힘 - 데오스를 모셔 들여야 하고 마음의 집 안에 말씀으로 채워야 한다. 엘로힘 - 데오스의 말씀으로 마음에 채우려면 부지런히 읽어야하며 암송하며 하가를 해야 한다.

시편1편을 중심으로 해설을 하면 2절 '오직 에하흐의 율법을 즐거워하여 그의 율법을 주야로 묵상하면 1절이 해결된다. 1절이 해결 된 자에게 3절의 만사형통의 복을 누리게 하신다. 5, 6절의 의인들의 모임에 들어간다. 에하흐께 인정을 받는다. 영생구원의 복을 누린다. 그리고 4, 5, 6절이 완전 해결된다. 환경에 흔들림이 없다. 심판이 없고 망하지 않는다. '악인', '죄인', '오만'은 쇄탄 - 셰드(마귀)의 또 다른 이름과 속성이다.

- **개역개정**

'네가 모든 것이 풍족하여도 기쁨과 즐거운 마음으로 네 하나님 여호와를 섬기지 아니함을 인하여'

- **원어 직역 문장정리**

네가 모든 것이 풍부함과 번영을 위하는 곳에서 기쁜 마음으로 네 에하흐 엘로힘을 예배하지 않았다고 하였다.

טוֹב (2898 투브 사전적 의미 - 좋은 것, 물품, 물건, 선함, 번영, 명사 투브 기본어근은 토브이다) וּבְטוּב (부베투브)접속사 - 전치사 - 명사 남성 단수 연계이다.

투브 간략해설

에하흐 엘로힘께 예배하지 않은 결과를 보라. 소름 돋는 무서운 저주가 부어진다(신 28:48-68). 마소라 학자들은 자음은 같은데 모음만 달리하여 '토브'는 3개 단어로 '투브'는 1개 단어로 4개로 분류해 놓았다. 모음은 읽기위한 것일 뿐이다. 다른 의미가 없다. 뜻과 의미는 자음에 들어 있다. 자음이 같으면 모음과 상관없이 그 의미들이 같다. 자음에 담겨있는 상형문자의 의미를 알아야 단어별 해설이 가능하다.

① יָטַב(2895, 토브(동사)는 기본어근이다.

   토브 사전적 의미 - 선하다, 좋다, 유익하다, 기쁘다, 즐거워하다, 히필형

   에서 바르게 (잘) 행하다, 선을 행하다, 27회이다.

② טוֹב(2896, 토브(형용사) 사전적 의미 - 좋은, 선한, 즐거운, 유쾌한, 명사로

   는 좋은 것, 선, 이익, 번영, 복지, 560회이다.

③ טוֹב(2897, 토브) 사전적 의미 - 돕 Tob(지) - 선한, 5회이다.

④ טוּב(2898, 투브) 사전적 의미 - (명남)좋은 것, 상품이나 물건, 선함, 유익,

   번영, 행복, 32회이다.

사람이 번영과 행복하면 더 영이신 아버지를 잘 섬기며 살아갈 것 같은데 도리어 타락하여 영이신 루하 엘로힘 아버지를 떠나버린다. 이런 사람은 불신자이다. 그러나 예슈아 크리스토스를 마음에 받아들여 만난 자는 아무리 부유해져도 절대로 영이신 루하 엘로힘 아버지를 떠나지 않는다(창 15:15, 창 12:2, 창 13:2, 창 24:1,35, 사 51:2, 잠 10:22, 대상 29:11-13, 26-28, 마 6:33, 갈 3:9, 엡 1:3, 딤전 4:8). 에하흐 엘로힘을 예배하지 않고 떠난 자의 결과를 보라.

• 원어 직역 문장정리

'에하흐께서 너를 굶주리고 목마르고 벌거벗고 모든 것이 결핍하게 그가 두신다. 그가 네가 섬길 너의 적들을 보내시며 그 철 멍에를 네 목 위에, 너의 실체의 그것이 멸하기까지 하신다'(신 28:48)고 하셨다.

아래성경들을 보라.

- **개역개정**

'그런데 여수룬이 기름지매 발로 찼도다 네가 살찌고 비대하고 윤택하매 자기를 지으신 하나님을 버리고 자기를 구원하신 반석을 업신여겼도다.'(다바림(신) 32:15)라고 하였다.

- **원어 직역 문장정리**

예슈룬이 그로 살이 찌므로 그를 찼으며, 네가 살찌고 크게 되니 음식을 배불리 먹고 윤택하여졌다. 그가 저를 만드신 엘로힘, 그를 버리며 그 예슈아(구원자이신) 반석에 대하여 저가 무감각하였으며, 라고 하였다.

———————

- **개역개정**

'그들이 먹여 준 대로 배가 불렀고 배가 부르니 그들의 마음이 교만하여 이로 말미암아 나를 잊었느니라'(호쉐아(호) 13:6)고 하였다.

- **원어 직역 문장정리**

'그들이 목초지에서 그들이 포식하면서 만족하며 그것들로 만족해지므로 그들의 마음을 그들이 높이며 그들이 높으신 자 나를 잊었다. 그러므로'라고 하였다.

성도들이 버릴 것은 죄이다(요 8:34, 롬 6:14,16,23, 갈 5:1, 요일 3:4,8, 벧후 2:20, 계 21:8). 영이신 루하 엘로힘 아버지를 버리고 떠나는 자들이 가장 불쌍하다(신

32:13-29, 느 9:25-35, 시 10:1-4, 사 17:10-14, 렘 2:13,31-37, 호 8:14,1-14, 호 13:5-16).

그러므로 징계의 막대기를 통하여 돌아오라고 부르신다(신 4:30-31, 시 89:32, 잠 15:10, 사 44:22, 렘 3:12-13,22, 렘 4:1-2, 렘 8:4-5, 렘 25:5, 렘 35:15, 겔 18:21-23,27-32, 겔 33:11,14-16, 호 11:1-11, 호 14:1-4, 슥 1:2-4, 고후 4:17, 히 12:5-13).

'토브'는 선하고 기쁘며 즐겁고 유익한 모든 좋은 것의 총칭어(總稱語)이다.

'토브'의 복을 받고 싶다면 아래 성구들의 앞뒤 문맥을 묵상하면 왜 '토브'의 복를 말씀하셨는지, 그 의미를 명확하게 이해하게 될 것이다. 목회자들에게 몇 년의 설교 자료를 얻게 될 것이다. 토브의 복은 베레쉬트(창) 1장에 가장 먼저 나온다. 엘로힘께서 '좋았더라'고 하신 말씀이 토브이다. 엘로힘께서 모든 독자들을 보시면서 좋구나, 좋았어! 참 좋았구나. 하시기를 토브합니다.

1. 선

(창 2:12,9,17, 창 3:5,22, 창 26:29, 창 31,29, 창 44:4, 창 50:20, 민 24:13, 신 1:39, 신 6:18, 신 12:28, 수 21:45, 수 23:14,15, 삿 9:16, 삼상 3:18, 삼상 12:23, 삼상 19:4, 삼상 20:12, 삼상 24:17,18,19, 삼상 25:15,21,30, 삼하 3:19, 삼상 29:9, 삼하 2:6, 삼하 10:12 ,삼하 14:17, 삼하 15:26, 삼하 16:12, 왕상 2:32, 왕상 3:9, 왕상 8:36, 왕상 14:13, 왕하 20:3, 왕하 20:19, 대상 16:34, 대상 19:13, 대하 5:13, 대하 6:27, 대하7:3, 대하 10:7, 대하 12:12, 대하 14:2, 대하 18:7,12,17, 대하 24:16, 대하 21:13, 대하 19:3, 대하 19:11, 대하 30:18, 대하 31:20, 스 3:11, 스 7:9, 스 8:18, 스 8:22, 느 2:8, 느 2:18, 느 6:19, 느 9:13,20, 느 13:31, 욥 34:4, 시 4:6, 시 100:5, 시 106:1, 시 107:1, 시 109:5, 시 109:21, 시 118:1, 시 118:29, 시 119:39, 시 119:65, 시 119:68, 시 133:1, 시 135:3, 시 136:1, 시 14:1, 시 14:3, 시 143:10, 시 145:9, 시 147:1, 시 23:6, 시 25:8,

시 34:8, 시 34:14, 시 35:12, 시 69:16, 시 73:1, 시 86:5, 잠 2:9, 잠 2:20, 잠 3:27, 잠 4:2, 잠 11:23, 잠 11:27, 잠 12:2, 잠 12:25, 잠 13:15,21,22, 잠 14:14,19,22, 잠 15:3, 잠 17:13, 잠 17:26, 잠 18:5, 잠 19:2, 잠 22:9, 잠 31:12, 전 2:3, 전 3:12, 전 5:18, 전 7:8,10,20, 전 9:2, 18, 전 12:14, 렘 6:16, 렘 18:20, 사 5:20, 사 7:15,16, 사 38:3 렘 33:10,14 애 3:25, 겔 18:18, 겔 20:25, 욜 3:5, 호 8:3, 호 14:2, 암 5:14,15, 미 3:2, 미 6:8, 미 7:4, 나 1:7, 슥 1:13, 출 33:19, 시 25:7, 시 27:13, 렘 29:10, 레 5:4, 민 10:29, 민 24:1, 욥 10:3, 시 119:68, 시 125:4).

2. 좋다.

(창 1:4,10,12,18,21,25,31, 창 2:9,18, 창 16:6, 창 18:7, 창 19:8, 창 20:15, 창 27:9, 창 40:16, 창 41:24,26, 창 49:15, 민 13:19, 신 1:14,25,35, 수 9:25, 삿 10:15, 삿 18:9, 삿 19:24, 룻 2:22, 룻 3:13, 삼상 1:23, 삼상 2:24, 삼상 8:14, 삼상 11:10, 삼상 14:36,40, 삼상 15:9, 삼상 20:7, 삼상 25:8, 삼상 27:1, 삼상 29:6, 삼하 3:36, 삼상 29:6, 삼하 3:13, 삼하 7:28, 삼하 17:7,14, 삼하 18:3,27,27, 삼하 19:18,35,38, 삼하 24:22, 왕상 2:18,38,42, 왕상 8:56, 왕상 12:7, 왕상 14:15, 왕상 21:2, 왕상 22:8,13,18, 왕하 2:19, 왕하 3:19,25, 왕하 10:5, 왕하 25:28, 대상 17:26, 대상 21:23, 느 5:9, 에 1:11, 에 3:11, 에 5:4, 에 8:5, 에 9:22, 욥 22:18, 시 103:5, 시 104:28, 시 107:9, 시 119:72, 시 34:10, 시 37:3,27, 시 45:1, 시 84:11, 시 85:12, 시 86:17, 시 92:1, 잠 15:30, 잠 16:20,29, 잠 20:23, 잠 24:13, 잠 25:25,27, 잠 28:21, 전 7:1,14,18, 아 7:9, 사 39:8, 사 52:7, 사 55:2, 렘 8:15, 렘 12:6, 렘 14:19, 렘 17:6, 렘 5:25, 렘 24:6, 렘 26:14, 렘 40:4, 애 3:27, 애 3:26, 렘 24:2,3, 렘 24:5, 겔 24:4, 겔 34:14,18, 겔 36:31, 호 4:13, 슥 11:12, 창 24:10, 창 45:18, 창 45:20, 시 119:66, 민 11:18, 신 15:16, 왕상 8:18, 대상 13:2, 대하 6:8, 느 2:5, 느 2:7, 에 1:19, 에 3:9, 에 5:8, 에7:3, 에 8:5, 에 9:13, 욥 13:9).

3. 낫다.

(창 29:19, 출 14:12, 민 14:3, 삿 8:2, 삿 9:2, 삿 11:25, 삿 18:19, 삼상 1:8, 삼상 15:22,28, 삼하 14:32, 삼하 17:14, 왕상 19:4, 왕하 5:12, 에 1:19, 시 118:8, 시 118:9, 시 38:20, 시 38:20, 시 39:2, 시 52:3, 시 52:9, 시 53:1, 시 53:3, 시 54:6, 시 37:16, 시 84:10, 잠 3:14, 잠 8:11,19, 잠 12:9, 잠 15:17, 잠 16:19, 잠 16:32, 잠 15:16, 잠 16:8,16, 잠 17:1, 잠 19:1,22, 잠 21:9,19, 잠 25:24, 잠 27:5, 잠 27:10, 잠 28:6, 전 3:12, 전 4:6,9,13, 전 5:5, 전 6:3,9, 전 7:1,2,5, 전 8:15, 전 9:4,16,18, 애 4:9, 호 2:7, 암 6:2, 암 9:4, 욘 4:3,8, 삼상 16:16,23, 잠 30:29, 전 7:3, 겔 36:11).

4. 아름답다.

(창 6:2, 창 24:16, 창 26:7, 출 3:8, 민 14:7, 신 3:25, 신 4:21,22, 신 6:10,18, 신 8:7,12, 신 9:6, 신 11:17, 신 28:12, 수 7:21, 수 23:13,15, 삿 9:11, 수 23:16, 삿 15:2, 삼상 8:16, 삼상 16:12, 삼하 11:2, 왕상 1:42, 왕상 20:3, 왕상 21:2, 대상 4:40, 대상 28:8, 스 8:27, 에 2:2,3,7,9, 시 21:3, 잠 15:23, 전 7:11, 아 1:2,3, 사 5:9, 겔 31:16, 단 1:4,15, 호 10:1, 창 45:23, 느 9:12,25, 시 65:4, 렘 2:7, 호 10:11).

5. 복

(민 10:29,32, 신 6:24, 신26:11, 신 28:11, 신 30:9,15, 왕상 10:7, 욥 2:10, 욥 9:25, 욥 22:21, 욥 30:26, 시 119:122, 시 122:9, 시 16:2, 시 34:12, 시 73:28, 잠 12:14, 잠 13:2, 잠 17:20, 잠 18:22, 잠 19:8, 잠 28:10, 전 4:3, 사 3:10, 렘 14:11, 렘 15:11, 렘 18:10, 렘 21:10, 애 3:17,38, 렘 44:17,27, 렘 42:6, 렘 39:16, 렘 33:9, 렘 32:42, 렘 29:32, 미 1:12, 렘 31:12,14, 민 24:5, 신 5:33, 신19:13, 렘 32:39,41).

6. 잘되다.

(시 112:5, 잠 31:18, 전 7:3, 전 8:12,13, 전 11:6, 사 41:7, 렘 18:20, 렘 24:5, 왕하 10:30).

7. 장수 (창 15:15). 8. 먹음직도(창 3:6). 9. 귀한(룻 4:15). 10. 가부(창 24:50). 11. 높고(창 25:8). 12. 옥토(신 8:10). 13. 원하는(신 23:16). 14. 준수한(삼상 9:2, 왕상 1:6). 15. 잘 잘못(삼하 13:22). 16. 총명 (삼상 25:3). 17. 처분(삼하 19:37). 18. 가장 어질고(왕하 10:3). 19. 흥황(느 2:10). 20. 후대(대하 10:7). 21. 옳다(출 18:17 삼하 15:3 왕상 18:24 에 1:21). 22. 충성(에 7:9). 23. 형통(신 12:28 신 23:6 욥 36:11 시 106:5 시 128:2 잠 11:10 전 7:14 슥 9:17). 렘(22:15,16). 24. 뜻대로(에 8:8). 25. 훌륭한 (시 111:10). 26. 유익(시 119:71) 27. 이익(에 10:3) 28. 평안(삼상 24:19 시 25:13). 29. 명절(에 8:17, 에 9:19). 30. 악한(시 36:4). 31. 은택(시 63:3, 시 65:11, 시 68:10). 32. 귀중히(잠 3:4) 33. 보배로운(시 133:2). 34. 낙(전 2:1, 전 5:18, 전 6:12). 35. 선택(잠 22:1). 36. 옳다(잠 24:23, 삼상 9:10, 삼상 26:16, 사 65:2). 37. 재산(전 5:11). 38. 보배 로운(왕하 20:13, 사 39:2). 39. 순금(대하 3:5, 대하 3:8, 애 4:1). 40. 행하다(민 10:32). 41. 번영(시 128:5, 호 10:1). 42. 친절(렘 52:32). 43. 옥토(겔 17:8) 44. 미모(나 3:4). 45. 넘치도록(슥 1:17). 46. 희락(슥 8:19). 47. 행복(신 10:13, 스 9:12, 욥 7:7, 욥 21:13, 욥 21:25, 전 4:8, 전 6:3,6, 욥 20:21, 욥 21:16). 48. 은혜(출 18:9, 삿 8:35, 왕상 8:66, 대하 6:41, 대하 7:10, 시 145:7, 시 31:19). 49. 은총(신 6:11, 사 1:19, 호 3:5, 삼상 2:26, 사 63:7). 50. 즐겁다(삼하 13:28, 삿 16:25 왕상 8:66, 대하 7:10, 잠 15:15, 전 3:22, 전 9:7, 신 28:47, 사 65:14). 51. 향기(아 4:10). 52. 기쁘다(에 1:10 에 5:9, 삼상 25:36, 전 2:24, 전 2:26) 53. 칭찬(삼상 19:4) 54. 후한(창 30:20). 55. 충실한(창 41:5, 창 41:22). 56. 풍 년(창 41:35). 57. 잘 생긴 것(출 2:2). 58. 우열간(레 27:10, 레 27:12,14,33). 59. 마음

대로(민 36:6). 60. 돕(지명)-선한(삿 11:3, 삿 11:5, 삼하 10:6, 삼하 10:8)이다.

토브는 모두가 선하고 좋은 것이다. 선하지 않은 것은 토브가 될 수가 없다. 선이란 루하 엘로힘의 또 다른 성호이며 속성이기 때문이다. 선하고 잘 되는 토브의 복은 반드시 테트 - 뱀 - 솨탄, 마귀(계12:9)를 이긴 자들에게 주어진다. 루하 엘로힘께서는 이기는 자들에게 토브의 복을 누리라고 주신다(계 2:7,11,17,26-28, 계 3:5,12,21, 벧후 2:19, 창 1:2-5 - 좋았다 - 토브).

사람들이 복들을 다 좋아한다. 우리 조상들은 신정과 구정명절을 지킨다. 자녀 손들은 부모와 조부모께 세배들을 하고 부모와 조부모님들은 세배 돈을 주며 축복한다. 모든 민족들이 복들을 다 좋아할 것이다. 사람끼리도 높은 사람이 낮은 사람을 축복한다. 세배한 자손들이 부모와 조부모께 '새해 복 많이 받으세요' 라는 말은 듣기는 좋은 말이다. 자식과 손들이 복을 빌어 복을 받는다면 얼마나 좋겠나, 그래서 필자는 명절에 자녀들과 손들에게 경배와 같은 큰 절을 받지 않는다. 모아놓고 루하 엘로힘을 믿는 일을 가장 첫째로 하라고 권면하고 생명과 만능들이신 에하흐 엘로힘께 복을 받는 믿음을 가지라고 기도를 해준다. 용돈 봉투에도 기억에 남을 요긴한 내용을 담아서 나누어 준다.

예슈아 마쉬아흐를 믿는 사람들도 복을 참 좋아한다. 이유는 여러가지가 있다. 그 중에 목회자의 기복설교이다. 십일조강요, 특별감사헌금 강요일 것이다(말 3:7~10, 고후 9:6,8, 갈 6:7-8). 목회자는 헌금은 강요하지 말아야 한다. 자원하는 마음과 즐거운 마음에서 준비된 헌금이래야 영이신 하나님께서 받으신다(고후 9:5,7). 필자의 교회에서는 헌금을 강요하지 않아도 감사가 넘치는 헌금들을 한다. 절기헌금 때에도 연보함 위에 봉투만 올려 놓는다. 장로임직, 안수집사, 권사임직 때에도 특별연보를 하라고 말하지 않는다. 필자는 양복 한 벌을 선물로 받지 못하였다. 임직장사를 하지 않는다는 말이다. 영이신 아버지 앞에서, 말씀 앞에서 부끄럽지 않는 목회자가 되어야 한다.

그리고 비나이다. 기도들이 있다. 이 기도들은 엘로힘의 뜻인 성경의 목적과는 아무상관 없다. 무조건 기도하면 다 이루어진다는 잘못된 목회자의 가르침에 성도들이 속고 있다. 위에 '토브'의 뜻을 보라. 이보다 좋은 해설은 없다. 이렇게 선하고 즐겁고 좋은 복들이 어디에 있는가? 간절한 마음으로 부르짖고 철야하며 천일기도(일천번제)를 하면 이루어지는 것이 아니다. 본질은 영이신 아버지의 뜻에 합당한 기도를 드리라는 것이다. 기도는 쉬지 말고 무시로 영의 감동으로 힘써해야 한다(마 7:7-8, 눅 18:1, 눅 21:3, 롬 12:126, 살전 5:17, 엡 6:18-19, 골 4:2, 벧전 4:7). 필자도 힘써 기도한다. 본서 야으뻬츠의 5가지 기도을 보라. 이브리어 단어별 합성어 해설만이 그 뜻을 확실하게 밝혀준다.

영이신 루하 엘로힘, 에하흐 엘로힘은 선(善)과 지혜(知慧)이시다 그러나 쏴탄, 마귀는 악(惡)하다. 교활(狡猾)하다. 간교(奸巧)하다. 영리(營利)하다. 성도는 뱀(쏴탄, 마귀)의 유혹을 선하신 루하 엘로힘의 '하크마흐' 지혜의 말씀으로 이긴다. 그 이김을 주시는 지혜의 말씀으로 마음에 집안에 가득 채워져 있어야 한다. 선은 루하 엘로힘이시다. 악은 쏴탄 - 마귀 - 귀신이다. 루하 엘로힘는 처음부터 끝까지 선과 진실로 복을 주시고 영생의 길을 가게 하신다. 쇠탄은 처음부터 끝까지 거짓말과 욕심으로 속인다. 눈에 보이는 헛되고 헛된 허상으로 선하신 루하 엘로힘를 떠나게 한다. 영멸의 길을 가도록 미혹을 한다.

나하소 합성어, 사전적 의미, 상형문자 의미, 간략해설

뱀 - 나하소 נָחַשׁ (5172 - 5176, 나하소 사전적 의미 - 경험으로 배우다, 알다, 열심히 관찰하다, 점치다, 점이나 징조로 알다, 점, 예언, 마술, 뱀)이다.

● 나하소 합성어

눈 + 헤트 + 쉰이다.

● 상형문자 의미

눈 – 물고기, 규정, 경계, 엘로힘께서 정하여 놓으신 경계선이다.

헤트 – 생명의 울타리, 보호의 울타리, 에하흐께서 정하여 놓으신 유월절 어린

      양의 피를 발라 놓은 집이다.

쉰 – 이빨, 되새김질, 형상, 모양, 올바름이다.

나하소 간략해설

보이는 뱀을 통하여 영적인 진리를 알려주신다. 뱀은 쇠탄 셰드를 상징한다. 뱀(쇠탄 - 셰드, 계12:9)은 사람을 속여 죽음에 이르게 한다. 엘로힘께서 물고기는 물에서 살라고 경계를 정하여 놓으셨다. 물고기가 엘로힘께서 정하여 놓으신 생

명의 경계선을 넘어가면 죽는다. 뱀(솨탄, 셰드)은 영이신 루하 엘로힘의 형상과 모양이 없는 타락한 영적존재이다. 영이신 루하 엘로힘의 형상과 모양은 오직 사람들에게만 주셨다(창 1:26-27). 뱀(솨탄, 셰드)은 선함과 올바름도 없다. 뱀(솨탄, 셰드)은 사람들을 무속과 우상 섬김에 빠지게 하여 점치고 예언하고 마술하는 미혹에 빠뜨려 죽음과 영멸로 이끌어간다(엡 2:1-3, 계 21:8, 계 22:15, 레 20:6,27, 신 18:10)

유앙겔리온 & 빠솨르 합성어, 사전적 의미, 상형문자 의미, 간략해설

왜 콕음이 좋은 것인가?

복음 – εὐαγγέλιον(2098, 유앙겔리온 사적 의미-좋은 소식을 선포하다, 사자로서 말하다, 사자와 같이 행동하다, 알리다, 선포하다, 전하다, 기쁜 소식, 복음)**유앙겔리온 어근은 유앙겔로스**(εὐάγγελος 유앙겔로스 사전적 의미 - 사자, 개인적 소식을 가져오는 자, 승리의 소식이나 기쁨, 데오스의 뜻을 전하는 자)**이다**(고전 1:18-21, 요 5:24-25). **동사 유앙겔리온 이브리어는 어근은 빠솨르** בָּשַׂר (1319, 빠솨르 사전적 의미 - 좋은 소식을 가져오다, 기쁜 소식을 전하다, 소식을 받고 기뻐하다, 살, 육체, 삼상 4:17, 삼하 4:10, 시 68:11, 시 96:2, 사 40:9, 사 52:7, 사 61:1, 눅 4:16-21)**이다.**

● 빠솨르 합성어

베이트 + 쉰 + 레소이다.

● 상형문자 의미

베이트 – 집, ~안에, 마음의 집, 속사람이다.

쇤 – 이빨, 되새김질, 형상, 모양, 올바름이다.

레소 – 머리, 만왕의 왕, 잉태, 의식, 사랑이다.

빠솨르 간략해설

영이신 루하 엘로힘의 형상과 모양의 본체이신 예슈아께서 육체를 입으시고 좋은 소식을 가져오셨다(마 1:21-23,18-25, 요 1:12-13,29, 요 14:6, 마 20:28, 갈 3:13-14, 요 19:30, 행 1:3-9, 행 2:1-4,38, 행 16:31). 빠솨르 사전적 의미에 '살', '육체'라는 내용은 장차 영으로 실존하시던 예슈아께서 살 - 육체를 입으시고 오신다는 의미이다. 이 기쁜 소식을 모세와 선지자들이 전하였다(눅 24:27,44, 요 1:45, 요 5:39, 45-47, 행 3:24, 행 10:43, 창 3:15, 사 7:14, 사 9:6, 슥 9:9). 예슈아는 땅의 임금들의 머리이시다(계 1:5, 계 17:,14, 계 19:16, 딤전 6:15). 예슈아는 만왕의 왕이시다. 예슈아는 교회의 머리이시다(엡 1:22, 골 1:18).

이 기쁜 소식을 마음에 받아들인 자들은 영으로 마음에 예슈아를 잉태(영접)하였다. 잉태한 예슈아를 의식하고 사랑해야 한다.

예슈아 복음은 기쁜 소식이다. 솨탄에서 예슈아께로, 솨탄과 거짓선지자들과 불신자들이 들어갈 유황불 지옥에서 예슈아의 왕국으로, 저주에서 행복으로, 죄인에서 의인으로, 영멸저주에서 영생구원으로, 가난에서 부유함으로, 등등으로 옮겨진 것들이 기쁜 소식들이라는 의미이다(마 25:34, 눅 4:18-

19, 요 12:46, 행 10:38, 행 26:18, 마 8:20, 고후 8:9, 골 1:13-14, 살전 2:12, 약 2:5, 시 34:18, 사 53:3-8,11-12).

비틀어지고 구부러진 길, 멸망의 지옥을 향해가는 자들(마7:13, 요8:44, 약 1:15, 요일2:15-16)을 예슈아 십자가 복음으로 불러서 가장 선하고 올바른 길을 가라. 예슈아를 믿는 자들은 루하 엘로힘의 말씀에 순종하라는 것이 복음의 핵심이다(마 4:4, 마 6:31-33). 이것이 '토브'의 복이다.

나하쉬 간략해설

뱀(솨탄, 셰드)은 사람들에게 영이신 루하 엘로힘의 형상과 모양인 생명으로 살고 있다는 것을 알지 못하게 한다. 예수스 크리스토스(이에수스 크리스토스, 예슈아 마쉬아흐)를 구주로 받아들여 믿지 못한다. 생명의 울타리이신 유월절 대속(代贖 - 예슈아께서 십자가의 보혈(寶血 - 인류의 죄를 구속(救贖)하고자 예슈아께서 십자가가에서 못 박혀 흘리신 피)로 인류의 죄를 대신 씻어 구원하는 일)의 희생양 예슈아를 믿지 못하게 한다. 예슈아 십자가 복음을 믿지 않는 자는 엘로힘께서 정하여 놓으신 생명의 경계선을 넘어가서 생활하므로 영이 죽은 자(영이신 루하 엘로힘 - 하기오스 프뉴마와 단절)로 살다가 유황불 지옥으로 들어가게 한다는 의미이다.

좋은 것이 좋다는 식의 비 복음이 근절되어야 한다. 진리에 대하여 유야무야(有耶無耶-흐지부지 얼버무려 처리함)하는 거짓목회자가 많다(렘 4:9-10, 렘 6:14, 렘 8:11-12, 렘 14:13, 렘 23:17, 애 2:14). 왜냐하면 이브리어와 '토브'와 이브리어 상형문자의 의미를 모르는 목회자는 가장 좋은 진리를 전할 수 없다. 설교에 마지막 대안은 원어해설이다.

과거와 현재까지 설교의 흐름을 보면

① 제목설교를 하였다.

② 대지와 소지의 설교를 하였다.

③ 웅변적 설교를 하였다.

④ 언어에 기교적 설교를 하였다.

⑤ 국내외 유명한 목회자의 설교를 도용을 하였다.

⑥ 강해설교가 주를 이루었다.

⑦ 21세기에는 신구약 원어 해설 설교가 가장 깊이 있는 설교이다.

어떤 설교방법이 좋다는 것은 없다. 영이신 루하 엘로힘, 프뉴마 데오스께서 부르신 방법대로 하면 된다. 목회자에게 부여하신 성품과 능력에 따라 하면 그것이 가장 좋은 설교이다. 어떤 설교 방법을 취하든 자기분량과 은사에 맞는 것을 하면 된다(롬 12:3-8, 고전 12:4-11). 그러나 목회자가 꼭 갖추어야할 것이 있다. 성경에 전문가가 되어야 한다. 골방기도로 설교가 만들어져야 한다. 그래야 설교할 때 거룩한 영(성령)께서 역사하신다. 각종 도서와 유명인의 말을 인용하는 것보다 성경을 더 많이 인용하라고 권한다. 그래야 영이신 루하 엘로힘, 프뉴마 데오스께 사랑받는 목회자가 된다.

또 이브리어 חֵן (2580, 헨 사전적 의미 - 호의, 은혜를 베풀다, 자비하다, 은총, 은혜, 매력, 아름다움)을 모르면 은혜가 무엇인지도 모른다.

● 헨 합성어

헤트 + 눈이다.

● 헨 상형문자 의미

헤트 – 문, 생명의 문이신 예슈아, 종속, 동일한 열매이다.

눈 – 물고기, 규정, 규칙, 루하 엘로힘께서 정하여 놓으신 생명의 경계선이다.

헨 간략해설

생명의 문이신 예슈아를 영접한 자는 예슈아께서 원하시는 열매를 맺는다는 의미이다. 눈은 물고기, 규정, 규칙이다. 영이신 루하 엘로힘께서 물고기에게 정하여 놓으신 장소는 물이다(창 1:20-22). 사람에게 정하여 놓으신 것은 성경말씀의 경계이다(창 2:17, 출 20:1-17, 신 28:1-68 등등..). 영이신 루하 엘로힘, 프뉴마 데오스의 말씀 안에서 살겠습니다. 예슈아께서 흘리신 피, 생명을 주신 것을 잊지 않겠습니다. 영이신 루하 엘로힘, 프뉴마 데오스께서 정하여 놓으신 경계선을 넘어가지 않겠습니다. 예슈아께서 원하시는 열매를 맺겠습니다. 이것이 은혜(헨)의 의미이다. 교회에서 목회자가 은혜를 증거 할 때 영이신 루하 엘로힘, 프뉴마 데오스 편에서와 사람 편에서 구분하여 전하여야 한다.

첫째 영이신 루하 엘로힘, 프뉴마 데오스편에서 은혜(헨)는 장차 예슈아를 보내셔서 죄인들을 위하여 피 흘려 죽게 하신다는 것이 은혜이다. 생명을 지키라고 미리 알려 주신 것이 거저주시는 은혜라는 것이다. '그러나 노아(노아흐)는 에하흐께 은혜(헨)를 입었더라.'(창 6:8). 노아흐가 '에하흐께 은혜를 입었다'는 것은 노아흐와 그의 가족이 구원을 받는 방법을 대가를 받지 않고 거저 알려주신 것이 은혜(헨)라는 의미이다(창 6:8-22, 엡 2:8).

둘째 사람 편에서 은혜(헨)은 유월절 어린양의 피가 발라져있는 장소에 머물러 살겠습니다. 예슈아 대리적 속죄의 은혜를 잊지 않고 살아가겠습니다. 영이신 루하 엘로힘, 프뉴마 데오스께서 정하여 놓으신 생명의 말씀의 경계선을 떠나지 않겠습니다. 생명의 말씀을 적극적으로 지키겠습니다. 물고기가 물에서 살듯이 루하 엘로힘의 말씀 안에서 참 자유를 누리겠습니다(요 8:32). '헨'의 복을 받아 누리겠습니다. 이것이 '헨'의 의미이다. 이것이 '헨'의 대한 팩드(fact)해설이다.

오! 은혜! 은혜라고들 한다. 원인이야 어찌되었든지 목회자가 복만 말하면 된다는 생각을 버려야 한다. 복의 대한 성경적인 진리를 올바르게 알고 복을 주시는 분의 뜻과 목적을 바르게 깨달아 말씀을 전해야 한다.

목회자가 축복 받아라! 축원합니다! 한다고 복을 받는 것이 아니다. 목회자는 성도들을 속이는 월권을 하지 말아야 한다. 복 주시는 분은 오직 엘로힘 - 데오스께서 주신다(민 6:24-27). 엘로힘 - 데오스께서 복 주실 생각이 전혀 없는데 어떻게 복을 받겠는가? 전지전능하신 아버지께서 목회자와 성도의 심부름이나 하시는 분이 아니다. 영이신 아버지, 전능하신 아버지의 주권을 침해하지 말아야 한다. 그리고 목회자가 설교할 때 할렐루야를 많이 외친다. 그리고 아멘을 하라고 강요한다. 성도들 위에 군림한 무례한 짓이다. 횡포이다. 예슈아께서 그 많은 설교를 하시면서 한 번도 할렐루야(야흐 하렐루)와 아멘을 강요하지 않으셨다. 아멘은 자발적 감동으로 해야 영이신 아버지께 영광이 되고 아멘한 자에게도 복이 된다(고후 1:20).

성경을 잘 보라. 저주(아라르 - 저주하다)에 대한 아멘이다(신 27:15-26). 복(빠라크 - 성공, 번영, 생산, 장수 등을 위한 능력을 부여하다, 무릎을 꿇다, 축복하다, 복을 주다, 찬양하다, 신27:12)에 대한 아멘은 없다. 복의 대한 말씀은 하지 않으셨다. 그러므로 아멘이 없는 것이다. 깊이 되새김질을 해보라. 그리고 이 저주의 말씀들을 뒤집어 보라. '아라르' 저주를 뒤집어 보면 '빠라크'의 복이 보인다. '아라르' 저주의 말씀을 지키면 '빠라크'의 복은 와지는 것이다. 이것이 영이신 아버지, 전능하신 아버지께서 우리에게 알려주신 진리이다. 기독인들의 어느 모임설교(세계로 방송 송출)와 부흥회에서 할렐루야(야후 하렐루)와 아멘이 너무 난발되는 것이 현실이다. 그 설교자들이 마치 전능자 데오스처럼, 만능들의 엘로힘처럼, 아멘이 응답의 도구인양, 아멘을 능력처럼, 아멘 할렐루야(야흐 하렐루)를 외친다. 그렇게 아멘 할렐루야(야후 하렐루)외쳤는데 윤설열 대통령은 탄핵되었다. 아마도 전국에서 수억 만 번을 넘게 외쳤을 것이다. 비판이 아니다. 똑바른 믿음의 지성을 가지고 성경적으로 올바르게 판단해서 올바르게 믿자는 것이다. * 말씀이 아닌 데도 할렐루야를 강요하면 아멘을 한다. 창피하다.

아라르 & 아멘 합성어, 사전적 의미, 상형문자 의미, 간략해설

אָרַר (779, 아라르 사전적 의미 - 저주하다, 63회, 창3:14,17, 창4:11, 창12:3, 민22:6, 신 27:15-26, 신28:15-68, 렘11:3, 렘17:5, 말1:14, 말2:2)이다.

● 아라르 합성어

알레프 + 레소 + 레소이다.

● 상형문자 의미

알레프 – 소, 힘, 희생, 가르치다, 배우다.

레소 – 머리, 왕, 잉태이다.

레소 – 머리, 왕, 예슈아를 자기의 머리와 왕으로 마음에 잉태하여 의식하며 사

랑하고 섬기라는 것이다.

아라르 상형문자 의미 간략해설

루하 엘로힘의 말씀을 거역하도록 미혹하는 뱀(솨탄, 세드, 사람, 마16:23)과 뱀의 거짓미혹을 받아들인 사람과 그의 모든 영역에 '아라르'저주가 임한다(창 3:1-6, 14,17-19,24, 창 4:8-14). 사람이 '아라르' 저주를 받는 원인은 교만이다. ① '아라르' 는 교만 죄이다. 자기 힘과 능력을 믿고 사는 자이다. 자기 위에 누가 없다. ② 머리와 왕의 자리에 앉아있는 자이다. ③ 영이신 아버지, 전능하신 아버지를 믿고 예슈아를 자기의 머리와 만왕의 왕으로 마음에 잉태하여 의식하며 사랑하고 섬기지 않는 자가 최고로 교만하다는 의미이다. 교만한 자는 죄를 짓는다(신 27:15-26, 잠 11:2, 잠 16:18, 잠 18:12, 잠 29:23, 사 2:11-12, 단 3:1-10, 단 4:30-33). '아라르' 저주는 솨탄의 미혹을 받아들여 엘로힘의 말씀을 거역하며 엘로힘 자리에 앉아 있음으로 저주를 받는다는 것이다.

אָמֵן (543, 아멘 사전적 의미 - 신실하다, 확실하다, 믿을만하다, 확고하다, 확신하다, 참으로, 진실로, 확실히, 그러하다, 146회, ἀμήν(281, 아멘 사전적 의미 - 아멘, 진실로, 그러하도다, 확실한, 확고한, 신실한, 진실한, 126회)이다.

● 아멘 합성어

알레프 + 멤 + 눈이다.

● 상형문자 의미

알레프 – 소, 힘, 희생, 가르치다, 배우다.

멤 – 물, 진리, 사역, 생활화, 필수적인 생명진리로 생활화 하라는 것이다.

눈 – 물고기, 규정, 경계, 루하 엘로힘이 정하여 놓으신 생명의 경계선이다.

아멘 간략해설

아멘의 사전적 의미와 상형문자 의미로 해설을 한다. 아멘은 만능들이신 엘로힘 - 데오스의 생명진리를 확고하게 믿습니다. 그 생명진리의 말씀 경계선 안에서 살겠습니다. 힘들, 능력들, 권능들이신 엘로힘의 생명의 말씀을 참으로, 신실하게 확실하게 믿습니다. 그리고 정하여 놓으신 생명의 경계선인 진리의 말씀을 떠나지 않겠습니다. 라는 의미가 아멘이다(고후 1:20).

아멘은 목회자와 주변사람들이 들으라고 하는 것이 아니다. 전능하신 아버지와 말씀에 대한 믿음의 고백이다. 생명진리의 말씀을 지키겠다는 다짐이요. 결단이다. 아멘의 원어에 의미에서 벗어난 아멘은 허공(虛空)의 메아리일 뿐이다. 엘로힘의 능력으로 믿고, 생명진리의 말씀을 확고하게 믿기에, 엘로힘과 말씀 안에서 살겠습니다. 엘로힘께서 정하여 놓으신 경계선 안에 있겠습니다. 이것이 곧 엘로힘 - 데오스께 영광을 올려드리는 것이다(마 5:16, 롬 14:6-8, 고전 10:31-33).

그리고 성경에 할렐루야는 없다. 이브리어 원어 성경의 모음 표기는 하렐루 הַלְלוּ 야후 יָהּ - 야후 יָהּ 하렐루 הַלְלוּ이다(시 150:1,6). 시편(테힐림) 150편 1절 중심의 해설을 보라.

테힐림(시) 150:1절 직역, 원어 직역 문장정리

- **개역개정**

  '할렐루야 그의 성소에서 하나님을 찬양하며 그의 권능의 궁창에서 그를 찬양할지어다.'(테힐림(시) 150:1).

- **직역**

  찬양하라들(하렐루) 야후 하렐루(찬양하라들, 자랑하라들, 빛나게 하라들)하라들 엘(남성 단수 힘, 강함, 능력)을 그의 거룩한 그에게 찬양(하랄)하라들 궁창 그의 권능

- **원어 직역 문장정리**

  야후(에하흐)를 하렐루(찬양하라들, 자랑하라들, 빛나게 하라들)하라들 그의 거룩한 엘(힘, 강함, 능력)을 하렐루(찬양하라들, 자랑하라들, 빛나게 하라들)하라들, 그의 권능의 궁창에서 하렐루후(그에게 찬양하라, 그를 자랑하라, 그를 밝게 비춰게 하라)하라들, 이라고

하였다. * 야후(에하흐 축약형)는 '헤이'안에 슈렉(ㅜ)가 있음으로 정음 모음 표기가 '후'이다.

야후 & 하랄 합성어, 사전적 의미, 상형문자 의미, 간략해설

「하랄」

הָלַל (1984 하랄, 사전적 의미 - 밝게 비추라들, 자랑하라들, 찬양하라들, 끼치게 하라들)
הַלְלוּ (하렐루)피엘 명령 남성 복수

● 하랄 합성어

헤이 + 라메드 + 라메드이다.

● 상형문자 의미

헤이 – 호흡, 목숨, 실존이다.
라메드 – 목자, 막대기, 가르치다, 익히다.
라메드 – 목자, 막대기, 가르치다, 익히다.

하랄(하렐루) 간략해설

'하랄'은 피엘 명령 남성 복수이다. '야후(에하흐)를 하렐루'(그에게 찬양하라, 그를 자랑하라, 그를 밝게 빛춰게 하라, 그를 끼치게 하라), '하렐루(밝게 비추라들, 자랑하라들 찬양하라들, 끼치게 하라들) 야후(에흐-흐)'하라고 가르쳐 주셨다. 성도들은 이것을 잘 배우고 익혀서 '야후 하렐루'하라는 명령에 순종해야 한다(시 95:1,

시 113:3, 대상 16:10, 시 105:3, 민 16:22, 신 30:20, 욥 33:4, 욥 27:1,3, 시 36:9, 잠 27:1, 눅 12:20).

'야후'와 '하렐루' 앞뒤로 바뀌어도 상관없으나 한글번역 성경에 할렐루야로 하여 '야후'가 뒤로 갔다. 그러나 야후(에하흐)가 앞으로 가는 것이 맞다. ① '에하흐의 영광을 밝게 비추는 자들' ② '에하흐의 실존하심과 그의 가르쳐주심을 자랑하는 자들' ③ '우리에게 생명의 호흡을 계속 불어넣어주시는 에하흐를 찬양하는 자들' ④ '에하흐의 이런 영향력이 이방인들에게 끼치는 자들'이 되라는 명령이다. 성도들은 반드시 이 명령을 실행해야 한다(고후 2:14-16, 엡 5:2,8-14, 빌 1:11, 빌 4:18-20, 계 4:9-11, 계 5:12, 시 69:30, 시 147:12, 시 148:1-2, 시 149:3, 렘 31:7).

「야후」

יָהּ (3050 야후, 모음 표기 - 에하흐יהוה의 축약형, 50회) יָהּ 고유명사이다.

● 야후 합성어

요드 + 헤이이다.

● 상형문자 의미

요드 – 손, 능력, 하게하다, 되게 함이다. ① 에하흐는 능력과 생명으로 실존 하시는 분이시다는 의미이다. ② 에하흐 손의 능력으로 모든 일들을 되게 하시고 하게 하신다는 의미이다.

야후 간략해설

야후는 에하흐의 축약형이다(출 15:2, 시 77:11, 시 104:35). 에하흐는 능력과 생명의 손으로 실존하신다는 의미이다. 사람의 호흡과 호흡을 연결하여 실존하게 하신다는 의미도 있다. 사람의 호흡은 사람의 것이 아니다(창 2:7, 욥 33:4, 시 104:30, 시 104:29 전 12:7, 단 5:23, 행 17:25).

목회자가 다른 복음과 비 복음적인 설교와 잘못된 비 복음적인 기도(샤머니즘적인 비나이다)에 영이신 루하 엘로힘께서 속지 않으신다. 한국교회와 세계교회는 혼합 종교화 된지 오래 되었다. 아버지와 아들이 다르다는 것도 모르고 믿고 섬긴다. 아버지는 하늘 신(神, 하나님)이고 아들은 예슈아 크리스토스라면 믿으시겠습니까? 한국교회와 세계교회의 현실이다. 기복신앙과 성경적 복의 경계선이 없어졌다. 이런 의미에서 본서는 이브리어 일곱 가지 복의 팩트를 해설하였다. 다른 복음을 전하는 목회자는 저주 받는다(고전 16:22, 그후 11:13-14, 갈 1:7-9, 딛 3:10, 계 22:18-19, 신 4:2, 신 12:32, 잠 30:6).

한국의 기독교를 보라!

내적인 영성을 어디에서도 찾아 볼 수가 없다. 모두가 외형적인 것에 매달려있다, 예배당의 크기, 성도의 숫자, 무슨 외제차를 타고 다니느냐, 사례금(생활비)얼마 받느냐. 박사학위가 몇 개냐 등등이 아니다. 루하 엘로힘께서 목회자를 보실 때에 심히 좋았더라(토브)고 하셔야 한다. 영이신 아버지의 자녀들과 신부들이 되었다는 것보다 더 좋은 것은 이 세상 그 어디에도 존재하지 않는다. 이것이 확고하게 믿어져야 한다. 엘로힘, 전능자의 자녀가 되었다는 인(印) 맞은 증거가 마음에 있어야 한다(계 7:3-14, 계 9:4, 계 12:11, 계 14:1, 계 20:4, 계 22:4). 이것이 없으면 흔들린다.

죄 사함과 영생구원은 이 세상에 그 무엇과도 바꿀 수 없다(눅 12:20,35-40,47-48). 죄 사함과 영생구원은 돈으로 무소불위의 권력으로 그 어떤 것으로도 사거나 바꿀 수 없다. 그러므로 죄 사함과 영생구원이 최상의 복중에 복이다. 호흡하고 있을 때에는 영생구원이 좋다는 것을 그다지 느끼지 못할 수도 있다. 그러나 목숨이 다해갈 때가 되면 달라진다. 그때 가서는 이미 늦는다. 그러므로 평소에 죄 사함과 영생구원의 '토브'를 누리며 살아야 한다.

에하흐로 목자를 삼고 주 예슈아 보다 더 좋은 것이 없다는 믿음과 주밖에 나의 복이 없다는 믿음으로 살아져야 한다(시 18:1-3, 시 16:2~3, 행 16:31, 롬 14:7-8, 빌 2:12).

토브는 뱀 - 나하쉬의 교활하고 간교하며 영리한 거짓말을 이긴 자들에게 주시는 선하신 복이다. 에하흐를 마음의 집에 모시고 사는 자에게 주시는 기쁘고 즐거운 복이다.

'사람은 입의 열매로 인하여 복록(토브)을 누리거니와 마음이 궤사한 자는 강포를 당하느니라'(잠 13:2)고 하였다.

'사람은 입에서 나오는 열매로 말미암아 배부르게 되나니 곧 그의 입술에서 나는 것으로 말미암아 만족하게 되느니라. 21 죽고 사는 것이 혀의 힘에 달렸나니 혀를 쓰기 좋아하는 자는 혀의 열매를 먹으리라'(잠 18:20-21)고 하였다.

'삼가 말씀에 주의하는 자는 좋은 것(토브)을 얻나니 여호와(에하흐)를 의지하는 자는 복이 있느니라'(잠 16:20)고 하였다.

에하흐의 말씀에 주의하는 자가 토브의 복을 얻게 된다. '입의 열매'라는 말씀의 대한 해설을 바르게 해야 한다(잠 2:10, 잠 10:21, 잠 24:14, 잠 22:17-21, 말 2:6-9, 요 20:31, 요일 5:13). 적극적 사고, 긍정적인 언어가 아니다. 생각과 마음이 말씀으로 변화 받은 '입의 열매'을 말한다. 말씀이 마음에 가득 있어서 흘러넘치는 생명의 언어이다. 어떤 사건을 만나면 그 사람의 본심이 백일하(白日下 - 세상 사람이 다 알도록 뚜렷하게, 사건의 전모가 밝히 드러났다)에 드러난다(민 13:25-33, 민 14:1-11). 예호슈아(여호수아)와 카레브(갈렙)의 말이 적극적이고 긍정적이라고 할 수 있지만 아니다. 에하흐 엘로힘을 믿고 그의 말씀을 아멘으로 받은 믿음의 말이다. 자기들을 메뚜기라고 말하며 에하흐 엘로힘과 그의 말씀을 불신한 자들은 가나안에 들어가지 못하고 광야 40년 동안 메뚜기로 살다가 멸망하였다(민 13:33, 민 14:11,27-34, 신 1:25-32).

'27 나(에하흐 엘로힘)를 원망(룬 - 불만불평)하는 이악한 회중에게 내가 어느 때까지 참으랴 이스라엘 자손이 나를 향하여 원망하는 바 그 원망하는 말을 내가 들었노라 28 그들에게 이르기를 여호와(에하흐)의 말씀에 내 삶을 두고 맹세하노라 너희 말이 내 귀에 들린 대로 내가 너희에게 행하리니'(민 14:27-28)고 하셨다.

에하흐 엘로힘께서 사람의 말을 다 듣고 계신다. 생각도 다 알고 계신다(시 139:1-4). 그리고 그 생각과 말을 그 사람에게 그대로 이루어지도록 행하신다는 것을 기억해야 한다. 어느 시대나 예호슈아(여호수아)와 카레브(갈렙) 같은 사람은 적다(마 7:13-14). 눈을 들어 세상을 보라. 생활권의 소리들을 들어보라. 성공 인들이 적은 이유가 들을 수 있을 것이다.

성도들 중에도 힘들게 사는 사람들을 보라. 생각과 말이 부정적이라는 것을 알게 될 것이다(잠 12:14, 잠 18:20-21)

'사람은 입의 열매로 말미암아 복록(토브)에 족하며 그 손이 행하는 대로 자기가 받느니라'(잠 12:14)고 하였다.

'이와 같이 혀도 작은 지체로되 큰 것을 자랑하도다 보라 얼마나 작은 불이 얼마나 많은 나무를 태우는가 6 혀는 곧 불이요 불의의 세계라 혀는 우리 지체 중에서 온 몸을 더럽히고 삶의 수레바퀴를 불사르나니 그 사르는 것이 지옥 불에서 나느니라'(약 3:5-6)고 하였다.

그렇다. 예호슈아(여호수아)와 카레브(갈렙)처럼 믿음에 서 있는 자보다 원망 불평을 늘어놓는 자들이 대 다수이다. 남의 탓을 하는 사람은 성공 인이 될 수가 없다. 믿음의 사람은 찾아보기 어렵다(눅 18:8). 구원받을 사람이 심히 적다는 말씀이다. 원망 불평과 불신하는 자들은 자기와 다른 사람들까지 멸망의 나락으로 떨어지게 한다. 자기 마음에 에하흐 엘로힘과 생명의 말씀을 믿고 순종하면 자기도 살고 다른 사람도 살린다.

토브의 복을 받으려면 마음 안에 거하시는 영이신 루하 엘로힘의 능력으로 뱀(나하쉬)의 미혹(달콤하고 부드러운 케이크)을 끊어 버려야 한다. 토브의 복은 반드시 뱀(솨탄, 셰드)을 이긴 자들에게 주신다. 성공인들은 최선을 다하는 사람들이다. 성도들은 최선을 다하여 루하 엘로힘, 에하흐 엘로힘 아버지의 말씀을 순종하는 자들이다. 그러므로 성도들은 게으른 자가 없다. 다 부지런한 자들이다. 그래서 리더들이 되는 것이다.

이야코부(약) 3:17절 중심으로 해설

선한 : ἀγαθός(18, 아가도스 사전적 의미 - 선한 good, 아가도스 이브리어 역어는 토브)이다(마 7:11, 마 19:17, 마 25:23, 눅 6:45, 늑 10:42, 눅 23:50, 요 1:46, 롬 13:3, 고후 9:8, 갈 6:6, 골 1:10, 살후 2:17, 히 9:11, 약 1:17, 벧전 3:10,16,21, 요삼 1:11).

모든 사람이 선을 추구하고 좋은 일을 바라지만 실상은 그렇지 못하다. 사람은 어려서부터 생각하는 것이 악하다(창 6:5, 창 8:21, 시 51:5). 부모로부터 거듭나지 않은 상태에서 잉태되고 출생한다. 그러므로 예슈아를 제외한 모든 사람이 원죄를 가지고 태어난다. 다뷔드(다윗)가 죄(아본) 가운데서 출생하였고 하타 죄 중에서 잉태하였다(시 51:5)고 하였다.

다뷔드의 부모가 얼마나 악하면 셰무엘 선지자가 자녀를 다 데리고 오라고 하였으나 다뷔드는 데리고 오지 않았다. 막내 다뷔드를 양치기로 부려먹었으면서 왕을 뽑는 장소에 부르지 않을 정도로 다뷔드는 부모로부터 사람 취급을 받지 못하였다는 증거이다(삼상 16:1-13). 그러나 다뷔드는 에하흐의 사랑을 받고 있었다. 그 증거가 다뷔드를 이스라엘 왕으로 내정하신 것이다(삼상 16:12-13).

사울은 29~31세에 왕이 되어 37년 재위하다가 66~68세 죽었다. 다뷔드는 28~30세에 남 유다에서 왕이 되어 칠년 육 개월 통치한다(삼하 2:11). 남 유다와 북이스라엘의 통일 왕이 된다(삼하 5:1-5). 다뷔드의 통치한 기간은 40년이다(삼하 5:4). 다뷔드는 에하흐를 자기의 목자로 삼고 능력과 생명으로 실존하시는 에하흐로 복을 삼고 살았다(시 23:1-6, 시 16:1-2, 시 18:1-2, 시 27:10,1-10, 시 69:8, 사 49:15, 마 10:21-22,36, 요 16:32). 다뷔드는 이러한 믿음으로 인하여 사울 왕이 다뷔드를 죽이려고 하자 약 15년간을 도망자 생활 중에 사올 왕을 두 번 완벽하게 죽일 수 있는 기회가 오지만 죽이지 않았다(삼상 24:4-7, 삼상 26:7-12).

그렇다. 사람은 악하다는 것은 쇠탄 - 셰드가 하는 거짓 미혹을 받아들여 마음을 쇠탄 - 셰드에게 내어 주었기 때문이다. 선하고 좋은 토브의 사람이 되려면 쇠탄 - 셰드에게 내어준 마음에 생명의 빛이신 예슈아를 영접하여 예슈아 생명과 연결되어져야 한다(요 1:4,12-13, 요 3:5-8, 요 8:12, 요 12:35-36,46, 요 15:1-5, 롬 11:17-18, 엡 5:8-9).

다른 표현은 예슈아를 생명으로 마음에 영접하여 들일 때 쇠탄 - 셰드는 쫓겨난다(마 10:40, 마 12:28, 요 20:31, 요 1:12, 롬 10:9-13, 행 16:30-31, 갈 4:6, 벧후 1:4, 요일 5:12 창 1:2-5).

성도들이 선하게 잘되기를 바란다. 마음에 흑암, 혼돈, 공허의 쇄탄을 몰아내어야 한다. 쇄탄은 생명의 빛이신 예슈아를 마음에 영접할 때 떠난다 (창 1:2-5, 요1:3,12-13, 요 5:24-25, 마 5:14-16). 마음에 생명의 빛이신 예슈아를 주인으로 모시고 사는 사람을 보시고 좋았더라(토브)고 하신다. 쇄탄을 정복하고 다스리는 복을 누리시기를 '토브' 하노라!

빠라크 בְּרַךְ 의 복

빠라크 능력의 복을 받아
모든 영역(領域 - 주권과 영향의 세력이 미치는 범위)에서 누리자.

- **개역개정**

'하나님(엘로힘)이 그들에게 복(빠라크)을 주시며 이르시되 생육하고 번성하여 여러 바닷물에 충만하라 새들도 땅에 번성하라 하시니라'(베레쇠트(창) 1:22)

- **원어 직역 문장정리**

엘로힘께서 그들에게 그가 복들을 주시며 말씀하시기를 다산들을 하라 크게 증가들을 하라 그 바다와 그 물들에 본질을 충만하게 채워라들 그 피조물 새는 그 땅에 그것이 크게 증가하며,

- **원어 직역 문장정리**

'엘로힘께서 그들에게 그가 빠라크 능력의 복을 주시며 엘로힘 그가 말씀하시기를 그들에게 다산(번성)하라들 많이 증가하라들 충만 하라들 그것들의 본질을 그 땅에 그 바다의 물고기와 그 하늘들에 나는 새와 곤충과 모든 살아있어 그 움직이는 것 위에서 그 땅의 이것을 정복하라들 지배하라들'(베레쇠트(창) 1:28)

• 원어 직역 문장정리

‘엘로힘께서 그 일곱 그날에 그가 바라크 능력의 복을 주시며 그가 성별하게
하셨으니 왜냐하면 엘로힘께서 그가 창조하셨고 만드시던 모든 그의 일을 하
시던 그것을 그가 그치시니’(베레쉬트(창) 2:3)

빠라크 합성어, 사전적 의미, 상형문자 의미, 간략해설

בָּרַךְ (1288, 빠라크, 사전적 의미 - 무릎을 꿇다, 축복하다, 복을 주다, 찬양하다, 성공, 번
영, 생산, 장수 등을 위한 능력을 부여하심)이다.

● 빠라크 합성어

베이트 + 레소 + 카프이다.

● 상형문자 의미

베이트 – 집, ~안에, 내면의 집, 속사람이다.

레쉬 – 머리, 왕, 통치자, 지배자, 잉태이다.

카프 – 편 손, 적용, 받아들임이다.

빠라크 간략해설

빠라크는 루하 엘로힘, 에하흐 엘로힘께서 사람들에게 능력을 주서서 성공, 번
영, 생산, 장수 등을 위한 능력을 부여해 주신다는 의미이다.

마음의 집안으로 영이신 루하 엘로힘을 자기의 머리(왕)로 자기 안에 모신 자는 감사와 찬양, 경외하는 무릎과 기도의 무릎, '아만'하는 무릎을 꿇는다. 이러한 마음속에 성공과 번영과 생산의 필요한 모든 능력을 부어 주신다. 그러나 '빠라크'를 '아만' 하지 않는 사람은 만능의 엘로힘을 저주하고 욕하는 결과가 되어 버림을 받는다. 영이신 루하 엘로힘을 믿지 않는 자는 루하 엘로힘을 욕하고 저주하는 것이다.

예슈아 마쇠아흐(이에수스 크리스토스, 예수스 크리스토스, 예슈아 크리스토스)을 믿지 않는 자는 이미 심판을 받았다고 하셨다(요 3:18-21, 요 16:9). 그러나 만능의 엘로힘의 말씀을 듣고 '아만'하여 따라 행하는 자가 엘로힘께 찬양을 올려드리는 것이다(요 15:8, 엡 1:6,12, 사 43:7,21).

빠라크의 어근은 빠르ㄱㄹ (1247-1254, 빠르 사전적 의미 - 아들, 깨끗한, 순결한, 알곡, 곡식, 들, 밭, 깨끗함, 청결, 잿물, 알카리)이다.

빠르의 의미는 예슈아 마쇠아흐(예수스 크리스토스, 이에수스 크리스토스, 예수 그리스도)를 마음에 영접하여 구세주와 왕으로 믿음으로 영이신 하나님이 거주하시는 집이 된 사람이다(고전 3:16-17, 고전 6:19-20, 골 1:27, 요 14:17).

깨끗한 아들과 순결한 알곡은 구원받은 하나님의 자녀를 말한다(마 7:16-24, 눅 3:17). 영이신 하나님의 자녀가 된 자는 모두가 청결한 생활을 한다(마 5:8, 마 23:26, 요 13:10, 고후 11:2-3, 엡 5:1-7,8-21, 골 3:1-10, 딛 1:15, 계 19:8).

엘로힘께서 아담에게 빠라크 능력의 복을 주셔서 동식물들을 정복들을 하고 지배들을 하라고 하셨다. 동식물들은 생산의 빠라크 능력을 주셨기 때문에 사람보다 강하고 용맹한 동물들이 사람을 해치기도 하지만 사람을 정복하고 지배하지 못한다. 동물들에게는 영이신 루하 엘로힘의 형상과 모양이 없기 때문이다. 이 창조의 법칙은 계속 유지된다. AI가 발전으로 AI로봇들이 지혜와 힘으로 무장하여 인간을 정복하고 지배하는 시대가 도래 할 가능성을 배제할 수 없다. 로봇이 더 능력 있는 로봇을 만드는 시대가 오면 그 가능성은 더 커질 수 있다. 그러나 그 힘은 엘로힘께서 주신 빠라크 능력이 아니다. 그 AI로봇들의 능력은 수집된 종합데이터의 힘일 뿐이다. AI로봇들에게는 영이신 루하 엘로힘의 형상과 모양이 전혀 없다. 하나의 부속품들일 뿐이다.

결론

성도들의 능력은 루하 엘로힘이다. 루하 엘로힘께서 빠라크 능력을 주셔야 누린다. 사람에게 능력은 필수이다. 마음 안에 예슈아를 머리와 왕으로 받아들이고 통치와 지배를 받으라. 마음에 계시는 예슈아를 의식하라. 그리고 사랑하라. 그리고 예슈아 왕께 순종하라. 빠라크 능력이 나타난다. 빠라크 능력이 누려지기를 원하노라!

아래 빠라크 간략해설은 분문이 다르면 간략해설도 다르다.

'내게 토단을 쌓고 그 위에 네 양과 소로 네 '올라'와 '셸렘' 감사를 드리라 내가 내 이름을 생각(자카르)하는 모든 곳에서 네게 임하여 '빠라크' 복을 주리라'(쉐모트(출) 20:24)고 하였다.

בָּרַךְ (1288 바라크 사전적 의미 - 내가 너에게 복을 주고, 내가 너에게 빠라크의 복을 주어 성공, 번영, 생산, 장수 등을 위한 능력을 부여하였다)

וּבֵרַכְתִּיךָ 와우 계속법 - 피엘 완료, 1인 공성 단수 - 2인 남성 단수이다.

빠라크 간략해설

복은 에하흐 엘로힘께서 주셔야 받을 수 있다. 내가 너에게 복을 주겠다고 하셨다. 희생물을 드리며 장차 오실 예슈아를 사모하여 기다리며 생각하는 자에게 주시겠다는 복이다. 마음 안에 모든 권세의 머리와 왕이신 예슈아를 생명으로 잉태하여 예슈아의 복음을 받아들이는 자들에게 주어지는 복이다.

그리고 자기 자신을 희생물로 드리고, 자기 자신은 사라지고, 구속한 예슈아만 바라보는 자에게 바라크 능력의 복을 주신다는 것을 기억하자. 예슈아 희생물이 빠라크 능력의 복이다(요 1:29, 마 20:28). 예슈아께서 저주에 십자가 위에서 저주의 죽으심으로 솨탄의 머리가 박살 שׁוּף (7779, 슈프 - 분쇄하다,

짓뭉거다, 박살내다, 눌러 부수다, 상하게 하다)났다(창 3:15). 이 복음을 믿는 자들에게 조 사함과 영생구원을 주시는 최상의 빠라크 능력의 복이 임한다. 그 빠라크 능력으로 성도들도 쇠탄과 환경으로 오는 시험들을 이긴다(요 16:33, 롬 8:37, 고전 15:57, 빌 4:13, 살후 3:16, 요일 4:4, 요일 5:4, 계 7:14).

'네 에하흐 엘로힘을 섬기라(아바드 - 일하다, 봉사하다, 섬기다) 그리하면 에하흐가 너희의 양식과 물에 복(빠라크)을 내리고 너희 중에서 병을 제하리니'(쉐모트(출) 23:25)라고 하였다.

בָּרַךְ(1288, 바라크 사전적 의미 - 그가 계속 유익한 능력을 부여하신다, 그가 계속 성공, 번영, 생산, 장수 등을 위한 능력을 부여하신다, 그에게 계속 무릎을 꿇어라, 그가 계속 복을 주신다, 그를 계속 찬양하라)

בֵּרַךְ 와우 계속법 - 피엘 완료 3인 남성 단수이다.

빠라크 간략해설

쉐모트(출) 23:25절은 '와우 계속법 - 피엘 완료 3인 남성 단수'이다. '그가 계속 유익한 능력을 부여하신다.' '그가 계속 성공과 번영과 생산과 장수 등을 위한 능력을 부여하신다.' '그에게 계속 무릎을 꿇어라.' '그가 계속 복을 주신다.' '그를 계속 찬양하라'는 의미이다.

본문은 에하흐 엘로힘을 아바드(섬기는 자)하는 자에게 세 가지 빠라크 능력의 복을 주신다고 하셨다.

아바드 간략해설

육신의 눈으로는 영이신 에하흐 엘로힘을 볼 수가 없다. 그러나 영의 마음으로는 느낄 수 있고 생명의 문이신 예슈아의 음성을 들을 수 있다. 육신의 눈으로 볼 수 있는 원어 성경과 한글 번역 성경을 주셨다. 그러므로 누구나 성경을 읽을 수 있다. 성경을 읽는 자는 에하흐 엘로힘의 뜻을 이해하도록 하셨다. 원어 성경을 읽으면 좀 더 깊이 있게 이해할 수 있다. 이브리어 단어별 합성어 해설이 그것이다. 에하흐 엘로힘을 섬기고 봉사하고 일하라는 것은 곧 성경을 근거로 하라는 말씀이다. 성경의 핵심은 예슈아이시다. 예슈아를 믿는 일이 곧 에하흐 엘로힘을 섬기는 것이라는 것을 알려주셨다(요 5:37-39, 요 6:28-29,40, 요 16:1-4, 요 20:31, 롬 1:9, 고후 4:3-7, 빌 3:3, 히 10:11).

◆ **빠라크 능력의 복 세 가지**

① **물에 빠라크 능력의 복을 주신다**(레 26:4, 신 7:12-13, 11:13-15, 신 28:12, 시 65:9, 겔 34:26).

② **양식에 빠라크 능력의 복을 주신다**(신 11:14, 신 28:5).

③ **질병을 빠라크 능력의 복으로 제하여 주신다**(출 15:26, 출 23:25, 신 7:15, 시 41:3, 시 103:3).

에하흐 엘로힘께서 사람에게 성공과 번영의 능력을 부여해주신다. 어떤 사람에게 '바라크'의 복을 주실까? 그 사람 마음 안에 모든 머리들 중에 머리, 모든 왕들 중에 왕, 모든 능력과 권세들이신 예슈아를 생명으로 마음에 잉태하여 품고 살아가는 자에게 주신다. 예슈아의 말씀을 겸손하게 받아들여 생활에 적용(適用 - 실생활에 올바르게 이용하여 맞추어 살아가는 것, 빌1:20~21, 2:12~13, 벧전2:1~3)하여 살아가는 자에게 주신다. 받은 말씀을 생활에 적용하는 자들이 환경구원을 이룬다(눅 8:12-15, 빌 2:12).

행함 없는 믿음은 죽었다고 하였다(약 2:14,17,20,26). 호흡이 멈춰 죽은 자는 더 이상 빠라크 능력의 복이 필요하지 않다. 무릎을 꿇을 일도 없다. 에하흐 엘로힘의 말씀을 듣고 믿음으로 행하며 섬기는 사람이 살아있는 자이다(약 2:21-25, 창 22:18). 예슈아를 믿고 섬기는 자들은 살아있는 계속 빠라크 능력을 부여 받는다(창 24:1, 갈 3:9).

◈ 우리도 평생 이것을 기도하자 _디브레하야밈알렢(대상) 4:9-10 ◈

• **개역개정**

'9 야베스(야으뻬츠)는 그의 형제보다 귀중한 자라 그의 어머니가 이름하여 이르되 야베스라 하였으니 이는 내가 수고로이 낳았다 함이었더라.' '10야베스가 이스라엘 하나님(엘로힘)께 아뢰어 이르되 주께서 내게 복을 주시려거든 나의 지역을 넓히시고 주의 손으로 나를 도우사 나로 환난을 벗어나 내게 근심이 없게 하옵소서 하였더니 하나님(엘로힘)이 그가 구하는 것을 허락하셨더라'(디브레(사건, 역사)하야밈(그 ~들)알렢(대상) 4:9-10)

• **원어 직역 문장정리**

9 야으뻬츠는 그의 형제들보다 그는 존귀한 자이다. 그의 어머니가 야으뻬츠라고 그 이름을 불렀다. 왜냐하면 내가 고생(산고)하여 낳았다고 말하였다.

10 야으뻬츠 그가 이스라엘 엘로힘을 불러 말하기를 ①주께서 나에게 복(빠라크)을 주시고 복(빠라크)을 주시려면 ②주께서 나의 영역에 본질(빠라크 능력)의 그것이 많이 일어나도록 ③주의 손이 나와 함께(임마디) 해주시고 ④주께서 나의 감정이 상하는 것과 악한 것을 행하지 않도록 ⑤엘로힘께서 그 본질(빠라크 능력, 엘로힘)이라 하는 그것이 계속 들어오기를 구하였다고 하였다.

주는 아도나이 יְהֹוָה가 아닌 2인 남성단수이므로 '네가', '당신'이다. 그러나 아직까지 한국문화에서는 영이신 아버지를 당신이라고 하지 않아서 '주'라고 번역하였다.

יַעְבֵּץ (3258 야으뻬츠 사전적 의미-슬픔, 괴로움) יַעְבֵּץ 고유명사

야으뻬츠 간략해설

야으뻬츠는 미스테리한 인물이다. 아버지도 어머니도 족보도 없는 사람이다. 성경에 디브레하야밈알렢4:9-10절에만 그의 기록이 있다. 야으뻬츠 이름은 어머니가 죽을 고생을 하여 낳았다는 의미이다. 그래서 이름의 뜻이 슬픔과 괴로움이다(창 35:18). 에하흐 능력의 쥔 손이 붙들어 주셔서 낳은 아들이다. 야으뻬츠 어머니 마음에 있었고 눈을 떼지 못하고 관심을 가지고 책임을 다 하여 아들을 돌아보았다. 루하 엘로힘과 기도하는 것을 부지런히 가르쳤다는 증거가 10절에 나온다.

2. 기도로 엘로힘을 부르는 그 사람이 존경받는 자가 된다.

קָרָא (7121 카라이 사전적 의미 - 그가 부르다, 그가 선포하다, 그를 소환하다, 그것을 읽다) וַיִּקְרָא (바위케라이)와우 계속법 - 칼 미완 3인 남성 단수이다.

카라이 간략해설

야으뻬츠는 사람이 불가능하게 여기는 것을 가능케 하시는 엘로힘을 자기의 힘과 머리로 삼고 모든 것의 만능들이신 엘로힘을 불러 4가지를 계속 기도하며 구하였다.

2025년의 날들이 정치적 이슈들로 인하여 경제적으로 어려움이 있을 것으로 예상된다. 윤석열 대통령 탄핵으로 여야(與野)의 누가 대통령이 되어도 나라의 혼란은 지속될 것이다. 나라의 위기 때마다 성도들이 회심하고 바로 서서 루하 엘로힘께 구하므로 위기를 극복한 저력들이 있다. 올해는 특별히 회심해야할 것이 있다. 한글성경에 "하나님"표기는 "토속문화 한민족의 신(神 - 귀신)의 명칭인(하늘 heaven + 님 prince), 하나님"을 우리는 "아버지 하나님(하늘 신(神 - 귀신), 하나의 신(神 - 귀신))", 또는 "하나님(하늘 신(神 - 귀신), 하나의 신(神 - 귀신))아버지"라고 142년 여간 동안을 믿고 섬기며 불러왔던 것을 회심하여야 한다. "미신의 하나님", "샤머니즘 귀신, 솨탄을 아버지"라고 믿고 섬기고 부르면 죽고 죽는 저주를 받는다(출 23:13, 레 24:16, 신 18:20, 수 23:7, 마 12:31, 계 21:8).

신구약 원어 텍스트의 명사 구약은 '엘로힘'으로, 신약은 '데오스'로성경을 개정(改定)하여 출판해야 한다. 이렇게 해야 회심의 증표이다. 입술의 회심으로 그쳐서는 안 된다. 한글 성경개정을 하면서 같이 해야 할 것이 또 있다. 제사(祭祀 - 신령이나 죽은 사람의 넋에게 음식을 바쳐 정성을 나타내는 의식)와 제사(祭祀)제(祭)자는 '희생', '희생물', 또는 '제바흐'로, 신(神 - 귀신, 창1:2)을 '루하'(영이신 아버지, 창1:2)로 개정해야 한다.

팩트(fact)의 증거들을 보라.

"하나님"은 신구약 원어 텍스트의 명칭이 아니라는 팩트(fact)의 증거들

1. '하느님'에서 '하나님'으로의 변화

원래 한국어에는 기독교의 신을 지칭하는 고유한 단어가 없었습니다.

19세기 말, 성경이 한국어로 번역되는 과정에서 스코틀랜드 선교사 존 로스는 평안도 방언에서 '하늘'과 존칭 접미사 '-님'이 결합한 '하느님'이라는 단어가 기독교의 유일신을 나타내는 데 가장 적합하다고 보았습니다.

최초의 한국어 성경인 《예수셩교 누가복음젼셔》(1882년)에도 '하느님'이라는 표기가 사용되었습니다.

하지만 서북 지역(평안도 등)의 개신교 신자들은 '하느님'을 '하나님'이라고 발음하는 경향이 있었고, 이러한 발음이 점차 표준처럼 굳어졌습니다.

개신교에서는 '하나' 즉 '유일하신 분'이라는 신앙 고백적인 의미를 담아 '하나님'이라는 호칭을 선호하기도 했습니다.

2. 교단별 사용

오늘날 한국 개신교 대부분의 교단에서는 '하나님'이라는 호칭을 공식적으로 사용하고 있습니다.

반면, 천주교, 정교회, 성공회 등에서는 전통적으로 '하느님'이라는 용어를 사용합니다. 이는 초기 천주교 선교 과정에서 '천주(天主)'라는 용어를 사용했고, 이것이 순우리말 표현인 '하느님'으로 이어져 왔기 때문입니다.

《공동번역 성서》(1977년)와 같이 교파 간의 협력을 통해 번역된 성경에서는 '하느님'으로 통일하여 사용하기도 합니다.

3. 어원 논쟁

'하나님'의 어원에 대해서는 여러 의견이 있습니다.

앞서 언급된 것처럼 '하늘'과 '-님'의 합성어로 보는 견해가 일반적입니다.

일부에서는 고대 한국어의 '하나'(크다, 유일하다는 의미)에 '-님'이 붙었다고 주장하기도 합니다.

민간 신앙에서 숭배하던 존재를 지칭하던 '하느님'이라는 용어가 기독교의 신을 지칭하는 데 차용되었다는 견해도 있습니다.

결론적으로 한국 교단에서 현재 널리 쓰이는 '하나님'이라는 호칭은 초기 성경 번역 과정에서 '하느님'이라는 용어가 사용된 이후, 방언과 신앙적 의미 부여를 거쳐 개신교를 중심으로 정착된 것으로 볼 수 있습니다. 각 교단은 역사적, 신학적 배경에 따라 '하나님' 또는 '하느님'이라는 용어를 사용하고 있습니다[01]

하나님은 보통 유신론에서 최고 절대자이며 창조신(God)을 지칭할 때 한국 개신교에서 주로 사용되는 용어입니다. 다른 형태의 동의어에 대해서는 하느님 문서를 참조하십시오. 이슬람교의 하느님에 대해서는 알라 문서를 참고하십시오.

하나님은 아브라함계 종교의 유일신을 나타내는 단어 중 하나로 성공회

---

01) Gemini 한국의 하나님 호칭 유래 https://g.co/gemini/share/5b7216574b6b, 위키백과, 우리 모두의 백과사전, 당당뉴스 2023년 12월 18일 (월) 23:22:40, 중에서 요약함.

를 제외한 개신교[02], 예수 그리스도 후기성도 교회 및 이슬람교에서 그들의 신을 일컫는 데 사용하는 용어이다. 하나님의 어원은 19세기 말 평안도 방언 '하늘'과 '님'의 합성어, '하ᄂ님'이다. 한 동안 하느님만이 표준어로 인정받았지만 지금은 하나님은 '개신교에서 하느님을 이르는 말'로 표준어로 쓰이고 있다.

하나님은 절대적 최고의 신(God), 만물의 창조주 등을 일컫는다. 대한민국에서 하나님이라는 용어를 하느님의 2번째 의미와 같은 용어로 개신교에서 사용하고 있다. [03]

용어

일반적으로 세상을 창조한 창조주를 지칭하는 말로서, 유대교에서는 유일신은(여호와는) 성부 하느님만을 가리키는 반면, 현대의 개신교에서 하나님은 성부 하나님, 성자 예수, 성령 보혜사 이 셋을 가리킨다. 그러므로 한국 이슬람교의 코란 해설본에서도 알라를 "하나님"으로 호칭하고 있다. [04] 그러나 이슬람에서는 오로지 아랍어로 쓰인 '꾸란'만을 인정하므로, 한국이슬람

---

02) 성공회에서는 로마 가톨릭교회, 동방 정교회 및 여호와의 증인 등과 마찬가지로 '하느님'이라 표기한다.

03) 국립국어원. 《표준국어대사전》. 2014 /우리말 바로쓰기 - '하나님'과 '하느님' / "표준국어대사전 - '하나님'". 2011년 7월 20일에 원본 문서에서 보존된 문서. 2011년 4월 22일에 확인함.

04) "'하느님' vs '하나님'…신의 진짜 이름은?". 2010년 2월 25일에 원본 문서에서 보존된 문서. 2010년 10월 4일에 확인함. / (중동 칼럼)국내 교인들의 이슬람 오해를 바로잡을 때

교에서 '하나님'은 영어의 'God'에 해당하는 한국 교계의 호칭이다.[05] 이와 비슷한 양상으로 이집트, 레바논, 이라크, 인도네시아 등에서 쓰이는 "알라"라는 표기는 이슬람 탄생 이전부터 쓰여왔던 용어이자 기독교에서의 신을 지칭하기도 한다.[06]

뜻

하나님이라고 번역되는 히브리어 단어로는 엘로힘(אלהים)이 있다. 이를 한자어 천주(天主)로 번역하고, 다시 근대 한국어 "하나님"으로 번역한 것이다.

유래

한국에서 이 용어가 처음 사용된 것은 존 로스가 번역한 최초의 한국어 성경《예수성교 누가복음전서》이다. 로스 목사는 당시의 선교 보고서에서, "하늘"(heaven)과 "님"(prince)의 합성어인 "하느님"이 가장 적합한 번역어일 것이라고 보고했다.[07] 예수성교 누가복음전서의 1882년판에는 "하느님"이라

---

05) 『사진과 그림으로 보는 게임브리지 이슬람사』, 프랜시스 로빈슨 외(손주영 외 옮김), (주) 시공사, 2006, 서울, 『이슬람의 역사와 그 문화』, 김용선, 명문당, 2002, 서울, 『이슬람의 세계사』, 이아라 M.라파두스(신영선 옮김), 이산, 2008, 서울

06) 윤효중. 말레이시아, '알라' 호칭 무슬림 독점에 소송 제기. 아이굿뉴스. 2008년 1월 10일.

07) 전무용, 〈이 땅에 처음 비추어진 복음의 빛〉, 《성서한국》 2007년 여름호, 통권 제53권 2호, 대한성서공회(웹 버전 Archived 2013년 12월 3일 - 웨이백 머신). 로스 목사는 당시의 선교 보고서에서, "하늘"(heaven)과 "님"(prince)의 합성어인 "하느님"이 가장 적합한 번역어일 것이라고 보고하고 있다.

는 용어를 사용하였으나, 이 성경전서의 1883년본에는 "……두사람이 하나님의 압페셔 올은쟈라……"라는 문구가 있다.[08]

현더 한국어에서 아래아가 제외됨으로써 "하나님"으로 불리게 되었으며 아래아가 현대화되면서 바뀌는 모음은 'ㅡ'나 'ㅏ'뿐 아니라 'ㅓ' 등 다양하다 (→ 아래아). 현대의 민속 종교에서도 "하나님", "하느님" 혼용으로 읽는다.[09] 한국의 개신교에서는 "하나", 곧 "유일하신 분"이라는 신앙고백적 의미까지 담아서 "하나님"으로 이해하기도 하지만, 실제로 하나님이라는 말은 "하나"라는 숫자를 나타내는 수 관형사에 "님"을 붙인 것은 아니다.[10]

번역

초기 개신교에서는 상제, 천주, 하느님, 하나님 등 다양한 용어를 사용했으나 개역성서를 번역하여 펴내는 과정에서 아래아(·)를 홀소리 'ㅏ'로 일괄적으로 변경하면서 '하나님'이란 호칭을 쓰기 시작했다. 이를 1970년대 표준어로 번역한 1977년《공동번역 성서》에서 당시 표준어였던 '하느님'으로 표기하였다. 개신교와 천주교가 함께 번역한 현대어번역성서에 신의 호칭으로 '하느님'을 표준으로 삼으려 했다. 그러나 대부분 개신교 교파가 하나님이라는 표기를 고수하였고, 호칭의 문제 등으로 개신교 교단 전반에서《공

---

08) 길을 찾는 사람들을 위해 - 기독교가 부르는 하나님이라는 호칭의 유래에 대해서.[깨진 링크(과거 내용 찾기)]
09) 하나님닷컴.
10) 천주교 '야훼' 표현 금한 이유는? Archived 2014년 11월 29일 - 웨이백 머신 매일신문(2008. 10. 25) 기사 참조

동번역 성서》는 교육용 성경으로 활용되고 기존의 '개역성경전서'를 예배용
성경으로 유지하였다. 정중호 계명대 기독교학과 교수는 이에 대해 "하나님
이란 명칭이 유일신의 의미가 강한데다 하나님이라 부르던 기존 습관을 바
꾸기 힘들었을 것"이라고 분석했다. 《공동번역 성서》를 예배용 성경으로 수
용한 교단인 천주교와 정교회, 성공회에서는 '하느님'으로 표기한다. 상제
(上帝)는 '하나님'의 한자식 표기이다.[11]

기타

아래아 문서를 참고하십시오.

2014년 기준으로 '하나님'은 표준어로 인정하지만, 이에 대해 찬반 논쟁이
있다. 표준어로 '부적합하다는 시각'에서 국어학개설 등에 따르면 하나님은
'하ᄂ님'을 잘못 읽은 것으로써 대부분 'ㆍ'의 음가를 'ㅏ'로만 알고 있으나 비
어두음절일 경우는 'ㅡ'로 발음하는 것이라고 한다.[12] 그러므로 '하ᄂ님'는 하
느님으로 읽는 것이 맞다는 평가가 있다.

표준어로 '합당하는 시각'에서 이런 단계는 16세기에 제1단계 소실로 'ㅡ'
로 바뀐 것이며, 18세기 중엽에 와서는 'ㅡ'가 아닌 'ㅏ'로의 대치가 일어나면
서 기존의 변화된 양상은 자취를 감추게 되었으며[13] 이에 따라 "하나님"이라

---

11) [국어사개설, 이기문, 탑출판사, 1990, 서울] [국어학개설, 이익섭, 학연사, 2005, 서
　　울] [학교문법과 문법교육, 임지룡 외, 박이정, 2008, 서울]

12) "국립국어원 소식지 쉼표, 마침표. 없어진 한글 자모, 어떤 소리를 나타낸 것일까요?
　　- 홍윤표". 2014년 12월 11일에 원본 문서에서 보존된 문서. 2015년 2월 8일에 확인
　　함. / 제1절 언어 지리와 역사적 개관[깨진 링크(과거 내용 찾기)]

13) 조선 후기 필사본 한어회화서 華峰文庫 《中華正音》에 대하여

는 용어 사용에 문제가 없다는 의견도 있다.

하나님이라는 용어를 도용하였다는 주장이 일자 이에 관한 특이한 재판 사건이 1992년에 있었는데, 그해 11월 11일 강원도의 정근철(*붙임, 정근철은 불교 미륵종의 한 분파인 "한세계인류성도종"이란 종파의 대표)이 기독교측을 피고로 '하나님 이름 도용에 관한 손해배상 청구 소송' 고소장을 제출하였다. "한민족 하나님 도용죄"이라는 죄목으로 하여금 개신교에서 허락 없이 무단으로 써왔으므로 보상금으로 1억을 내라고 재판을 신청하기도 하였다.[14]

"한민족 하나님 도용죄" 재판결과

천주교의 김수환 추기경, 기독교의 대표들이 증인으로 불리워지며 재판이 진행되었지만 원고 측(정근철씨 측)은 패소했다고 한다.

패소의 이유는 "하나님"이 기독교의 것이어서가 아니라, 하나님은 누구나 쓸 수 있는 고유명사이기 때문에 기독교에서도 쓸 수 있고, 그래서 보상금 1억원을 줄 필요가 없다는 것이었다.

그러나 중요한 것은 이 재판을 통해 하나님이 기독교의 고유이름이 아니라 아주 오랜 옛날부터 한민족이 써왔으며, 기독교 도입과정에서 1906 년부터 하나님(하느님)으로 번역되어 불리기 시작했다는 것이 증명된 셈이다.

기독교측 주장대로라도 지금부터 150년전부터 써 온 것이 증명된 것이다.[15]

---

14) "민족사관 홈페이지". 2015년 7월 21일에 원본 문서에서 보존된 문서. 2010년 10월 8 일에 확인함.
15) 세상에 이런 일이, 하나님(하느님) 이름 도용사건 재판결과, 천하포무 2007.11.23. 11:23

"존 로스의 선교 정책은 토착문화를 토대로 토착인에 의한 전도였다. 자립, 자전, 자치의 삼자 정책이며, 네비우스 보다 더 깊고 포괄적인 존 로스의 토착 선교정책이었다. -생략-

무엇보다도 하늘에 계신 최고의 하늘님을, 한국인의 정서에 맞도록 "엘로힘(히, Elohim. 창3:8)" "데오스(헬,Theos. 막10:18)", "God "을 "하느님"으로 1881년부터 최초로 표기하였다. 지식인들의 한문식 "상제"(上帝), "천주"(天主)를 민중이 애용하는 언어로 하느님/하나님으로 표기하였다."[16]

존 로스가 한국교회에 복음을 전하면서 자립, 자전, 자치의 삼자 선교정책과 성경을 번역하면서 띄어쓰기를 한 것도 참 잘하였다. 긍정적인 면도 많으나 신구약 원어 텍스트의 본질을 따라 번역하지 않고 한민족 토속문화의 신칭인 우상의 하느님, 우상의 하나님을 유일하신 하나님으로 번역한 것은 가룟유다(이스카리오테스 이우다스)와 빌라도(필라토스)보다 더 악한의 죄이다. 어떻게 영이신 아버지의 이름을 미신의 이름으로 대처할 수 있단 말인가? 우리는 142여 년 동안을 미신의 천신(天神 - 하느님)과 일신(一神 - 하나+님)을 하나님 아버지라고 믿고 섬기며 불렀다. 그렇다면 천신(天神 - 하느님) 일신(一神 - 하나+님)의 아들이 예슈아 크리스토스라는 말이다. 믿으시겠습니까? -생략-

"God"을 "하느님"(하늘 heaven + 님 prince, 천신(天神))으로 1881년부터 최초로

---

16) 당당뉴스 2023년 12월 18일 (월) 23:22:40,

표기하였고 1883년 10월 부터는 하느님을 하나님(一神, 하늘 heaven + 님 prince, 천신(天神))으로 한글 성경에 공식적으로 표기하기 시작하였다.

이 문제는 영이신 아버지의 이름을 훼손한 정도가 아니다. 엘로힘과 데오스의 이름을 모욕하고 저주하는 선을 넘었다. 창조주 "엘로힘"과 "데오스"의 대한 치욕이다(창 1:1, 요 1:1-2). 엘로힘 왕국의 적이다. 21세기 목회자들과 성도들을 우롱하였다. 존귀하신 영이신 아버지의 이름을 귀신(쇠탄, 마귀) 따위의 이름으로 바꿔버린 원흉들이다. 그래서 필자는 통탄을 금할 수가 없다.

초기조선의 성도들과 오늘날 성도들과 성경을 읽는 모든 사람들이 모르고 몰랐다. 누가 이 사실을 의심 했겠는가? 우리도 의심 없이 믿어 왔기에 신구약 원어 텍스트에는 "하나님"이라는 명칭이 없다고 하니까 혼란해하고 있다. 그러나 사실이다. 쇠탄 마귀가 선교하는 신생국의 선교사들을 이용하여 성경에 토속문화 전통의 최고의 신들의 명칭 표기하게 한 것이다(요 8:44, 창 3:4-6,19). 우리성도들은 142여 년 동안을 전혀 몰랐다. 142여 년 동안 몰라서 불렀던 토속문화 한민족의 신칭 "하나+님"(一神)을 더 이상 사용하지 말자는 운동을 일으키게 되어 감사할 뿐이다. 가는 곳마다 깜짝 놀란다. "몰랐다". "은혜 받았다"라고 합니다. 루하 엘로힘께 야후 하렐루의 영광을 올리고 있다. *사전에 '야흐'라고 하였으나 ㅜ, '헤디' 모음은 슈렉(ㅜ) 이므로 '야후'이다.

신구약 성경 70권(시편을 5권으로)은 거룩한 영의 감동의 말씀이다. 신앙과 행위의 정확무오한 유일한 법칙이다. 신구약 원어 텍스트 헬라어 데오스, 이브리어 엘로힘, 엘을 "하나님"(一神)으로 번역하여 142여 년 동안을 "아버지 하나님"(一神), "하나님(一神) 아버지"라고 불렀다. 한국교회 목회자들과 성도들이 "한민족 토착문화의 샤머니즘 하늘님"을 "유일신 하나님(一神) 아버지"라고 부르고 있다. 쇠탄 미혹에 넘어간 존 로스 선교사와 성경 번역자들이 누가복음 1882년 3월판 까지는 "하느님과 하나님(一神)을 병기(竝起) 표기"하다가 요한복음(누가복음) 1883년 10월 번역판부터 "하나님(一神)"으로 정식 표기하였다.

'뱀(쇠탄, 마귀, 계12:9)들아 독사(에키드나 - 치명적인 독을 가진)의 새끼(겐네마 - 자손)들아 너희가 어떻게 지옥의 판결(결정)을 피하겠느냐'(마 23:33)고 하셨다(마 3:7; 마 12:34).

'실족(스칸달론 - 걸려 넘어지게 하는 장애물, 함정, 죄로 이끄는 유혹)하게 하는 일들이 있음으로 말미암아 세상에 화(우아이 - 저주)가 있도다. 실족(스칸달론)하게 하는 일이 없을 수는 없으나 실족(스칸달론)하게 하는 그 사람에게는 화(우아이 - 저주)가 있도다'(마 18:7)라고 하셨다.

대한성서공회는 어떤 신구약 원어 사본(텍스트)을 근거로 엘로힘, 엘, 엘로바흐, 데오스를 '하나님'으로 번역하여 개정판을 발행하고 있는지 명백한 답변을 해야 한다.

이브리어 עברית(Hebrew) 엘로힘, 엘, 엘로바흐, 데오스를 토속문화 한민족의 신칭인 하늘님(天神), 하느님(天神)을 하나님(一神)으로 번역한 자는 심판을 받는다(계22:18-19). 히브리어가 아니라 이브리트(이브리어 Ebrew)이다. 영어가 성경 번역을 망쳐 놓은 곳이 너무 많다. "엘로힘"과 "데오스"에는 "하나님"(一神)이라는 뜻이 전혀 없다. 미신의 명칭인 "하느님(天神), 하나님"(一神)은 여러 번의 변형의 과정을 거쳤다고 한다. 상제(上帝)⇨ 천주(天主)⇨하느님⇨ 하늘님⇨ 하얼님⇨ 하나님으로 결정되어 사용하고 있다. 이 "하나님"(一神)은 기독교의 유일하신 에하흐와 엘로힘이 아니다(신 6:4, 요 8;41, 고전 8:4, 약 2:19, 유 1:4, 출 3:15). 수천 년간 한민족의 고유의 신칭(무속적 신앙에서 부르던 하늘님)이다. 우리 기독교에서는 유일신 하나님(一神)으로 믿고 불렀어도 신구약 원어 텍스에 없는 명칭이다. 신구약 원어 텍스에 유일하신 분은 에하흐 엘로힘이라고 하였다(신6:4).

다바림(신) 6:4절 원어 : שְׁמַע יִשְׂרָאֵל יְהוָה אֱלֹהֵינוּ יְהוָה אֶחָד׃

정음 모음 표기 : 셰마아 이스라엘 에하흐 엘로헤누 에하흐 에하드

직역 : 순종하라. 이스라엘 에하흐 우리 엘로힘 에하흐 하나

원어 직역 문장정리 : 이스라엘아 순종하라. 우리 엘로힘 에하흐는 하나이신

에하흐,

성경에 공식적인 이름은 루하 엘로힘(창1:2), 프뉴마 데오스(요4:24)이시다. 한국, 영어권, 중국, 일본, 러시아, 인도. 캄보디아 등(이스라엘을 제외한 전 세계의 모든 국가)에서는 신구약 원어 텍스트에서 알려주는 이름으로 번역하지 않았다. 한글 성경에 "하나님"은 엘로힘(약 2,6000회)과 엘(240회), 엘로바흐(약 60회), 데오스(1,319회)는 신구약 원어 텍스트의 의미가 아니다. 이름의 의미들

은 엘로힘(모든 것들의 만능들이시다)과 엘(힘, 강함, 능력이시다), 엘로바흐(힘, 능력, 권능이시다), 데오스(전능들, 힘들이시다)이다. 이러한 사실은 한글 성경에 "하나님"(一神)은 신구약 원어 텍스트의 "하나님"(一神)이 아니라는 것을 증명한다. 엘로힘과 엘, 데오스는 영어 "God", "god"도 아니라는 것도 팩트이다. 엘로힘과 엘, 데오스는 중국의 "上帝" shàngdì. "天主" tiānzhǔ. "天父" tiānfù, "主" zhǔ도 아니라는 것도 팩트이다. 일본의 "카미사마", 인도의 "빠르메슈와르", 러시아의 "바가", 캄보디아의 "프레아 치압부"등도 아니라는 것도 팩트이다.

신구약 원어 텍스트의 이름 명사 엘로힘과 데오스와 그 어떤 관련도 없는 자국(自國)의 최고의 신(神), "하나님"의 이름들을 내려놓아야 한다. 신구약 원어 텍스트의 본질로 슈브(되돌아가다. 원상회복하다)하여야 할 때가 되었다. 전 세계 Protestant교회들은 신구약 원어 텍스트의 명사, 구약은 "엘로힘"(Elohim)으로 신약은 "데오스"(Deus)로 통일해야 한다. 신구약 원어 텍스트는 하나인데 각 국가에서 믿고 섬기는 명칭들이 다른 이유는 토속문화의 신(神)의 명칭들을 사용하고 있다는 증거이다. 엘로힘과 데오스께서는 전 세계 Protestant교회들은 하나의 이름으로 통일성경을 출판하라고 신구약 원어 텍스트에서 명령하셨다. 이 진리는 어느 국가에서도 바뀔 수 없는 불변의 진리이다. * 부르라고 주신 엘로힘 - 데오스를 부르고 '다른 신의 하나님' 이름을 부르지 말자. 우리 후손들에게 '미신 하나님'이 표기되어 있는 가짜성경을 물려 줄 수 없다. '한민족이 수천 년간 믿고 섬기던 미신 하나님을 아버지 하나님'이라고 부르게 할 수가 없다. 죽고 또 죽는 저주의 심판을 후손들에게 물려 줄 수 없다(출 23:13, 레 24:16, 신 18:20, 마 12:31).

우리 성도들이 불가능한 일들을 만났을 때에 야으뻬츠처럼 모든 것들의 만능들이신 엘로힘을 불러 계속 쉬지 말고 기도해야 한다. 만능들이신 엘로힘께 기도하는 자는 존귀한 자가 된다는 말씀이다.

'존귀한 자' 이브리어는 카바드 כָּבֵד (3513 카바드 사전적 의미-무게가 있는 자, 힘 겹게 하는 자, 짐이 되는 자, 존경받는 자, 영화롭게 되는 자, 존귀한 자)

נִכְבָּד 니팔 분사 남성 단수이다.

שָׁאַל (7592 솨알 사전적 의미-묻다, 구하다, 요구하다, 간청하다)

שָׁאַל: 칼 완료 3인 남성 단수이다.

엘로힘께 묻고 구하고 간청하며 엘로힘께 정당하게 구할 것을 구하였다.

1) 빠라크 능력위에 빠라크 능력을 주세요.

'주께서 나에게 복(바라크)을 주시고 복(바라크)을 주시려면'

בָּרַךְ (1288 빠라크 사전적 의미 - 성공과 번영과 생산을 위한 능력을 부여하다)

בָּרַךְ 피엘 부정사 연계

בָּרַךְ (1288 빠라크 - 내게 너는 무릎을 꿇으며, 내가 네게 복을 준다)

תְּבָרֲכֵנִי 피엘 미완 2인 남성 단수 - 1인 공성 단수

빠라크 간략해설

야으뻬츠는 베레쉬트세페르(창) 1:28절 말씀을 근거해서 기도하였다. 이브리어 원어 두 번 째 복의 단어가 빠라크이다. 야으뻬츠는 빠라크 능력의 복을 사모하였다. 사람이 능력이 있어야 무엇을 해도 성공한다. 능력 있는 사람은 어느 나라에서나 어느 회사에서도 환영한다. 실력 있고 능력 있는 사람을 서로가 스카우트(Scout) 하려고 경쟁한다. 기도하면 역사가 일어난다. 표적이 나타난다. 영권이 강화된다. 기도하면 받고 기도하지 않으면 받지 못한다(마 7:7, 눅 3:21-22, 살전 5:17, 빌 4:13, 마 21:22, 막 11:24, 요 4:10, 요 14:13-14, 요 15:7,16, 요 16:23, 약 1:5, 약 5:16, 요일 3:22, 요일 5:14, 왕상 3:5, 시 50:15, 시 105:3-4, 시 145:18-19, 렘 29:12-13, 렘 33:3, 겔 36:37, 암 5:4, 마 7:11, 마 6:33, 눅 3:21-22, 눅 18:10-13). 이 성구들은 심방과 특별 새벽기도 성구들이다. 마음을 기울어 읽을 때 깨달음의 기름부음이 주어진다.

예슈아께서 기도할 때 ① 하늘(우라노스)이 열리고(동사 아노이고ἀνοίγω사전적 의미-장애물을 제거하다, 아노이고 이브리어 역어는 파타흐פתה (6605, 파타흐 사전적 의미-자물쇠를 열다, 문을 열다, 눈과 귀를 열다) ② 거룩한(하기오스) 영(프뉴마)이 임하였다(눅 3:21-22).

헬라어 아노이고 & 이브리어 파타흐 간략해설

기도는 불가능을 가능하게 한다는 말을 많이 들었을 것이다. 예슈아께서 기도하실 때 '하늘이 열렸다'는 말씀에서 그 유래를 찾았다. 살다보면 해치고 나갈 수 없는 장애물을 만난다. 문을 열고 들어갈 수 없는 자물쇠가 걸려

있는 문을 만날 때도 있다. 불가능해 보이는 일들이 있다. 하늘을 연다는 것은 더더욱 불가능한 일이다.

루하(영) 엘로힘(모든 것들의 만능들이심)께서 파타흐 상형문자에 불가능을 가능하게 하는 비밀을 담아 놓으셨다.

● 파타흐 합성어

페 + 타브 + 헤트이다.

● 파타흐 상형문자 의미와 해설

페 – 입, 개방이다. 페는 영이신 루하 엘로힘의 입에서 나오는 말씀이다. 말씀에 눈과 귀가 열리면 길이 보인다. 열쇠를 찾는다. 말씀을 붙잡고 되새김질하며 기도하면 문이 열린다. 영이신 루하 엘로힘의 말씀으로 살아가는 줄로 믿는 사람은 말씀을 사모한다. 읽는다. 지켜 행한다. 이런 사람에게는 장애물 들이 문제가 되지 않는다. 도리어 기적들을 경험한다.

타브 – 십자가 복음, 죽음, 목표, 표시이다. 예슈아 십자가의 복음을 만나면 죽음에 문 앞에서 생명의 문이 열린다. 예슈아 만난 모든 사람들은 '네가 구원을 받았다.', '네 죄 사함을 받았다.', '네 믿음대로 되라.', '네가 병에서 놓였다. 평안히 가라.'는 응답들을 받는다. 사모하는 마음으로 기도하면 예슈아께서 찾아오셔서 문들을 열어주신다. 거룩한 영이 임하여 살길로 인도해 주신다. 그러나 구경꾼들은 구경하다가 떠났다.

헤트 – 생명의 울타리, 보호의 울타리이다. 유월절 어린양의 피가 발라져있는 장소는 죽음의 재앙이 지나가는 곳이다. 예슈아께서 나를 위하여 생명을 버리시고 흘려주신 보혈 안에서 살아가는 자들에게 환경구원을 이루어주신다. 환경구원은 범사가 잘되는 복이다(눅 8:12-15, 요삼 1:2). 이 세상에는 수많은 문들이 있다. 그 문들을 하나씩 통과 하면서 믿음도 자라나고 성장한다.

2) 나의 영역에 빠라크 능력의 본질이 주께서 계속해서 그것이 많이 일어나도록 해주세요.

'나의 영역에 본질(빠라크 능력)이 주께서 많이 그것이 일어나도록'

אֵת (853 에트 사전적 의미-번역 불가능한 불변사, 본질, 실체, 진수, 이적의 표적)

אֵת־ 대격표시

רָבָה (7235 라바흐 사전적 의미-주(당신)께서 많게, 당신이 크게, 당신이 증가하도록)

וְהִרְבֵּיתָ 와우 계속법 - 히필 완료 2인 남성 단수

라바흐 간략해설

마음에 만왕의 왕이신 예슈아를 잉태하고 의식하며 사랑하는 자, 기도하는 자에게 호흡하며 실존하는 동안에 이적의 표적들이 자기의 영역(지역)에 많이, 크게 증가하도록 엘로힘 당신께서 그것이 계속 일어나게 해달라는 간청이다.

גְּבוּל (1366 께불 사전적 의미-나의 경계, 나의 영역, 나의 지역, 지경(地境)등)

גְּבוּלִי 명사 남성 단수 - 1인 공성 단수

הָיָה (1961 하야 사전적 의미-그것이 ~이 일어나다, 그것이 ~이 되다)

וְהָיְתָה 와우 계속법 - 칼 완료 3인 여성 단수

3) 에하흐 능력의 손으로부터 되어지도록 나와 함께해 주세요.

'주의 손이 나와 함께(임마디) 해주시고'

יָד (3027 야드 사전적 의미-당신의 손, 주의 손)

יָדְךָ 명사 여성 단수 - 2인 남성 단수

עִם (5973 임 사전적 의미-나와 함께)

עִמִּי (이미이)전치사 - 1인 공성 단수

야드 & 임 간략해설

성도들이 살아가는데 가로막고 있는 문들이 있다. 이 문들 앞에서 성도들이라면 전지전능하신 루하 엘로힘께 기도를 하게 된다. 성도들의 모든 기도의 응답은 에하흐 능력의 손이 되어지게 해주셔야 한다. 성도의 뜻대로 되어지거나 이루어지는 것이 아니다. 엘로힘께서 함께 하셔서 이루어지게 해주셔야 한다. 그러므로 야으뻬츠가 엘로힘께서 나와 함께 (임마디) 해달라고 간절히 요청하고 있다(창 12:2-3,14-20, 창 21:22, 창 26:24-28, 창 28:15, 창 39:1-6, 수 1:7-9).

4) 나의 감정이 상하는 것과 악한 것을 행하지 않게 해주세요.

'주께서 나의 감정이 상하는 것과 악한 것을 행하지 않도록'

עָשָׂה (6213 아사 사전적 의미-일하다, 행하다, 만들다, 형성하다, 이루다)

וְעָשִׂיתָ 와우 계속법 - 칼 완료 2인 남성 단수

רַע (7451 라아 사전적 의미-나쁜, 악한, 악, 악한 것)

מֵרָעָה 전치사 - 명사 여성 단수

라아 간략해설

악은 곧 솨탄 세드의 본질이요 실체이다. 악은 곧 죄이다. 죄와 악은 솨탄과 하나이다. 악한 행위에 대하여 루하 엘로힘께서 반드시 심판하신다. 그러므로 악 πονηρός(4190, 포네로스 - 나쁜 상태에 있는, 병든, 나쁜, 악한, 사악한, 형용사 포네로스 이브리어 역어는 라아이다)은 모양이라도 버리라고 하셨다(살전 5:22, 고전 10:31).

בְּלְתִּי (1115 벨티 사전적 의미 - 아니, 없이, 않도록, ~을 제외하고)

לְבִלְתִּי 전치사 - 부사(부정어)

עָצַב (6087 아차브 사전적 의미 - 내가 몹시 슬퍼하다, 내 마음이나 가슴아파하다, 나의 감정이 상하게 하다, 시147:3, 잠18:14)

עָצְבִּי 칼 부정사 연계 - 1인 공성 단수

아차브 간략해설

야으뻬츠는 눈(육에 속한 것)에 보여지는 일들로 인하여 마음(감정)이 상하지 않게 해달라고 기도하였다. 야으뻬츠는 자기 마음의 감정을 다스리지 못한다는 것이다. 야으뻬츠가 감정이 상하는 이유 ① 솨탄의 거짓 미혹의 충동 때문이다. ② 눈에 보이는 환경에 치우치기 때문이다. ③ 엘로힘의 빠라크 능력이 없기 때문이다. 오직 엘로힘의 빠라크 능력이 임하면 솨탄의 거짓 미혹의 충동과 환경을 모두 이긴다. 야으뻬츠는 이것을 알기에 빠라크 능력의 본질을 구하였다.

아래 말씀들을 보라.

- **개역개정**

'상심한 자들을 고치시며 그들의 상처를 싸매시는도다.'(테힐림(시) 147:3)

- **직역**

그가 고치신다. 깨어진 자들 마음이 감싸주신다. 그들의 죽음의 상처들을

- **원어 직역 문장정리**

'마음(레브)이 깨어진(파괴된 자들, 파멸된 자들)자들을 그가 고치신다(라파). 그들의
죽음의 상처들을 감싸주신다.'

- **개역개정**

'사람의 심령이 그 질병의 그것을 감당하지만 심령이 상처를 받으면 누가 그
의 그것을 취하여 가겠느냐'(마쌀레이(잠) 18:14).

- **원어 직역 문장정리**

사람의 영이 그 질병의 그것을 감당하지만 영이 상처를 받으면 누가 그의 그
것을 취하여 가겠느냐.

- **개역개정**

'마음이 굽은 자는 복을 얻지 못하고 혀가 패역한 자는 재앙에 빠지느니라.'(마
쌀테이(잠) 17:20).

- 원어 직역 문장정리

  마음이 구부러지고 비틀어진 자는 토브의 그것을 얻지 못한다. 혀가 악하여 뒤 집어 엎는 자는 그것에 엎드러지며(잠 11:20, 잠 18:20-21, 잠 28:6).

- 개역개정

  '마음의 즐거움은 양약이라도 심령의 근심은 **뼈를** 마르게 하느니라.'(마쌀레이(잠) 17:22).

- 원어 직역 문장정리

  마음(레브 – 속사람, 마음, 정신, 의지)이 즐거운 자는 그것이 치료에 좋으며 영(루하)이 괴로워하면(나케 – 맞은, 상처 받은, 괴로워하는) 이것이 **뼈를** 마르게 하며,

---

- 개역개정

  '모든 지킬 만한 것 중에 더욱 네 마음을 지키라 생명의 근원이 이에서 남이니라.'(마쌀레이(잠) 4:23).

- 원어 직역 문장정리

  모든 지키는 것에서 네 마음을 지키라 왜냐하면 그것으로부터 생존하는 자들의 근원들이다.

사람이 마음을 지키려면 입을 지켜야 한다. 마음에 들어온 생각은 공중에 날아다니는 새와 같은 것이다. 공중에 나는 새가 사람 머리에 앉아 새집을

짓는 것은 그 사람이 허락과 거부에 달렸다. 생각이 머물면 그 생각이 마음에 저장되고 저장된 생각을 말하게 되고 이 말이 그 사람의 인생을 살리기도(행복) 하고 죽음(멸망)에 이르게도 한다(잠 18:20-21).

- **개역개정**

  '20 사람은 입에서 나오는 열매로 말미암아 배부르게 되나니 곧 그의 입술에서 나는 것으로 말미암아 만족하게 되느니라. 21 죽고 사는 것이 혀의 힘에 달렸나니 혀를 쓰기 좋아하는 자는 혀의 열매를 먹으리라.'(마쌀레이(잠) 18:20-21).

- **원어 직역 문장정리**

  20 사람은 입의 열매로 그의 몸이 이것으로 만족하게 되며 입에서 나오는 이 말들의 그것으로 만족하게 되며 21 죽는 자와 생존하는 자들은 혀의 이것을 좋아하는 자들이다. 손으로 이 열매의 그것을 먹으며,

5) 엘로힘께서 빠라크 능력이 계속 들어오게 해주세요~간청하고 구하였다.

'엘로힘께서 그 본질(빠라크 능력, 엘로힘)이라 하는 그것이 계속 들어오기를 구하였다.'

בּוֹא (935 뽀 사전적 의미 - 그것이 계속 들어오기를)

וַיָּבֵא 와우 계속법 - 히필 미완 3인 남성 단수

אֱלֹהִים (430 엘로힘 사전적 의미 - 모든 것들의 만능들이심)

אֱלֹהִים 명사 남성 복수

אֵת (853 에트 사전적 의미 - 번역 불가능한 불변사, 본질, 실체, 진수, 이적의 표적)

אֵת 대격표시

אֲשֶׁר (834 아세르 사전적 의미 - ~하는 자, ~하는 것)

אֲשֶׁר־ 관계대명사

שָׁאַל (7592 쇼알 사전적 의미 - 묻다, 구하다, 요구하다, 간청하다)

שָׁאַל: 칼 완료 3인 남성 단수

기도로 에하흐 엘로힘께 여쭙는 자에게 알려주신다(삼상 23:2-5,11-12, 삼상 30:8, 삼하 2:1, 삼하 5:19,23, 암 3:7-8, 요 14:13-14).

아모쓰(암) 3:7-8절 직역 문장정리를 보라.

- **원어 직역 문장정리**

'7 나의 주 에하흐 그가 덮개를 벗기셔서 그의 종들에게는 은밀히 말씀하신다. 그의 선지자들에게 말씀 없이 그가 확실하게 행하지 않는다. 8 사자 그것이 으르렁거린다. 누가 그것에게 두려워하지 않겠느냐. 나의 주들 에하흐께서 말씀하셨다. 누가 그것을 예언하지 않겠느냐.'(아모쓰(암) 3:7-8).

쇼알 간략해설

성도들은 영이신 만능의 엘로힘을 자기인생의 목자로 믿는 자는 자기의 모든 일들을 묻기도 하며 구하며 간청한다. 인생의 모든 일은 엘로힘의 만능의 능력들이 나의 영역에 들어올 때 해결된다(빌 4:13, 막 9:23,29). 혹 질병을 앓는 사람에게 엘로힘의 만능이 임하면, 그에게 들어가면 이적의 표적으로 치료가 일어난다(마 9:2, 막 11:24, 막 16:17-18, 약 5:13-16).

결론

성도들이 다양한 기도들을 한다. 본문의 야으뻬츠의 기도도 그 중에 하나이다. 본문의 기도 내용을 5가지로 전하였다. 이브리어 단어별 해설로 그 의미를 새롭게 해설 하였다. 빠라크 능력의 능력이 평생 부여되어 누려지기를 빠라크 하노라!

아쇼르 אֲשֶׁר 의 복

행복들이 무엇인지를 알고 그 행복들을 누리자.

아쇼르 합성어, 사전적 의미, 상형문자 의미, 간략해설

אֲשֶׁר (833, 아쇼르 사전적 종합의미 - (기본 동사) - 똑바로 가다, 나아가다, 계속하다, 성공하다, 형통하다, 향상하다, 축복하다, 복되다, 16회, (관계대명사, 종속접속사) - ~하는 자, ~하는 것, 이는, 위하여, 인하여, ~하는 곳, ~면, 그러면, 비록 ~이란, 약 5,500회, (명남) - 행복, 복, 지복, 45회, (명남, 인명) - 행복한 자, (명남) - 나의 기쁨, 나의 행복, 1회, (명여) - 걸음, 보행, 9회, (명여) - 회양목, 1회이다. 아쇼르 기본 동사를 7개로 분류함)

● **아쇼르 합성어**

알레프 + 쇤 + 레소이다.

● **상형문자 의미**

알레프 – 소, 힘, 희생, 가르치다, 배움이다.

쇤 – 이빨, 되새김질, 형상, 모양, 올바름이다.

레소 – 머리, 왕, 잉태, 의식, 사랑이다.

모든 사람들이 행복을 추구하고 행복하려고 합니다. 예슈아 크리스토스를 믿는 자들은 더욱 더 행복해야 합니다. 그 이유는 루하 엘로힘 아버지께서 당신의 자녀들이 행복하기를 원하시기 때문입니다. 오늘 말씀을 영으로 잘 받으면 행복이 무엇인지 어떻게 해야 행복한 것인지를 깨달아지게 될 것이다.

이브리어 행복의 의미는 만능들이신 엘로힘을 믿는 자이다. 만능들이신 엘로힘을 믿는 자들은 능력이신 엘로힘의 말씀을 반복해서 되새김질을 합니다. 되새김질을 하는 자는 그 능력의 말씀으로 인하여 옳고 그름을 분별하여 옳음을 선택하여 올바른 길을 간다. 말씀위에 서서 똑바로 가는 자가 행복한 자이다, 말씀을 따라 나아가는 자가 행복한 자이다, 계속하는 자가 행복한 자이다, 성공하는 자가 행복한 자이다, 모든 일에 형통한 자가 행복한 자이다, 성장하는 자가 행복한 자이다. 회양목처럼 믿음이 단단한 사람이 행복한 사람이다. 이런 사람이 아쇼르의 행복한 사람이다.

올바른 길을 가는 자는 머리 ἄρχων(758, 아르콘 사전적 의미 - 통치자, 군주, 아르콘 이브리어 역어는 로소 שׁאר(7218, 로쉬- 머리, 끝대기, 우두머리, 처음, 시작, 권세와 능력이 있는 자, 지도자이다)이신 예슈아를 마음에 잉태하여 품고 사랑한다(계 1:5-6). 예슈아 크리스토스를 사랑한다는 말씀은 자기의 생각과 계획을 내려놓고 예슈아 크리스토스의 생각과 이끄심을 받아들이고 예하여 순종하는 것이다.

이 사람이 행복한 사람이다. 예슈아 크리스토스는 행복한 길로만 인도하신다.

'5 또 충성된 증인으로 죽은 자들 가운데에서 먼저 나시고 땅의 임금(바실류스 - 왕)들의 머리(아르콘 - 통치자)가 되신 예수 그리스도로 말미암아 은혜(카리스 - 복리, 은혜, 호의)와 평강(에이레네 - 평안, 복지, 번영)이 너희에게 있기를 원하노라 ① 우리를 사랑하사 그의 피로 우리 죄(하마르티아 - 원죄)에서 우리를 해방하시고 6 그의 아버지 전능자를 위하여 ② 우리를 나라(바실레이아 - 왕국)와 ③ 히에류스 - 코헨(히에류스 - 존귀한 자, 주요공직자, 우두머리, 통치자)으로 삼으신(포이에오 - 만들다, 창조하다, 행하다)그에게 영광과 능력이 세세토록 있기를 원하노라 아멘'이라고 하였다.

아포칼시스요안네스(계) 1:5-6절을 요약정리

① 원죄에서 우리를 해방하셨다(롬8:1-2).

왕들의 통치자이신 예슈아께서 우리를 사랑하셔서 십자가에서 피 흘려 죽으심으로 우리를 유황 불지옥에 들어갈 하마르티아(원죄)에서 우리를 해방하시고 죄 사함과 영생구원을 주셨다.

② 우리를 왕국을 삼으셨다(눅17:20-21).

그렇다. 전능자의 왕국은 죽어서 가는 먼 이야기가 아니라. 마음에서 누리는 왕국이다. 예슈아 크리스토스를 마음에 영접하므로 시작되는 왕국이다(요 14:17, 20, 요 17:21-23, 이 말씀들은 많은 설명이 필요하다).

③ 히에류스 - 코헨의 존귀한 자, 주요공직자, 우두머리 통치자로 삼으셨다(벧전 2:9).

성도들을 만인 히에류스 - 코헨과 통치자로 재창조(포이에오)하셨다. 재창조란 예슈아를 구주로 믿게 하여 거듭나게 하였다는 말씀이다. '포이에오'는 베레쇠트(창) 1:26-28절의 회복하셨다는 선언이다.

이 엄청난 복을 받은 우리 성도들은 예슈아께 영원토록 영광과 권능을 올려드리기 위하여 아멘의 삶이 살아져야 한다. 이런 것들이 우리 성도들의 행복이다.

아쇄르 행복들과 관련된 말씀들을 중심으로 17가지 주제별 해설로 진리의 복을 나누고자 한다.

1) 이스라엘이 된 자가 누리는 행복이다.

· 개역개정

'이스라엘이여 너는 행복한(아쇄르)사람이로다 여호와(에하흐)의 구원을 너 같이 얻은 백성이 누구냐 그는 너를 돕는 방패시요 네 영광의 칼이시로다 네 대적이 네게 복종하리니 네가 그들의 높은 곳을 밟으리로다.'(다바림(신) 33:29).

· 원어 직역 문장정리

이스라엘아! 너의 행복한 자들이(아쇄르) 누구냐? 에하흐 그가 너와 같은 민족을 구원(야솨)하였다. 너의 도움(에제르)이시다. 방패(마겐)이시다. 너를 위하는 칼이시다. 너의 위엄이시다. 너의 원수들 그들이 실패하며 네가 위에서 그들의 높은 곳들을 네가 밟아 버리며,

יִשְׂרָאֵל (3478, 이스라엘(엘로 힘을 얻어 강하게 된 자)은 엘(אֵל 410 : 힘, 강함, 능력)과 쇼라(שָׂרָה 8280 : 인명. 다투다)의 합성어이다.

● 이스라엘 합성어

요드 + 쇤 + 레소 + 알레프 + 라메드이다.

● 상형문자 의미

요드 – 쥔 손, 능력, 하게함, 되게 함이다. 에하흐 쥔 손의 능력으로 그 무엇을 되게 하시는 능력을 믿고 의지하는 자이다.

쇤 – 이빨, 되새김질, 형상, 모양, 올바름이다. 영이신 루하 형상과 모양을 가진 사람은 하나님의 말씀을 되새김질하여 올바른 길을 가는 자이다.

레소 – 머리, 왕, 통치자, 지배자, 잉태이다. 엑클레시아(성도)의 머리와 땅의 왕 들의 통자이신 예슈아를 마음에 잉태(영접)하여 의식하며 사랑하고 섬 기는 자이다.

알레프 – 소, 힘, 희생, 배움이다. 알레프는 바브와 요드 두 개로 되어있는 합성 어이다. 바브는 연결하는 사람 예슈아를 상징한다. 요드는 손을 상징한 다. 예슈아께서 십자가에 못 박히신 손으로 영이신 아버지와 사람을 연 결한다는 것을 배우는 자가 되라는 것이다. 이 외에의 의미들도 알레프 속에 담겨있다.

라메드 – 목자, 막대기, 가르치다, 익힘이다. 영혼의 목자이신 에하흐(예슈아)께 서 양들을 가르치신다. 푸른 풀 쉴만한 물가로 인도하신다. 막대기는 구조와 보호를 한다. 말썽을 부리는 양들을 징계하는 막대기로 쓰이기도 한다.

이스라엘 인명은 베레쉬트(창) 32:28절 처음 나온다. 야아코프(야곱)가 어떤 사람과 씨름할 때 얻은 이름이다. 그러나 야아코프는 어떤 사람을 엘로힘이라고 하였다(창32:30). 야아코프가 이스라엘이라는 개명을 베레쉬트(창) 32:28절에서 받았지만 에하흐 엘로힘께서는 여전히 야아코프라고 하였다(창 45:28, 창 46:1-2,30, 창 48:2, 창 49:2). 야아코프가 죽은 이후부터 출애굽기 1장 1,7절부터 이스라엘 아들들로 불러지기 시작하였다. 엘로힘께서 공식적으로 이스라엘이라고 명하기 시작하다가 국명으로 사용되었다(출 2:23-25).

• **개역개정**

'23 여러 해 후에 애굽 왕은 죽었고 이스라엘 자손(벤, 명사 남성 복수 연계 – 아들들)은 고된 노동으로 말미암아 탄식하며 부르짖으니 그 고된 노동으로 말미암아 부르짖는 소리가 하나님(엘로힘)께 상달된지라 24 하나님(엘로힘)이 그들의 고통 소리를 들으시고 하나님(엘로힘)이 아브라함과 이삭(이츠하크)과 야곱(야아코프)에게 세운(에트 – ~와 함께) 그의 언약(베리트 – 언약, 계약)을 기억(자카르 – 기억, 생각)하사 (고이 – 국가, 민족을 세우신다고 언약하심 – 창12:2, 창 26:3-4, 창28:13-14, 창46:3) 25 하나님(엘로힘)이 이스라엘 자손(벤, 명사 남성 복수 연계 – 아들들)을 돌보셨고 하나님(엘로힘)이 그들을 기억(야다 – 고된 노동과 신음가운데서 하나님(엘로힘)의 언약의 말씀을 되새김질하며 부르짖음에 대하여 알았다고 답하셨다는 의미이다)하셨더라'고 하였다(쉬모트(출) 2:23-25).

יִשְׂרָאֵל (3478, 이스라엘 사전적 종합의미 - 엘로 힘을 얻어 강하게 된 자이다, 엘이 싸우신다, ~강하게 하신다, ~ 세우신다, ~통치하신다, ~이루신다, ~힘을 가지게 하신다, 이스라엘 Israel. 인명, 국명, 68회)이다. 엘은 '명사 남성단수'로 약240회 나온다. 의미는 강한 자, 힘, 능력 등이다. 엘로힘은 명사 남성복수로 2,600회 나온다. 의미는 모든 것들의 힘들, 강함들, 만능들, 권능들 등이다.

엘로 인하여 힘을 얻어 강하게 되게 해주신다.

엘께서 통치권을 부여해 주신다,

엘께서 얽매어 있는 것으로부터 풀어주신다

엘께서 죄와 쏴탄, 셰드(마귀)로부터 해방시켜 주신다.

엘께서 친히 앞장서서 원수와 적과 싸워주신다. 다투어 주신다.

엘께서 유명한 자가 되게 해주신다. (노아흐, 아브라함, 야아코프가 이스라엘이 됨, 모세, 요셉 - 미츠라임의 총리, 모르드개 아하수에로 정부의 총리, 다니엘, 사드락, 메삭, 아벳느고, 다윗, 다말(타마르 - 종려나무, 기둥, 장식), **라합**(라하브 - 풍부한, 넓은), **에 스더**(에스테르 - 별, 하다싸흐 - 도금향, 에2:7) 등등)

엘께서 팔찌와 진주와 보석처럼 존귀한 자로 세워주신다.

엘께서 담과 벽이 되어주신다.

힘이신 엘께서는 당신의 자녀들이 이스라엘의 복을 받아 누리기를 원하신다. 이스라엘이 되면 만사형통이다.

그렇다면 어떻게 해야 만능이신 엘로힘으로부터 강하게 되는 자가 될까요. 이스라엘의 복을 받아 누리게 될까요. 힘이신 예슈아의 희생이 믿어질 때 주어진다. 예슈아 크리스토스(이에수스 크리스토스, 예슈아 마쉬하, 예수스 크리스토스)로 머리를 삼고 자기의 생명으로 마음에 잉태(영접)하여 의식하고 사랑하며 살아야 한다. 예슈아의 인도하심을 따라가야 한다. 에하흐 능력의 쥔 손에 붙잡혀 있는 자가 되어야 한다. 에하흐 쥔 손의 하게하시는 능력에 붙잡혀 있으려면 끊임없이 엘로힘의 말씀이 생명과 능력이 되도록 되새김질하며 올바른 길을 가는 자라야 한다(창 6:9-22, 창 7:1-5, 창 12:1-4, 창 22:1-18, 출 20:1-17, 신 6:1-18, 신 30:8-20, 시 1:1-2, 요 15:4-5, 마 7:16-27 등등).

에하흐의 하게 하시는 쥔 손의 능력을 사모한다. 영이신 아버지의 형상과 모양기 이루어지기를 사모하는 마음을 가진다. 힘이신 엘의 이끌림을 받으며 배우고 익혀서 징계를 받지 않고 살아지는 자들이 올바르고 곧은 평탄한 길을 선택한다. 이런 자들에게 루하 엘로힘, 에하흐 엘로힘께서 힘과 능력을 주셔서 강한 자가 되게 하신다.

엘께서 그를 통치하시고 엘께서 친히 그의 적들과 싸워 주시고 엘 그가 힘을 가지게 하신다. 엘께서 그를 세워주신다. 그러므로 유명한 자가 되고 진주와 보석처럼 존귀한 자가 된다.

이스라엘의 복은 되어지는 복이다. 이스라엘 복을 주시려고 성도로 부르셨다. 그러므로 이스라엘이 되어지지 않으면 제아무리 세상에서 권력이 있고 명예 영광이 화려하다 할지라도 실상은 아무것도 아니다. 이스라엘이 되지 않으면 불쌍한 자이다.

① 엘께서 다투다. 힘이신 엘께서 이스라엘(야아코브)을 대신하여 다퉈주시고 싸워주신다는 뜻이다. 엘께서 '에사브'(에서)와 싸워주셨기 때문에 야아코브(야곱)가 싸울 필요가 없었다(창 33:1-4). 엘께서 이미 에사브(에서)를 다 이겨놓았기 때문이다. '에사브'와 '야아코브'가 만나자마자 목을 끌어안고 울었다(창 33:4).

② 엘로 인하여 힘을 가지다. ~능력을 가지다. 야아코브가 이스라엘이 되었으므로 과거에도 야아코브의 힘과 능력을 주셨지만 이제부터는 더 적극적으로 힘이신 엘께서 이스라엘에게 빠라크 능력의 복을 주셨다. 야아코프는 엘의 힘을 가지게 되었다(창33:1-4).

③ 엘께서 풀어준다는 것이다. 라반 삼촌에게 20년을 얽매어 살던 생활에서 풀어주셨다. 그래서 아버지 집, 고향으로 돌아가게 되었다(창 31:1-55). 엘께서 풀어주지 않으면 쇄탄에게 묶여 산다(눅 11:24-26, 눅 13:11-16, 요 13:3,27, 행 5:3, 갈 1:4, 엡 2:2-3, 엡 6:12, 딤후 2:26, 딤후 4:10, 벧전 4:3, 요일 2:16, 요일 3:8, 요일 5:18-21). 엘의 능력을 믿고 쇄탄을 대적해야 풀려난다(약 4:7, 벧전 5:8-9).

④ 엘께서 해방시켜주신다는 것이다. 이 해방은 형 '에사브'(에서)'로부터의 해방이다. 에사브(에서)는 동생 야아코브에게 장자 권과 축복 권까지 빼앗기자 에사브는 야아코브를 죽이겠다고 칼을 갈고 있었다(창 27:41). 에사브는

야아코브가 고향에 도착하기 전에 죽이려고 400명의 칼잡이들과 함께 오고 있었다(창 32:6). 그러나 야아코브를 만난 에사브는 동생 야아코브를 끌어안고 울음을 터뜨렸다. 에사브는 야아코프에게 자청하여 보디가드(bodigadeu)가 되어 주겠다고 하였다. 20년 동안 눌려 살던 야아코프의 문제를 단번에 해방을 주셨다(창 32:1-8, 창 33:4,15-16, 롬 6:18,22, 롬 8:1-2, 갈 5:1).

⑤ 엘께서 죄와 환경에서 구원해 주신다는 언약과 약속을 하셨고 그것을 지키셨다(창 28:10-15, 창 32:28, 창 33:1-4). 야아코브가 이스라엘이라는 이름을 받고 난후에 행동을 보라. 마치 예슈아의 제자들이 오순절 성령 충만을 받기 전과 받은 후에 생각과 생활이 완전히 바꿔버린 것은 행동을 하는 것에서 더욱 분명해진다. 도망갈 준비를 하던 야아코브 였다(창 32:3-23). 그런데 어떤 사람(창 32:24-27), 엘로힘(창32:28,30)과 씨름에서 이스라엘이란 이름을 얻고 야아코브는 에사브(에서)와 정면으로 만나기 위해 맨 뒤에서 도망치려던 자가 맨 앞으로 나섰다(창세기 33:1-4). 이것이 옛 사람 야아코브를 이긴 것이요 자기 자신을 이긴 것이다. 자신감과 희생정신이 앞서게 되었다. 그리고 엘로힘께서 에사브(에서)와 싸워 이겨놓았다는 확실한 증거이다(창 33:4).

⑥ 사라의 사전적 의미는 '왕후, 왕비, 여지배자, 귀부인'이다. 이스라엘이 된 야아코브를 엘께서 높여주시겠다는 것이다. 그의 이름이 유대인의 국호가 되었다.

현재 이스라엘 백성은 약 일천만(전 세계 흩어져 있는 사람을 포함 약일천오백만)밖에 되지 않지만 미국과 세계메이저를 좌지우지하고 있으며 아랍권들(약10억명, 2023년 아랍연맹에 가입된 22개 국가 총인구수는 약3억5천만)이 이스라엘(2023년

약 980만 명)을 이기지 못하고 있다(창 12:2-3, 창 18:18). 베레쉬트(창) 12:2-3절은 예슈아를 믿는 모든 사람들에게 동일한 언약의 말씀이다(갈 3:6-9,14,16-22,28, 골 3:11).

⑦ 엘께서 벽과 담으로 이스라엘을 보호하시며 지켜주시겠다는 것이다. 이 약속은 아브라함, 이츠하크, 야아코프와 성도들에게까지 이어지는 언약의 성취이다(창 12:10-20, 창 14:1-16, 창 15:1, 창 26:6-11,24-31, 창 27:41-42, 창 28:15, 창 31:29,41-42, 에 3:1~4:17, 에 6:1-13, 에 7:3-10, 단 3:11-30, 단 6:1-24, 요 10:28-30, 삼상 2:9, 시 37:28, 시 125:2, 잠 24:16, 막 13:20, 눅 22:31-32, 요 6:39-40, 요 17:11-12, 롬 8:35-39, 골 3:3, 딤후 1:12, 벧전 1:5, 요일 5:18).

⑧ 엘께서 야아코프를 팔찌와 진주와 보석처럼 존귀한 자, 빠라크 능력의 복이 계속 일어나는 자가 되게 하셨다(창 12:2, 창 18:18, 창 22:17, 창 24:35, 창 26:4, 창 27:29, 창 28:4, 창 28:14, 창 35:11).

야아코프야! 지금까지는 너의 계획과 수단과 방법으로 살았다. 이제부터는 나 엘로 너의 인생의 힘과 능력을 삼고 살아라. 그러면 너와 싸우고자 하는 자와 나 엘이 대신 싸워주고 너와 다투고자 하는 자와 너를 대신하여 나 엘이 다퉈주시겠다는 엄청난 이스라엘의 이름을 주셨다. 그래서 에사브 마음의 변화가 단번에 이루어졌다. 엘께서 에사브와 싸워서 그의 마음을 변화시켜 놓았다는 명백한 증거이다.

모든 성도들은 다 이스라엘로 개명 된 자들이다. 필자의 체험담을 말하면 루하 엘로힘께 도와 달라는 기도만 하였는데, 피할 길을 달라고 기도만 하였는데 루하 엘로힘께서 필자를 대신하여 싸워 이겨주시고 다퉈주시며 보호해 주셨다는 간증들이 있다. 진실하게 마음을 다 기울여서 기도하고 루하 엘로힘만 사모하여 바라보고 기다린 사람에게 반드시 응답하신다. 누구나 똑같은 체험을 하게 되리라고 믿는다. 야아코프는 에사브 형이 다혈질이라는 것을 잘 알고 있었다. 그러므로 야아코프에게 필요한 것은 재산도 아내들과 자식이 아니라 에사브를 이길 수 있는 힘과 용기와 능력이었다. 야아코프는 오직 엘로힘의 빠라크 능력을 구하며 끝까지 매달렸던 것이다(창 32:26). 루하 엘로힘, 에하흐 엘로힘, 예슈아 크리스토스(이에수스 크리스토스, 예슈아 마쇠아흐, 예수 그리스도)는 어제나 오늘이나 영원토록 동일하신 분이시기 때문이다(히 13:8).

이스라엘 간략해설은 '엘로부터 힘을 얻어 강하게 된 자, 엘이 통치하신다, 엘이 투쟁하신다, 엘이 싸우신다, 엘이 다투다, 엘로부터 힘을 가지다'이다.

그런데 베레쇠트(창) 32:28절에서 '이스라엘이라 부를 것이니 이는 네가 하나님과 및 사람들과 겨루어 이겼음이니라'고 한 것은 아주 잘못된 오역(誤譯)이다.

어떻게 이긴 자가 진자에게 빠라크 복을 달라고 구하겠는가? 진자는 이긴 자의 종이라고 하였다(벧후 2:19). 싸움에서 이긴 자가 싸움에서 패배한 종에게 빠라크 능력의 복을 구한다는 것은 맞지 않다. 야아코프는 애걸하면서 빠라크 능력의 복을 구하였다(26절). 그럼에도 성서공회는 이 구절을 지금까지도 올바른 번역을 하지 않고 있다. 데오스의 영으로 기록된 원어(딤후3:16-17, 벧후1:20-21)를 번역할 때 사전적 의미대로만 하면 이런 악한 번역이 절대 나오지 않는다. 성경번역을 잘못하면 무서운 형벌을 받는다(고후 4:3-4, 벧후 1:19, 계 22:18-19,12, 신 4:2, 신 12:32, 잠 30:6).

◆ **이브리어 원어, 사전적 의미, 직역, 원어 직역 문장정리**

אָמַר (559 아마르 – 그가 말씀하시기를) וַיֹּאמֶר **와우 계속법 – 칼 미완 3인 남성 단수**

לֹא (3808 로 – 아니, 아니다) לֹא **부사(부정어)**

יַעֲקֹב (3290 야아코브 – 야곱) יַעֲקֹב **고유명사**

אָמַר (559 아마르 – 그가 말씀하시기를) יֵאָמֵר **니팔 미완 3인 남성 단수**

עוֹד (5750 오드 – 연속, 계속, 순회, 여전히, 아직, 다시, 그 외에) עוֹד **부사**

שֵׁם (8034 – 네 이름) שִׁמְךָ **명사 남성 단수 – 2인 남성 단수**

כִּי (3588 키 – 마치~처럼, 왜냐하면) כִּי **접속사**

אִם (518 임 – 어머니, 만일 ~이면, ~인지 아닌지, ~일 때, ~이므로) ־אִם 접속사

יִשְׂרָאֵל (3478 이스라엘 – 엘로 힘을 얻어 강하게 된 자) יִשְׂרָאֵל 고유명사

כִּי (3588 키 – 그러나, 확실히) ־כִּי 접속사

שָׂרָה (8280 사라 – 네가 다투다, 네가 힘을 가졌다, 네가 능력을 가졌다) שָׂרִיתָ 칼
완료 2인 남성 단수

עִם (5973 임 – ~와 함께, 곁에, 가운데, 말미암아) ־עִם 전치사

אֱלֹהִים (430 엘로힘 – 모든 것들의 만능들, 강함들, 힘들 권능들 등등) אֱלֹהִים 명
사 남성 복수

עִם (5973 임 – ~와 함께, 곁에, 가운데, 말미암아) ־וְעִם 접속사 – 전치사

אֱנוֹשׁ (582 에노쉬 – 인간들, 인류들, 사람들) אֲנָשִׁים 명사남성 복수

יָכֹל (3201 야콜 – 네가~할 수 있다, 네가 우세하다, 네가 이기다, 네가 정복하다)
וַתּוּכָל׃ 와우 계속법 – 칼 미완 2인 남성 단수

• 직역

그가 말씀하시기를 아니다 야아코브 그가 말씀하시기를 다시는 네 이름 때문
에 왜냐하면 이스라엘 우세(優勢 – 상대편보다 넉넉한 힘과 세력으로 이김)하게 네가 힘
과 능력을 가졌다 말미암아 엘로힘 ~와 함께 자들을 네가 이기며,

• 원어 직역 문장정리

그가 말씀하시기를 네 이름을 다시는 야아코프가 아니다. 이스라엘이다 그가
말씀하시기를 왜냐하면 엘로힘으로 말미암아 네가 힘과 능력을 가졌다. 그리
고 너와 함께하는 자들을 우세하게 이긴다(베레쉬트(창) 32:28).

성경번역자는 원어사전에 충실해야 한다.

야아코프가 이스라엘로 개명된 후에 나타난 현상을 보라. 아아코프을 죽이려고 20년 동안(창 31:41) 칼을 갈던 '에사브(에서)'가 긍휼의 마음으로 바뀐다. 엘로힘께서 '에사브(에서)'와 투쟁하셔서 승리를 거두셨다는 증거이다. 엘로힘께서 만능들과 권세들로 '에사브(에서)'를 이기신 것이다. 야아코프을 대신하여 싸우셨다는 증거가 나타난 것이다 에사브의 야생적인 마음이 부드러워졌다. 동생을 보자마자 입을 맞추고 목을 안고 울었다고 하였다(창 33:1-4).

엘로힘 말라크(사자, 예슈아) 빠라크의 힘들과 만능들이 임하자. 야아코프가 변화 받아 비겁자, 찬탈자, 도망자인 자신과 싸워 이기는 자가 되었다. 이스라엘로 거듭났다. 엘로힘의 힘들과 강함들이 입혀져서 할 수 있는 자가 되었다. 정복자가 되었다(호12:3-5).

호세아 12:5절에 '에하흐는 이 전쟁을 하는 여자들의 엘로힘이시라'는 원어는 '바이하흐 엘로힘 하차바오트'이다.

원어 직역 문장정리는 '에하흐는 이 전쟁을 하는 여자들의 엘로힘'이다. 에하흐 엘로힘께서는 항상 영적전쟁에서 승리하기를 원하는 성도들의 편이라는 말씀이다. 야아코프는 엘로힘께 매달려 기도하므로 빠라크 능력의 복과 이스라엘 이름으로 개명 받았다. 이 결과로 자신을 이기고 환경을 이기고 에사브를 이기는 승리자가 되었다. 야아코프가 엘로힘께 구한 것은 빠라크 능력이었다. 엘로힘은 그의 이름을 이스라엘로 개명해 주셨다. 엘로힘께서 구하는 것만 주시는 것이 아니라 그 이상의 것을 더하여 주신다.

개명의 의미는 야아코프로 살지 말고 이스라엘로 살라는 것이다. 우리 성도들이 자기의 실력으로 살려고 하지 말고 오직 루하 엘로힘을 의지 하고 살아가기를 원한다.

2) 엘로힘께 징계 받는 자가 행복한 자들이다 (욥 5:17, 히 12:6-11, 시 73:14).

• **개역개정**

'볼지어다 하나님(엘로힘)께 징계 받는 자에게는 복이 있나니 그런즉 너는 전능자의 징계를 업신여기지 말지니라.'(이요브(욥) 5:17)

• **원어 직역 문장정리**

보라. 엘로힘 그가 그것을 꾸짖어 징계하는 사람은 행복한 자들이다. 너는 전능자의 훈계와 교훈을 거절하거나 멸시하는 것이 아니다.'

야카흐 합성어, 사전적 의미, 상형 문자의미, 간략해설

יָכַח (3198, 야카흐, 사전적 의미 - 결정하다, 판단하다, 심판하다, 입증하다, 꾸짖다, 징계하다)이다.

● 야카흐 합성어

요드 + 카프 + 헤트이다.

야카흐 간략해설

어떤 사람을 꾸짖어 징계하시는 것을 결정하여 심판하시는가? 당신의 자녀들이 에하흐 손의 되게 하시는 능력을 믿지 아니할 때 하신다. 영이신 아버지께서 정하여 놓으신 유월절 어린양의 피가 발라져 있는 장소에 있으라는 말씀을 믿지 않는 자들이다. 생명의 울타리를 떠난 자를 심판하여 입증하신다는 의미이다.

이 심판과 징계는 멸망의 징계가 아니라 당신의 자녀들을 향하신 사랑이다. 아쏴르의 행복들을 받아 누리라는 엘로힘의 사랑의 매이다. 엘로힘의 자녀들은 이 매를 맞으면 회심(슈브)하여 영이신 아버지께로 돌아간다(히 12:5-11, 눅 15:12-20, 잠 4:23-27). 회심하여 영이신 아버지께로 돌아간 자들은 생명 걸고 쏴탄과 싸우고 그릇된 것을 고친다(눅 14:26, 행 20:24, 행 21:9-14, 롬 16:20, 히 11:35, 히 12:4,12-13, 히 10:32, 요일 5:5, 계 1:9, 계 2:13, 계 3:21, 계 12:11,17, 계 20:4).

대부분 사람들이 말하는 행복들의 기준은 건강, 출세, 성공, 돈, 아파트, 외제차, 음식, 여행, 명품소지 등등 모두가 세상적인 기준이다. 영이신 루하 엘로힘께서 말씀하시는 행복의 기준은 모두가 영적인 본질(말씀순종)이 충족 될 때 주어지는 행복들이다. 영적인 것이 올바르게 될 때에 세상의 기준의 것들을 주신다는 약속들이다(마 5:1-12, 요삼 1:2-4). 그 내용들이 '아쏴르' 복의 대한 성경의 증거들 속에 다 들어있다. 마태복음 5장 팔복은 모두 영적인 복들이다. 팔복의 헬라어 단어는 '다카리오스'이다. 형용사 마카리오스 μακάριος(3107, 마카리오스 사전적 의미 - 복된, 행복한, 하나님의 의한 행복, 50회) 이브리어 역어는 '아쏴르'이다.

이오브(욥기)에서는 하나님이 엘 - 명사 남성단수, 엘로힘 - 명사 남성복수가 아니다. 엘로바흐(하나님)라고 하였다. 처음들은 성도들과 목회자들은 깜짝 놀랄 분들도 있을 것이다. 1~2회가 아니라 60회가 나온다.

엘로바흐 합성어, 사전적 의미, 상형 문자의미, 간략해설

אֱלוֹהַּ (433 엘로바흐, 힘, 능력, 권능, 60회) אֱלוֹהַּ 명사 남성 단수

● 엘로바흐 합성어

알리프 + 라메드 + 바브 + 헤트이다.

● 상형 문자의미

알레프 – 소, 되새김질, 힘, 희생이다.

라메드 – 목자, 막대기, 가르치다, 익힘이다.

바브 – 갈고리, 못, 연결하는 사람 예슈아이다.

헤이 – 호흡, 목숨, 실존, 영원히 실존하는 생명이다.

엘로바흐 60회 정리구분 : (신명기 32:15,17, 2회, 역대하 32:15, 1회, 느헤미야 9:17, 1회, 욥기 42회, 잠언 5:17, 30:5, 2회, 시편 18:31, 50:22, 114:7, 139:19, 4회, 이사야 44:8, 1회, 다니엘 11:37,37,38,38,39, 5회, 하박국 1:11, 3:3, 2회).

'엘로바흐'을 이브리어 단어별 해설을 하지 않는 교회에서는 처음 들을 것이다. 그렇다면 이브리어 엘로바흐을 성경에서 나오는 엘과 엘로힘과 같은 분이신가의 대한 질문들을 할 것이다. 엘로바흐 해설을 보라. 우리는 생소한 엘로바흐가 새로운 단어이지만 필자는 같다고 생각한다. 엘로바흐의 해설이 그것을 증명한다.

엘로바흐는 ① 힘이신 하나님께서 예슈아로 오셔서 저주의 십자가에서 대리적 속죄의 희생물이 되셨다는 의미이다. ② 십자가의 복음을 영혼의 목자 장이신 예슈아이시다는 의미이다. ③ 영이신 아버지께 십자가로 연결하려고 오신 예슈아이시다는 의미이다. ④ 이 복음을 가르쳐 주실 때 겸손하게 받아들여 믿는 자에게 영원히 실존하는 생명을 주시는 예슈아이시라는 의미이다. 이브리어 사전에는 엘로바흐를 엘(אֵל, 410 : 사전적 의미 - 남성단수, 힘, 능력, 강하심, 권능이심)의 연장 형이라고 하였다.

본문의 징계는 '엘로바흐'께 돌아와 '에셰르' אֶשֶׁר (835, 에셰르 사전적 의미 - 행복, 복, 지복)의 복을 받으라는 말씀이다. 그러므로 전능하신 엘로바흐의 징계를 '마아스' מָאַס (3988, 사전적 의미 - 거절하다, 멸시하다, 흐르다) '거절하거나' '멸시하지 말라'고 하셨다. 징계는 영이신 아버지의 긍휼과 사랑을 받고 있다

는 증거이다(히 12:1-13절을 보라). 영이신 하나님의 사랑 받지 않는 자들에게
는 징계가 없다. 멸망의 지옥 불 심판만 있을 뿐이다. 불신자들에게 긍휼이
없다. 필자는 엘로바흐를 엘로힘이라고 함이 옳은 줄로 안다. 필자가 학자
들의 연구와 달리하는 것은 우스 땅의 방언으로 보기 때문이다. 엘로바흐의
상형문자의 의미는 엘과 엘로힘과 대등소위하다. 그래서 토속문화의 영향
이라그 본다.

루하 엘로힘께서 당신의 사랑하는 백성들을 징계 παιδεία(3809, 파이데이아
사전적 의미 - 교육, 양육, 훈련, 훈계, 징계)하시는 목적이 분명하시다.

이브라이우스(히) 12:11-13절 중심으로

• **개역개정**

'11 무릇 징계가 당시에는 즐거워 보이지 않고 슬퍼 보이나 후에 그로 말미암
아 ① 연단 받은 자들은 ② 의와 평강의 열매를 맺느니라 12 그러므로 ③ 피
곤한 손과 연약한 무릎을 일으켜 세우고 13 ④ 너희 발을 위하여 곧은길을 만
들어 ⑤ 저는 다리로 하여금 어그러지지 않고 고침을 받게 하라,'(히 12:11-13).

헬라어 징계의 사전적 의미에 징계에 목적을 담아놓았다. 징계 - 파이
데이아는 교육, 양육, 훈련, 훈계를 목적으로 한다(신 4:36, 신 8:2-3, 잠 6:23, 잠
15:10, 엡 6:4, 딤후 3:15-17, 히 12:5,7,8). 두들겨 패서 망하게 하고 불구자를 만들어
불행하게 하는 것이 목적이 아니라는 말씀이다. 해설을 하지 않아도 사전적
의미만 보아도 알 수 있다.

① 연단 γυμνάζω(1128, 귐나조 - 연습하다, 훈련하다, 운동하다, 딤전4:7, 히5:14, 벧후 2:14,)에 목적이 있다.

②의 δικαιοσύνη(1343, 디카이오쉬네 사전적 의미 - 의로움, 의, 마5:6,10, 마6:33)와 평강 εἰρηνικός(1516, 에이레니코스 사전적 의미 - 평화로운, 요14:27, 살후3:16)의 열매 καρπός(2590, 칼포스 사전적 의미 - 열매, 성과, 결과, 마3:8,10, 마7:16-20)를 맺게 ἀποδίδωμι(591, 아포디도미 사전적 의미 - 양보하다, 돌려주다, 팔다, 갚다, 보상하다, 마 5:26,33)하는데 목적이 있다.

③ 피곤한 παρίημι(3935, 파리에미 사전적 의미 - 지나가게 하다, 넘어가다, 풀다, 눅11:42, 히12:12)손과 연약한 παραλύω(3886, 파랄뤼오 사전적 의미 - 풀다, 풀어주다, 분해시키다, 해체하다, 눅5:18, 행8:7)무릎을 일으켜 세우려는 ἀνορθόω(461, 아노르도오 사전적 의미 - 다시세우다, 회복시키다, 눅13:13, 행15:16) 목적이 있다.

④ 곧은 ὀρθός(3717, 오르도스 사전적 의미 - 똑바른, 곧은, 올바른, 행14:10, 히12:13) 길을 만들어주는데 ποιέω(4160, 포이에오 사전적 의미 - 만들다, 창조하다, 행하다)목적이 있다.

⑤ 저는 다리 χωλός(5560, 콜로스 사전적 의미 - 절름발이의, 불구의)로 하여금 어그러지지 ἐκτρέπω(1624, 에크트레포 사전적 의미 - …에서 얼굴을 돌리다, 피하다, 관절이 삐다, 접질리다, 돌리다, 돌아서다, 외면하다)않고 고침 ἰάομαι(2390, 이아오마이 사전적 의미 - 치료하다, 고치다, 악, 무지, 회복시키다, 결핍에서 놓이다, 심리학적인 병을 고치다)을 받게 하려는데 목적이 있다.

징계는 아프지만 그 아픔을 통하여 회심(回心)한다. 솨탄의 거짓된 미혹에서 벗어난다. 더 믿음이 성장한다. 의로운 길, 올바른 길을 간다. 행복한 복들이 회복되어지는 새 창조의 역사가 시작된다.

• **원어 직역 문장정리**

행복한 자들은 사악한 자들이 결의하는 그 사람의 길을 그가 가지 않는다. '하타'하는 자들(뱀 – 사탄이 하는 거짓말에 속아 힘들, 만능들이신 엘로힘과 생명의 울타리를 늘아버리게 하는 자들의 죄이다)의 자리에 그가 서있지 않는다. 경멸하는 자들과 그가 앉지(머무름, 살다, 거주) 않는다.

복 받은 자들은 하나같이 사악한자들의 꾀를 따르지 아니하며 하타 죄들의 길에 서지 아니하며 경멸하는 자들의 자리에 앉지 아니하는 자들이 행복한 자들(아쏴르)이다.

◆ **단어별 사전적 의미**

* אֶשֶׁר (835 에셰르 사전적 의미 – 똑바로 가는 자들, 나아가는 자들, 계속하는 자들, 성공하는 자들, 형통하는 자들, 향상하는 자들, 축복하는 자들, 복된 자들, 행복한 자들, 복 받는 자들, 지복을 받는 자들) אַשְׁרֵי 명사 남성 복수 연계,

* 악인들 – רָשָׁע (7563, 라쏴 사전적 의미 – 사악한 자들, 죄를 범하는 자들),

* 꾀 – עֵצָה (6098, 에차 사전적 의미 – 충고, 조언, 의논, 결의)이다.

* 죄인들 – חַטָּא (2400, 하타아 사전적 의미 – 뱀 – 쏴탄의 거짓말에 속아 힘이신 엘로힘과 생명의 울타리를 놓아버리게 하는 자들의 죄이다),

* 길 – דֶּרֶךְ (1870, 떼레크 사전적 의미 – 길, 도로, 여행, 태도, 방식)이다.

* 오만한 자들 – לִיץ (3887, 루츠 사전적 의미 – 경멸하는 자들, 모욕하는 자들,
조롱하는 자들)

* 자리 – מוֹשַׁב (4186, 모쇼브 사전적 의미 – 자리, 회합, 위치, 거주, 거주민) 모
쇼브(명남)어근은 야쇼브(יָשַׁב, 3427: 사전적 의미 – 앉지 않는다, 머무르지 아니
한다, 거주하지 아니한다)이다.

모쇼브 간략해설

아쇼르의 행복을 누리기를 원하는 자는 사악한 자들과 의논하거나 그들과 결의
를 하지 아니하며 쇼탄의 거짓말에 속아 만능들이신 엘로힘과 생명의 울타리를
떠난 자들의 길, 태도, 방식을 따라 가지 아니하며 목자이신 예슈아와 복음을 경
멸하며 모욕하고 조롱하며 화합하는 거주민의 자리에 앉거나 머무르지 아니한
다는 의미이다(창 49:6, 잠 1:15, 잠 4:14-15,19, 마 7:13-14).

3) 에하흐께 피하는 모든 사람이 다 행복한 자들이다(시 2:12, 시 34:8).

• 원어 직역 문장정리

'참으로 아들에게 입맞추라들 아니하면 그가 노하셔서 너희가 길에서 멸망하
며 그의 조금의 분노로 저를 소멸하시며 그에게 피신하는(하쎄) 자들은 모두가
행복한 자들이다.'(테힐림(시) 2:12)

חָסָה (2620, 하싸, 사전적 의미-도피하다, 피난하다, 피신하다)이다.

● 하싸 합성어

히트 + 싸멕크 + 헤이이다.

● 상형문자 의미

헤트 – 생명의 울타리, 보호의 울타리, 르하 엘로힘께서 정하여 놓으신 어린양

의 피가 발라져 있는 장소이다.

싸멕크 – 버팀대, 측정하다, 에하흐 엘로힘은 버팀대이시다.

헤이 – 호흡, 목숨, 실존이다.

하싸 간략해설

유월걸 예슈아 보혈 안으로 피신하는 자들에게 에하흐께서 버팀대가 되어주신다. 호흡하며 실존하는 동안 끊임없이 예슈아 보혈로 버팀대를 삼고 피신하는 자가 아쇼르 행복들을 누린다(시 32:6-7). 그리고 예슈아 보혈을 믿는 자는 영원히 실존하는 생명을 얻는다는 의미이다. 예슈아 크리스토스만이 우리의 영원한 버팀대이시다. 예슈아께서만 우리의 믿음을 측정하셔서 죄 사함과 영생구원을 주신다(시 118:8-9, 시 144:2, 잠 16:20, 사 25:4, 사 26:3, 렘 17:7).

(1) 피난처 있으니 환난을 당한 자 이리오라 땅들이변하고 물결이 일어나 산 위에 넘치되 두렵잖네

(2) 이 방이 떠들고 나라를 모여서 진동하나 우리 주 목소리 한번만 발하면 천하에 모든 것 망하겠네

(3) 만유 주 에하흐 우리를 도우니 피난처요 세상의 난리를 그치게 하시니 세상의 창검이 쓸데없네

(4) 높으신 에하흐 우리를 구하니 야후 하렐루 괴롬이 심하고 환난이 극하나 피난처 되시는 주 에하흐

4) 반역한 죄와 하타아 죄가 덮어지는 자가 행복한 자들이다(시 32:1).

• 원어 직역 문장정리

'미혹을 받아 반역한 죄와 하타아 죄를 덮어 숨김을 받은 행복한 자들이다.'(테힐림(시) 32:1).

페솨 & 카싸 & 하타아흐 합성어, 사전적 의미, 상형문자 의미, 간략해설

פֶּשַׁע (6588 페솨, 사전적 의미 - 반역, 범죄, 죄) פֶּשַׁע 명사 남성 단수

כָּסָה (3680 카싸, 사전적 의미 - 덮다, 가리다, 숨기다, 감추다)

כְּסוּי 칼 분사 수동 남성 단수 연계

חֲטָאָה (2401 하타아흐, 사전적 의미 - 죄, 유죄, 죄의 형벌, 속죄희생)

חֲטָאָה׃ 명사 여성단수

● 페솨 합성어

페 + 쇤 + 아인이다.

● 상형문자 의미

페 – 입, 개방, 예, 아니요.

쇤 – 이빨, 되새김질, 형상, 모양, 올바름이다.

아인 – 눈, 대답, 분별하다, 이해하다.

● 카싸 합성어

카프 + 싸멕크 + 헤이이다.

● 상형문자 의미

카프 – 편 손, 받아들이다, 적용이다.

싸멕크 – 버팀대, 측량하다.

헤트 – 호흡, 목숨, 실존이다.

● 하타아흐 합성어

헤트 + 테트 + 알레프 + 헤이이다.

● 상형문자 의미

헤트 – 생명의 울타리, 보호의 울타리, 에하흐께서 정하여 놓으신 어린양의 피

　　　가 발라져 있는 장소이다. 생명의 안전이 보장된 장소이다.

테트 – 뱀(쏴탄, 세트, 계12:9), 선한 것, 지혜이다.

알레프 – 소, 힘, 희생, 배움이다.

헤이 – 호흡, 목숨, 실존, 영원히 실존하는 생명이다.

행복의 본질은 영적인 것들이다(마 5:1-12, 마 6:33, 마 7:13-14, 요 6:63, 히 11:1-3,6, 요삼 1:2). '살리는 것은 영이니 육은 무익하니라 내가 너희에게 이른 말은 영이요 생명이라.'(요안네스유앙겔리온(요) 6:63). 아브라함은 루하 엘로힘께 부름을 받은 이후에 특별하게 한 것은 장차오실 예슈아를 믿고 희생물을 드렸다. 그의 이름(에하흐 - 예슈아)을 부르는 것이었다(창 12:4,8, 창 13:4,18, 창 21:33, 요 8:56, 롬 10:9-10,13), 창 4:26, 시 26:8, 시 42:1).

'너희 조상 아브라함은 나의 때 볼 것을 즐거워하다가 보고 기뻐하였느니라.'(요안네스유앙겔리온(요) 8:56)고 하였다.

성도들이 육신의 것들을 추구하며 믿는 일을 한다면 그 사람은 육적인 사람, 사람의 일을 하고 있는 자이다(마 16:23, 롬 8:5-7, 창 3:17, 마 6:31-32, 마 4:10). 이런 사람은 '쏴탄' '세드'일 수 있다.

영적인 것을 추구하려면 마음 - 생각이 바뀌어야 한다. 사람은 어려서부터 생각하는 것과 계획하는 것이 악하다(시 94:11, 창 6:5, 창 8:21, 시 53:2, 롬 1:28-31, 사 55:8). 그러므로 생각과 마음이 바뀌지 아니하면 행동과 생활이 바뀌지 않는다. 생각과 마음이 바뀌려면 ① 예슈아를 마음에 영접한다. ② 루하 엘로힘의 뜻을 찾아서 행한다. ③ 나의 뜻을 포기한다. 믿음의 아버지 아브라함은 루하 엘로힘의 부름을 받고 행한 것이 세 가지이다. 말씀을 따라갔다.

말씀에 절대 순종하였다. 희생물을 드렸다. 죄 없으신 예슈아께서 오셔서 희생물이 되어 주실 것을 믿었다(요 8:56). 에하흐 - 예슈아의 이름을 불렀다. 에하흐의 이름을 부른 것은 기도로 에하흐의 뜻을 찾고 에하흐의 인도를 받았다는 의미이다. 환경구원은 생각과 마음이 바뀐 자들에게 이루어진다.

　그렇다. 부모의 생각과 자녀들의 생각이 다른 것과 같이 이해를 못한다. 그러나 영적인 사람은 성경에서 루하 엘로힘의 생각을 알게 된다. 그 생각들을 성경을 통하여 알려주셨다.

페솨 간략해설

פֶּשַׁע (6588, 페솨 사전적 의미 - 걷다, 행진하다, 반역하다, 범죄하다, 걸음, 일보, 반역, 범죄, 죄) פֶּשַׁע 명사 남성 단수이다.

'페솨'의 죄는 입을 열어 영적인 형상과 모양을 가진 자들이 눈에 띄게 위반하며 반역하여 거부하게 하는 죄이다. 입을 열어 영적인 형상과 모양을 가진 자를 눈에 띄게 ~거부 반역하는 것을 퍼져나가게 하는 죄이다. 입에서 입으로 번져나가게 하는 죄이다(출 34:7, 시 5:10, 시 89:32, 사 24:20, 사 57:4, 겔 39:24).

카싸 간략해설

כָּסָה (3680 카싸 사전적 의미 - 덮다, 가리다, 숨기다, 감추다) כָּסוּי 칼 분사 수동 남성 단수 연계이다.

카싸는 우리의 믿음을 측정하시고 당신을 버팀대로 받아들이고 믿는 자들에게 영원히 실존하는 생명을 주신다는 의미이다. 페솨의 반역죄와 하타아흐 죄가 보이지 않도록 완전히 덮어 버리셨다는 의미이다(민 23:21, 시 32:1, 시 85:2, 시 79:8, 렘 50:20, 골 2:13).

'허물의 사함을 받고 자신의 죄가 가려진 자는 복이 있도다.'(시 32:1,2,5)라고 하였다. '주의 백성의 죄악을 사하시고 그들의 모든 죄를 덮으셨나이다.'(시 85:2)라고 하셨다.

사람의 눈에 드러나지 않는 모든 죄들, 알고 있는 죄들을 영이신 아버지께서 예슈아 십자가 보혈로 덮어버렸다. 숨겨버렸다, 감추어버렸다는 의미이다. 쇠탄의 정죄를 예슈아 보혈의 생명은 영원히 실존하는 예슈아의 생명이다(요 14:6,20, 요 5:24-25, 요 3:18-19, 롬 8:1-2, 롬 4:7-8). '카싸'는 예슈아 십자가 보혈로 죄를 덮어버리는 의의 옷이다(계 7:14).

하타아흐 간략해설

חַטָּאָה (2401, 하타아흐 사전적 의미 - 죄, 속죄희생, 뱀 - 쇠탄의 거짓말을 받아들여 힘들이신 엘로힘과 생명의 울타리를 놓아버림으로 영원히 실존하는 생명을 잃어버린 죄) חַטָּאָה 명사 여성단수이다.

하타아흐 죄는 뱀 - 쇠탄, 세드(마귀, 계12:9)의 거짓말을 받아들여 생명의 울타리와 모든 힘들과 능력들이신 엘로힘을 놓아버림으로 영원히 실존하는 생명을 잃어버린 죄이다. '영원히 실존하는 생명을 잃어버렸다.'는 것은 불타는 지옥멸망의 고통을 영원히 당한다는 것이다. 세올 שְׁאוֹל (7585, 세올 사전적 의미 - 죽은 자의 거처, 음부)의 불 고통은 끝이 없다. 영원한 고통이다.

예슈아 크리스토스를 믿는 자들에게 '페솨'의 죄와 '하타아흐' 죄에서 구원하여 아솨르의 행복들을 누리게 하신다.

5) 에하흐께서 아본의 죄를 생각하지 않는 자가 행복한 자들이다(시 32:2).

· **원어 직역 문장정리**

'그의 영을 속이지 아니하면 에하흐께서 저에 관한 아본 죄를 그가 생각하지 아니하니 행복한자들이다.'(테힐림(시) 32:2)라고 하였다.

아본 합성어, 사전적 의미, 상형문자 의미, 간략해설

עָוֹן (5771, 아본 사전적 의미 - 불법, 부정, 죄악, 죄의 벌, 시 32:1-2)

עָוֹן 명사 남성 단수이다.

● **아본 합성어**

아인 + 바브 + 눈이다.

● **상형문자 의미**

아인 – 눈, 대답, 보다, 이해하다, 예, 아니요.

바브 – 갈고리, 못, 연결이다.

눈 – 물고기, 규정, 규칙, 영이신 아버지께서 정하여 놓으신 생명의 경계선이다.

'아본'의 죄는 안목의 정욕으로 인하여 예슈아를 믿지 아니하고 엘로힘께서 정하여 놓으신 생명의 경계선을 넘어가 불법과 부정을 저지른 죄이다. 성경은 불신자들에게 하는 말씀이 아니라 영이신 아버지께서 당신의 자녀들에게 하신 말씀이다. 당신의 자녀들이 안목의 정욕에 넘어가는 것이 곧 불법과 부정을 저지르는 죄라는 의미이다. 이런 사람은 겉은 성도 같은 교인이다. 속사람은 세상을 사랑하고 세상적인 것만 자랑하는 불신자이다. 세상 사람이라는 의미이다. 영이신 아버지의 사랑이 없는 사람이다. 요한일서 2:15-17절 말씀을 보라. '15 이 세상이나 세상에 있는 것들을 사랑하지 말라 누구든지 세상을 사랑하면 아버지의 사랑이 그 안에 있지 아니하니 16 이는 세상에 있는 모든 것이 육신의 정욕과 안목의 정욕과 이생의 자랑이니 다 아버지께로부터 온 것이 아니요 세상으로부터 온 것이라 17 이 세상도, 그 정욕도 지나가되 오직 하나님(데오스 - 전능들)의 뜻을 행하는 자는 영원히 거하느니라.'고 하였다. 이런 사람은 그리스도(크리스토스)의 사람이 아니다. 사망 안에 있으면서 모르고 살아간다(롬 8:5-9).

이런 사람도 예슈아를 믿고 회심하여 돌이키면 예슈아를 믿기 이전에 정욕으로 인하여 지은 모든 불법과 부정을 생각하지 않으신다고 하셨다(시편 32:2). 이것이 죄 사함이요. 아솨르의 행복한 복들이다. 영멸지옥에 들어가지 않는 최상의 행복이다(레 17:4, 요 3:16, 고후 5:19-21, 계 14:4-5).

6) 에하흐 엘로힘의 소유(재산)로 선택된 백성이 행복한 자들이다(시 33:12).

• 개역개정

'여호와(에하흐)를 자기 하나님(엘로힘)으로 삼은 나라 곧 하나님(엘로힘)의 기업으로 선택된 백성은 복이 있도다.'(테힐림(시) 33:12)

• 원어 직역 문장정리

'그 에하흐 엘로힘의 그 민족은 그의 소유이며 그의 그 백성으로 그에게 선택 받은 자는 행복한자들이다.'

나하라 합성어, 사전적 의미, 상형문자 의미, 간략해설

נַחֲלָה (5159, 나하라 사전적 의미 - 상속, 재산, 유산, 소유, 출19:5-6, 신7:6-11, 시33:12, 시135:4, 요15:16, 딛2:14, 벧전2:9)

לְנַחֲלָה 전치사 - 명사 여성 단수이다.

● ㄴ-하라 합성어

눈 + 헤트 + 라메드 + 헤이이다.

● 상형문자 의미

눈 – 물고기, 규칙, 규정, 영이신 아버지께서 정하여 놓으신 생명의 경계선이다.

헤트 – 생명의 울타리, 보호의 울타리이다.

라메드 – 목자, 막대기, 가르치다, 익힘이다.

헤이 – 호흡, 목숨, 실존이다.

성도들은 에하흐 엘로힘의 민족과 소유(재산)의 백성으로 선택하셨다. 손해가 되지 않도록 보호하신다. 도움의 원조자가 되셔서 복을 주셔서 행복하게 하신다. 한 가지를 네 번 반복 하였다. 중요하다는 증거이다. 이 진리가 믿어진 자들은 호흡하며 실존하는 동안 에하흐 엘로힘께서 정하여 놓으신 유월절 어린양이신 예슈아를 목자로 믿으며 똑바로 살아간다. 망하는 길을 가지 않는다. 에하흐 엘로힘께서는 당신의 민족과 소유가 된 백성들이 행복을 누리게 하신다는 의미이다. 성도들은 에하흐 엘로힘의 소유가 되었다는데 자부심을 가지고 살아야 한다.

빠하르 합성어, 사전적 의미, 상형문자 의미, 간략해설

בָּחַר (977, 빠하르 사전적 의미 - 그의 선택을 받다, 그가 결정하셨다, 시33:12)

בָּחַר 칼 완료 3인 남성 단수이다.

● 빠하르 합성어

베이트 + 헤트 + 레소이다.

● 상형문자 의미

베이트 – 집, ～안에, 속사람, 마음의 집이다.

헤트 – 생명의 울타리, 보호의 울타리, 영이신 아버지께서 정하여 놓으신 유월절 어린양의 피가 발라져 있는 생명의 장소이다.

레소 – 머리, 왕, 잉태, 예슈아를 마음에 잉태(영접)하여 의식하며 사랑하고 그
의 통치하심에 아멘하여 따른다.

빠하르 간략해설

에하흐 엘로힘께서 당신의 백성을 선택하시고 결정하시는 기준은 외모, 학벌을 보지 아니하시고 마음을 보시고 하신다(삼상 16:6-7, 대상 21:8(시33:13-20, 시44:6-7, 삼상17:47)). 어떤 마음을 보실까? 마음에 유월절 어린양이신 예슈아의 보혈의 증거, 표시가 있는 자, 마음에 엑클레시아의 머리이신 예슈아를 잉태(영접 - 요1:12)하여 품고 사랑하는 자를 부르시고 선택하셔서 영화롭게 하시고 행복을 누리게 하신다(요 8:56, 창 12:1-4, 창 13:2, 창 24:1,35, 롬 8:30). 에하흐 엘로힘의 선택을 받아 하나님의 자녀 되었다. 이 행복을 이 땅에 살면서 누리며 살아가는 자들이 하나님의 왕국에 들어간다는 것을 잊지 말아야 한다.

7) 어하흐로 집을 삼고 사는 자들이 행복한 자들이다(시 84:4).

• 개역개정

'주의 집에 사는 자들은 복이 있나니 그들이 항상 주를 찬송하리이다.' (셀라)(테힐림(시) 84:4).

• 원어 직역 문장정리

'주.'(에하흐 엘로힘, 3절)의 집에 사는 자들이 행복한 자들이다. 그들이 주(에하흐 엘로힘, 1-3절)를 찬양(하랄)하며 여전히 높이 올려드린다.'

본문의 '주'는 2인 남성 단수이므로 '네가', '당신' 등이다. 아도나이 אֲדֹנָי 주가 아니다. 그리고 '주'를 (에하흐 엘로힘)이라고 한 것은 1-3절에 나오기 때문에 이해를 돕기 위한 것이다.

빠이트 & 야솨브 합성어, 사전적 의미, 상형문자 의미, 간략해설

בַּיִת (1004, 빠이트 사전적 의미 - ~안에, 집, 내면의 사람, 속사람)

בֵּיתְךָ 명사 남성 단수 - 2인 남성 단수

יָשַׁב (3427, 야솨브 사전적 의미 - 앉다, 머무르다, 살다, 거주하다)

יֹשְׁבֵי 칼 분사 남성 복수 연계

● 빠이트 합성어

뻬이트 + 요드 + 타브이다.

● 상형문자 의미

뻬이트 – 집, ~안에, 마음의 집, 내면의 사람, 속사람이다.

요드 – 쥔 손, 능력, 하게함, 되게 함이다.

타브 – 십자가, 죽음, 표증, 사인, 목표이다.

빠이트 간략해설

빠이트는 예슈아 십자가의 복음을 받아들인 마음이다. 영이신 아버지께서 거주하시는 집이다. 에하흐 능력으로 예슈아 십자가의 복음이 믿어지도록 하신다는 의미이다.

● 야쇼브 합성어

요드 + 쉰 + 뻬이트이다.

● 상형문자의미

요드 – 쥔 손, 능력, 하게함, 되게 함이다.

쉰 – 이빨, 되새김질, 형상, 모양, 올바름이다.

뻬이트 – 집, ∼안에, 속사람이다.

야쇼프 간략해설

에하흐의 집은 여기저기, 이 나라, 저 나라, 하늘에 있는 것이 아니다. 에하흐로 집(성전)을 삼는 다는 것은 에하흐 안에 살라는 것이다.

에하흐 안에 산다는 것은

① 에하흐의 부르심 따라 그의 말씀을 순종하며 살아가는 것이다(창 12:1-4, 창 22:1-18, 출 3:1-22, 삼상 3:4-10, 행 9:1-22, 롬 11:29, 고전 12:6-11,28, 갈 1:15-17).

② 에하흐로 목자 삼고 인도 따라 살아가는 것이다(시 23:1, 사 40:11, 요 10:1-4,11-18,27, 계 7:17).

③ 에하흐께서는 생명과 능력의 집, 안식의 집이라는 것을 믿고 거주하기를 힘써야 한다(요 15:4-5). 예슈아 십자가 복음이 사람들의 영혼의 집이다(요 6:56, 요 14:17,20, 요 17:11,21-23, 계 3:20). 에하흐는 능력과 생명으로 실존하신다. 그 집으로 모든 성도들이 들어간다(전 12:7, 요 16:28). 아버지에게서 나와 세상에 왔고 다시 세상을 떠나 아버지께로 간다고 하셨다(마 19:28, 눅 22:30, 요 5:22, 계 3:21, 계

12:11). 그리고 사람의 마음이 영이신 아버지(루하 아브, 프뉴마 파테르)께서 거주하시는 집이다(고전 3:16-17, 시 23:6, 시 65:4, 계 7:15, 마 19:28).

영이신 아버지 성도들을 떠나지 않으시고 거주하신다. 성도들이 영이신 아버지로 집을 삼지 못하고 살아가는 자들이 많다. 성도들은 아솨르의 행복들을 누리기 위하여 적극적으로 에하흐로 집을 삼고 살아지기를 아솨르합니다.

8) 에하흐께로부터 아담 회복의 힘을 얻는 여자(성도)들이 행복한 자들이다(시 84:5).

- **한문성경**

  '主께 힘을 얻고 그 마음에 시온(메실라)의 大路가 있는 者(사람)는 福(아솨르)이 있나이다'(테힐림(시) 84:5)

- **원어 직역 문장정리**

  '이는 그에게로부터 아담이 오즈 עֹז(힘, 능력, 세력, 권능)을 얻고 그들의 마음에 대로가 있는 여자들은 행복한 자들이다.'

메실라 & 아담 합성어, 사전적 의미, 상형문자 의미, 간략해설

מְסִלָּה (4546 메실라 사전적 의미 - 대로들, 높인 길들, 공로들)

מְסִלּוֹת 명사 여성 복수

אָדָם (120 아담 - 아담)

אָדָם 명사 남성 단수

● 메실라 합성어

멤 + 싸멕크 + 라메드 + 헤이이다.

● 상형문자 의미

멤 – 물, 진리, 사역, 생활화이다.

싸멕크 – 버팀대, 측정이다.

라메드 – 목자, 막대기, 가르치다, 익힘이다.

헤이 – 호흡, 목숨, 영원히 실존하는 영적생명이다.

메실라 간략해설

본문에는 치욘 צִיּוֹן (6726, 치욘 사전적 의미 - 시온 Zion(지), 보호받는, 양지바른, 햇빛비 취는, 크새)이 없다. '메실라'는 성도들이 아담의 본질을 회복하고 그 능력(오즈 - 힘, 권능)을 받아야 한다. 생명진리의 말씀으로 버팀대를 삼고 목자이신 에하흐 - 예슈아의 인도를 받아야 한다. 영원히 실존하는 생명이 들어가는 엘로힘 왕국 으로 가는 길들을 가라는 것이다. 높이 들린 길들을 가라. 영광의 길들을 가라 는 의미이다.

● 아담 합성어

알레프 + 딸레트 + 멤이다.

● 상형문자 의미

알레프 – 소, 희생, 힘, 배우다.

딸레트 – 문, 종속, 열매, 생명의 문이신 예슈아이다.

멤 – 물, 진리, 사역, 필수적인 생명진리의 말씀으로 생활화하라는 것이다.

아담 간략해설

테힐림(시) 84:4절에서는 에하흐로 집을 삼아 에하흐 안에서 살아가는 자가 행복한 자들이라고 하였다. 본 절에서는 에하흐께로부터 아담으로 회복되어 힘을 얻는 성도들이 행복한 자들이라는 말씀이다. 한글 번역은 '자'라고 하였다. 이브리어 원어는 '아담'이라고 하였다. 왜 에하흐 엘로힘께서 아담이라고 하셨을까?

사람을 가리키는 단어들(אִישׁ, 376 이쉬 사전적 의미 - 사람, 자신을 남자로 보이라, 남자처럼 행동하라), (אֱנוֹשׁ, 582 에노쉬 사전적 의미 - 사람, 약하다, 병들다, 상처 받기 쉬운 존재인 사람), (גָּבַר, 1396, 까바르 사전적 의미 - 강하다, 강력하다, 이기다, 우세하다, 굳게하다, 강한 사람, 용사)이 있다. 이유와 목적이 다르다.

아담(אָדָם, 120 아담 사전적 의미 - 붉다, 아담, 인간, 아담은 루하 엘로힘의 영적형상과 모양, 창조의 극치로서의 사람, 흙과 영의 생명으로 존재, 아담과 하부하(하와)는 원죄가 없는 존재창조, 모든 피조물을 정복하고 지배하는 능력을 부여하심)은 영이신 루하 엘로힘의 최초의 창조의 사람이다(창 2:7). 아담은 모든 피조물들에게 없는 영이신 루하 엘로힘의 형상과 모양으로 창조되었다(창 1:26-28). 이 창조는 아담의 본질이 루하 엘로힘이라는 것이다. 영적본질인 영생하는 생명으로 만드셨다. 원죄가 없는 상태로 창조되었다.

그러므로 본 절은 잃어버린 아담의 창조의 본질을 생명진리의 말씀으로 회복하라는 의미이다. 아담의 능력을 회복하고 마음에 대로를 만들라고 하셨다(시 84:5). 마음에 대로는 생명의 문이신 예슈아로부터 시작된다. 그러므로 예슈아께 종속되어야 예슈아와 동일한 열매를 맺는다. 희생 없이는 영생의 열매를 맺을 수 없다(막 8:35, 눅 9:23-24, 요 12:24-26, 행 20:24). 만능의 힘이신 예슈아의 희생을 배우고 그 길을 아담들이 가야 한다(마 11:28-30, 마 16:24-26, 마 20:28, 갈 3:13). 성도들은 항상 본질로 돌아가야 한다. 본질을 잃어버리면 세상을 사랑하게 된다. 불신자가 된다. 영생을 잃어버린다. 이렇게 중요한 의미가 있는 아담을 사람(者)으로 번역하는 악을 범하였다. 아담은 아내인 하부하의 말을 듣고 영이신 루하 엘로힘의 말씀을 놓아버리므로 저주를 받았다(창 2:17, 창 3:6,17). 그 저주는 영이 죽고 육체가 죽는 것이다(창 2:17, 창 3:19, 계 21:8). 에덴에서 쫓겨났다(창 3:24).

'반드시 죽는다.'(창2:17)는 번역은 오역 중에 매우 악한 대표적인 오역이다.

모트 & 타무트 합성어, 사전적 의미, 상형문 의미, 직역 문장정리, 간략해설

מוֹת (4191 무트 사전적 의미 - 죽다, 죽이다, 살해하다)

מוֹת (모트 사전적 의미 - 죽고), 칼 부정사 절대

מוּת (4191 무트 사전적 의미 - 죽다, 죽이다, 살해하다)

תָּמוּת׃ (타무트 사전적 의미 - 너는 죽으며), 칼 미완 2인 남성 단수

● 모트 & 타무트 합성어

멤 + 바브 + 타브이다.

타브 + 멤 + 바브 + 타브이다.

● 상형문자 의미

멤 – 물, 진리, 사역이다.

바브 – 갈고리, 못, 연결하는 사람 예슈아이다.

타브 – 저주의 죽음, 목표, 표시, 증거이다.

'타무트'는 타브를 멤 앞에 추가하면 된다.

• **직역 문장정리**

‘죽고 너는 죽으며’이다.

모트 & 타무트 간략해설

‘죽고’(육체의 죽음, 호흡이 끊어짐) ‘너는 죽으며’(영혼의 죽음, 예슈아를 믿어 거듭나지 못하면 육체의 죽음과 동시에 둘째 사망한다(계21:8). 지옥의 고통 속으로 들어가는 것을 영혼의 죽음, 둘째사망이라고 한다).

아담이 하타 죄를 범한이후 모든 사람들은 저주의 죽음(죄)에 갇혀있다(롬 3:23, 롬 6:23).

- **원어 직역 문장정리**

  참으로 모든 사람들이 죄를 지었다. 그리고 그 데오스의 이 영광에 그들이 미치지 못하였다(로메이우스그람마 (롬) 3:23)고 하였다.

- **원어 직역 문장정리**

  참으로 이 사람들의 죄(하마르티아)의 이 대가들은 죽음(영육의 죽음)이다. 그러나 그 데오스(전능들)의 은혜의 선물은 저 우리 그 주(퀴리오스) 이에수스 크리스토스 안에 있는 영원한 생명이다(로메이우스그람마(롬) 6:23).

명사 하마르티아 이브리어 역어는 '하타아' חַטָּא 이다. 하타아는 원죄이다. 하타아는 '뱀(쇠탄, 셰드)의 거짓말에 속아 힘들이신 엘로힘과 생명의 울타리이신 예슈아를 놓아버린 죄이다.' 그러므로 예슈아 대리적 속죄를 믿지 아니하면 영 육간에 멸망한다.

사람은 죽고 또 죽는 저주의 죽음을 맞이한다. 죽고 또 죽는 저주의 죽음은 진리의 말씀과 연결되어 살지 않는 아담과 하부하에게 임하였다(창 2:17, 창 3:1-6). 아담과 하부하 이후에 모든 사람들도 죄의 결과로 죽고 또 죽는 저주의 죽음을 맞이한다(롬 3:23, 롬 6:23). '타무트'는 앞뒤가 저주의 죽음을 상징하는 '타브'이다. 시작과 끝이 저주의 죽음이다. 네가 십자가 복음과 연결되어 있지 않으면 너는 저주의 죽음이 감싸여 있다는 의미이다, 무서운 단어이다. 행복들을 누리려면 이 문제를 해결해야 한다.

저주의 죽음들에서 풀려나는 방법은 오직 하나뿐이다(요 1:12-13, 요 3:15-18, 요 5:24-25, 롬 8:1-2). 예슈아 크리스토스의 십자가 복음을 믿어 예슈아 생명과 연결되는 것이다(롬 11:17-24). 그리고 진리의 말씀을 순종하여 생활화 하는 것이다. 저주의 죽음들에 갇혀있던 자들이 자유케 된다(요 8:32). 예슈아 십자가 복음으로 바뀐다. 시작과 끝이 십자가 복음으로 감싸주신다. 어린양 예슈아 보혈 안으로 들어간다(요 1:29, 요 10:28-29, 출 12:22-23). 이 행복들이 누려지기를 바랍니다.

결론

① 아담의 창조의 본질을 회복하는 것이다. 죄 없는 상태로의 아담의 창조의 본질의 회복은 불가능하다. 창조본질을 회복하라는 것은 죄 사함을 받으라는 것이다. 죄 사함은 예슈아를 믿는 자들에게 주어진다.

② 강력한 힘을 얻어야 한다. 본 절에 힘은 이브리어 오즈עֹז (5797, 오즈 - 힘, 능력, 세력, 권능)이다. '오즈'는 에하흐 엘로힘을 사모하여 바라본다. 그의 말씀에 '아만'한다. 그 받은 말씀을 영의 검으로 활용하는 자에게 '오즈'의 능력이 나타난다(엡 6:17, 살전 2:13, 히 4:12, 사 55:11, 렘 23:29, 행 2:37-38, 고후 10:4-5, 롬 1:16).

③ 아솨르의 행복한 삶들을 누리는 사람들은 똑바로 살아간다. 올바르게 살아간다. 계속 나아간다. 이런 사람들에게 에하흐 엘로힘의 능력이 임하여 성공과 형통의 길이 열린다(출 15:2,13, 시 29:10-11, 시 33:16-22, 시 62:7-8,11, 시 68:34-35, 대하 32:8).

죄 사함과 능력은 행복하기를 원하는 사람들에게 필수이다. 똑바로 살아가기를 바랍니다.

9) 의로움을 지키고 공의를 행하는 자가 행복하다들(시 106:3).

'정의를 지키는 자들과 항상 공의를 행하는 자는 복이 있도다.'

- **원어 직역 문장정리**

'의로움을 지키는 자들과 기회가 주어질 때마다 공의를 행하는 자가 행복하다들.'(테힐림(시) 시 106:3)

미세파트 & 체다카흐 합성어, 사전적 의미, 상형문자 의미, 간략해설

מִשְׁפָּט (4941, 미세파트 사전적 의미 - 심판, 재판, 공의, 법령 등)

מִשְׁפָּט 명사 남성 단수

צְדָקָה (6666, 체다카흐 사전적 의미 - 의로움, 공의, 의로운 행위)

צְדָקָה 명사 여성 단수

- **미세파트 합성어**

멤 + 쉰 + 페이 + 테트이다.

- **상형문자 의미**

멤 – 물, 진리, 필수적인 요소들, 사역, 생활화이다.

쉰 – 이빨, 되새김질, 형상, 모양, 올바름이다.

페이 – 입, 개방, 말하다, 예, 아니요 이다.

테트 – 뱀(솨탄 – 셰드, 계12:9), 거짓말, 죽기다, 선하다, 지혜이다.

에하흐 입에서 나오는 생명진리의 말씀을 되새김질 하면서 순종하며 말씀따라 올바른 길을 가면서 쇠탄을 대적하라는 의미이다(창 18:19, 호 12:6, 미 3:8, 미 6:8, 합 1:4, 약 4:7, 벧전 5:8-9). 성도들이 쇠탄을 대적하는 행동을 하지 않으면 쇠탄은 물러서지 않는다. 성도들은 적극적으로 쇠탄의 거짓말과 욕심을 대적하는 행동을 해야 한다(창 3:1-6, 요 8:44, 약 1:15).

에하흐 엘로힘의 심판은 공의(公義 - 선악을 공평하게 제재(制裁)하는 하나님의 적극적인 성품)로 하신다. 쇠탄은 에하흐 엘로힘의 공의를 이용하여 사람들이 심판을 받도록 한다. 진리의 말씀을 불순종하도록 미혹하여 멸망하게 한다(욥 1:9-12, 욥 2:4-7, 눅 8:12-14, 요일 2:15-17). 성도들이 쇠탄을 잘 알아야 쇠탄 - 마귀를 이기고 믿음생활을 바르게 할 수가 있다.

쇠탄 관련된 말씀들을 해설한다.

쇠탄 합성어, 사전적 의미, 상형문자 의미, 간략해설

שָׂטָן (7854, 쇠탄 사전적 의미 - 대적하는 자, 대항하는 자, 쇠탄, 대적(對敵 - ① 적과 마주 대함, ② 적·세력·힘 등에 서로 맞서서 겨룸, 대항(對抗 - 서로 맞서서 버티어 겨룸)이다.

● 쇠탄 합성어

쉰 + 테트 + 눈이다.

쉰 – 이빨, 되새김질, 형상, 모양, 올바름이다. 뱀을 이기려면 생명의 말씀을 되
새김질하며 올바른 길을 간다.

터 트 – 뱀(쇼탄 – 셰드, 계12:9), 거짓말, 죽이다, 선하다, 지혜이다.

눈 – 물고기, 규정, 규칙이다. 물고기는 물에서 산다. 영이신 하나님께서 정하
여 놓으신 생명의 경계선이다.

쇼탄 간략해설

쇼탄은 성도들의 적이다.

① 성도들이 영이신 아버지(루하 엘로힘)의 형상과 모양으로 창조되었다는 것을
생각하지 못하게 한다. 영이신 아버지와의 단절을 꾀하는 것이다. 영이신 아버
지의 형상과 모양은 곧 영이신 아버지를 가리킨다. 영이신 아버지의 생명을 가
리킨다(창 2:7). 영원히 죽지 않고 실존하는 생명이다. 이것을 생각하지 못하게
하므로 엘로힘 - 데오스 왕국사상을 없애버린다. 영이신 아버지께로 돌아간다
는 생각을 하지 못하게 한다(전 12:7). 말씀과 복음의 올바른 길을 가지 못하게
한다.

② 뱀(쇼탄 - 셰드)는 거짓말과 욕심의 미혹으로 성도들을 죽음의 길로 이끌어
간다.

③ 쇼탄은 성도들이 영이신 아버지께서 정하여 놓으신 생명의 경계선을 넘어가
도록 미혹한다. 물고기는 물에서 살라고 경계를 정하여 놓으셨다. 사람에게는
성경말씀을 주셔서 그 말씀에 경계선 안에서 사는 자들에게 행복들을 누리라는
말씀이다. 아쇼르는 모두 복수이다. 이것은 다양한 행복들을 모두 누리라는 의
미이다.

• 원어 직역 문장정리

'그리고 그 마귀(디아볼로스)가 모든 시험을 수행(遂行 – 계획한 대로 임무를 해냄)하고,
그(마귀)가 그(예슈아)에게서부터 결정적인 순간까지 유혹하려고 물러났다.'

쇠탄은 영이신 아버지의 말씀에 따라 올바르게 살아가지 않는다. 영이신
아버지의 말씀들을 알고 있지만 지키지 않는다. 말씀을 인용하여 사람을 죽
이고 멸망시키는데 만 사용한다(마 4:3, 출 16:3, 민 11:4, 신 8:3, 마 4:5-6, 시 91:11-12,
신 6:16, 마 4:8-9, 신 6:13).

쇠탄은 말씀을 왜곡시킨다. 쇠탄은 에하흐 엘로힘께서 정하여 놓으신 생
명의 말씀의 경계선을 넘어갔다. 그러므로 쇠탄의 미혹을 받으면 공의를 지
켜 행하지 못하게 한다. 성도들이 생명의 말씀의 경계선을 넘어가게 하여
심판을 받게 한다. 영이신 아버지의 공의 심판을 피하려면 마귀의 미혹을
적극적으로 반대하고 거부해야 한다.

베드로전서 5:8-9절 중심의 단어별 사전적 의미와 간략해설

① 근신하라 νήφω(3525, 네포 사전적 의미 – 술 취하지 않다, 정신 차리고 있다, 근신
하다, 침착하다, 완전히 맑은 정신 상태, 올바른 판단, 벧전5:8)이다.

네포 간략해설

쇠탄(대적하는 자, 대항하는 자), 마귀(디아볼로스 – 중상자, 비방자, 마귀)를 대적하여

싸우려면 정신을 차리고 근신해야 한다. 마귀의 거짓된 미혹을 대항하고 반대하려면 '완전히 맑은 정신 상태'에서 '올바른 판단'을 하라는 것이다. 술 취한 정신으로 올바른 판단을 하지 못한다. 완전히 맑은 정신으로 솨탄 셰드를 대적하라는 것이다.

② 깨어라 γρηγορέω(1127, 그레고레오 사전적 의미 - 지켜보다, 망보다, 정신 차리고 있다. 경계하다, 일으키다, 깨우다. 벧전5:8)이다.

그레고레오 간략해설

정신을 차리고 솨탄, 셰드가 대적해 오고 있는 것을 경계하라는 것이다. '일으키라'는 것은 잠자는 영적 죽음의 자리에서 일어나라는 것이다. 일어나는 자에게 크리스토스께서 빛을 비춰주신다고 하셨다. 빛이 들어오면 어둠이 물러간다(창 1:2-5).

③ 믿음에 확고히 서라 πίστις(4102, 피스티스 사전적 의미 - 믿음, 신뢰, 확신, 확실성, 확고한 확신, 벧전5:9)이다.

피스티스 간략해설

솨탄, 마귀를 인간이 이길 수 없다. 그러므로 확고한 확신의 믿음과 신뢰이다. 확고한 확신의 믿음과 신뢰하라는 것은 예슈아께서 솨탄, 마귀를 저주의 십자가에서 머리를 깨뜨리고 사망과 죄를 이기셨다는 믿음이다. 영이신 아버지의 공의와 사랑을 완성하셨다는 믿음이다. 이 확고한 믿음을 가지고 솨탄을 반대하고 거부하라는 것이다. 이 믿음으로 쇼탄의 거짓말과 욕심을 거부할 때 이 믿음의 사람을 얼마동안 피하였다가 다시 찾아온다는 것을 잊지 말아야 한다.

'얼마 동안 떠나니라'(눅 4:13)의 직역 문장정리는 '결정적인 순간까지 유혹하려고 물러났다'고 하였다. 예슈아 성탄에서 십자가에 죽으심까지 마귀는 한 순간도 놓치지 아니하고 예슈아를 죽이려고 하였고 당시 종교 지도자들과 민중을 충동하여 예슈아를 십자가에 못 박아 죽였다는 것을 잊지 말아야 한다.

④ 진실하게 견고하라 στερεός(4731, 스테레오스 사전적 의미 - 굳은, 단단한, 견고한, 강한, 확고한, 진실한, 완고한, 벧전5:9)이다.

스테레오스 간략해설

믿음을 확고하게 하라는 것이다. 진실한 믿음을 확고하게 하라는 것이다. 진실한 믿음이 강하다. 진실이 능력이다. 쇼탄 마귀는 거짓말쟁이요. 욕심쟁이요. 살인자이다(요 8:44). 그러므로 진실함이 곧 쇼탄, 마귀를 이기는 능력이다. 쇼탄 마귀는 본질이 거짓이다. 그러므로 거짓을 이기려면 진실해야 한다. 솔직하고 정직해야 한다.

◆ 헬라어, 이브리어 진실의 단어들

ἀληθῶς (230, 알레도스 사전적 의미 – 진실로, 참으로, 확실히, 아주 진실하게, 매우 확실하게, 솔직하게, 정직하게, 똑바르게)이다. 부사 알레도스 이브리어 역

어는 '아만'이다.

ἀμήν (281, 아멘 사전적 의미 – 아멘, 진실로, 그러하도다, 확실한, 확고한, 신실한, 진실한)이다. 동사적 형용사 아멘 이브리어 역어는 '아만'이다.

אמן (539, 아만 사전적 의미 – 확실하게 하다, 지지하다, 충실하다, 믿다, 신실하다, 성실하다, 신뢰하다, 오른쪽으로 가다, 진실로, 확실히, 그러하다, 진실함)이다.

아만 간략해설

한국교회 아만(아멘)은 대부분 설교자의 강요에 의한 화답이라고 볼 수 있다. 예컨대 설교자가 할렐루야! 하면 아멘하고 믿습니까? 하면 아멘으로 화답한다.

이브리어 '아만'(아멘)은
① 힘과 능력들이신 엘로힘을 확실하게 믿습니다.
② 진리의 말씀을 성실하게 준행하겠습니다.
③ 생명과 복의 경계선 안에서 신실하게 살아가겠다는 의미이다. 이 의미에서 벗어나는 것은 아무런 유익이 없다. 아멘 강요에 속지말자. 아멘은 영으로, 자발적으로 해야 삶의 변화와 유익이 있다.

'그러면 어떻게 할까 내가 영으로 기도하고 또 마음으로 기도하며 내가 영으로 찬송하고 또 마음으로 찬송하리라 16 그렇지 아니하면 네가 영으로 축복할 때에 알지 못하는 처지에 있는 자가 네가 무슨 말을 하는지 알지 못하고 네 감사에 어찌 아멘 하리요'(고전 14:15-16)고 하였다.

אֱמֶת (571, 에메트 사전적 의미 - 신실, 성실, 확실함, 진리, 충실함, 확고함, 진실)이다.

에메트 간략해설

힘과 능력들이신 엘로힘의 진리의 말씀에 따라 예슈아께서 저주의 십자가위에서 대리적 속죄의 죽으심으로 진실하고 확실하게 완성되었다는 의미이다. 성경은 예언의 말씀들이다. 예언에 말씀들이 진실하고 확실하게 성취 되었다. 아직 이루어지지 않은 말씀들도 진실하고 확실하게 이루진다. 그래서 성경은 엘로힘 - 데오스의 감동을 받은 사람들이 기록하였음으로 영이신 아버지의 말씀이다. 엘로힘 - 데오스의 말씀은 생명진리이다(창 15:6, 창 42:20, 사 25:1, 사 65:16).

⑤ 대적하라 ἀνθίστημι (436, 안디스테미 사전적 의미 - 대적하다, 대항하다, 거역하다, 저항하다, 반대하다, 벧전5:9)이다.

안디스테미 간략해설

솨탄(대적하는 자, 대항하는 자)은 셰드(마귀, 악마, 중상자, 비방자)의 일은 사람이 영이신 루하 엘로힘(프뉴마 데오스 - 영이신 데오스)의 말씀을 순종하므로 받아 누리는 행복과 기쁨과 쾌락을 시기 질투하여 그 사람들을 타락시키는 전문가이다(창 3:1-6). 성도들이 잘되고 행복하게 사는 꼴을 못 본다(욥 1:1~2:10). 솨탄은 사람을 죽이고 멸망시키는 자이다(요 10:10). 살인자요. 거짓말쟁이요. 욕심쟁이다(요 8:44). 누구든지 통째로 삼켜 버리려고 찾아다니고 대적하고 대항하는 악령이다(벧전 5:8). 어리다고 봐주지 않는 사악한 악령이다(막 9:21). 이런 것들이 솨탄의 본질이다.

그러므로 쇠탄 마귀(셰드)에게 맞서서 대항하고 대적하며 거역하고 저항하며 반대해야 한다. 그런데 쇠탄 마귀는 사람의 육안에 보이지 않는 영적 피조물이다.

쇠탄 마귀는 사람 안에 사람의 생각과 마음에 영이신 루하 엘로힘께 심판을 받는 죄이다. 사람의 일(마16:24), 육체의 일(갈5:19), 육의 생각(롬8:5-9), 욕심(약:15), 안목의 정욕(요일2:15-16), 각종 죄를 넣어주고 행하게 하여 멸망의 길을 가게 한다.

다음 성구들을 읽어보라. 이런 것들이 쇠탄의 속성이다(마 16:23, 롬 8:5-9,13, 딤후 3 1-8, 갈 5:13,17,19-21,24, 마 15:18-19, 막 7:21-23, 롬 1:21-32, 롬 7:5, 고전 3:3, 고전 6:9-10, 고후 12:20, 갈 6:8, 엡 4:17-18, 엡 5:3-5, 골 3:5-6, 딤전 1:9-10, 딛 3:3, 벧전 4:3, 요일 2:16-17, 계 11:7, 계 12:17, 계 21:8, 계 22:15, 마 7:13, 창 3:13,17, 대상 21:1, 시 37:32-33, 시 62:4-5, 시 64:1-10 등등). 이 외에도 많다. 영이신 루하 엘로힘을 거역하는 이러한 죄악들을 대적하고 대항하며 반대하고 싸워 이겨야 한다.

예슈아 처럼 쇠탄 마귀와의 싸움은 말씀들을 무기를 삼아 되새김질하며 환경에서 싸워야 한다(마 4:4,7,10, 마 7:14, 눅 14:26-27, 요 16:33, 행 20:23-24, 행 21:13, 롬 8:33-39, 롬 16:20, 고전 15:57, 고후 10:3-5, 엡 6:10-18, 딤후 4:7, 히 2:14-15, 히 11:35-38, 요일 2:13-14, 요일 4:4, 요일 5:5, 계 12:11, 계 2:7,10,11,13,26, 계 3:5,12,21, 계 7:14, 계 14:1-4, 계 20 4, 마 23:28, 눅 12:,1 갈 2:13, 딤전 4:1-2, 살전 5:19-21, 벧전 2:1, 요일 1:7-11 등등).

교회에서 말씀으로 힘을 얻어 무장하고 기도로 싸워야 환경구원을 이루게 된다(빌 2:12, 벧전 2:2-3,11, 벧후 3:18).

환경구원은 솨탄 마귀와 생명 내어놓고 싸워 이긴 자가 누리게 된다(눅 8:12-15, 고전 9:24-27, 고전 15:31,58, 고후 6:4-10, 고후 11:23-27, 고후 12:10, 엡 3:13, 빌 1:20-21, 빌 2:17, 빌 3:13-141, 골 1:24, 딤후 2:4, 히 12:1-3, 요일 3:16, 계 3:10).

솨탄은 올바른 길을 가는 성도들을 죽이고 멸망 시려고 시시탐탐 기회와 틈을 노려보고 있다(창 3:1-6, 요 8:44, 요 10:10, 엡 4:26-27, 벧전 5:8). 사악한 솨탄을 이기고 물리치는 방법은 딱 하나이다. 마귀 διάβολος(1228, 디아볼로스 사전적 의미 - 중상자, 비방자, 마귀)를 대적 ανθίστημι(436, 안디스테미 사전적 의미 - 대적하 다, 대항하다, 거역하다, 저항하다, 반대하다)하는 것이다(약 4:7, 벧전 5:9). 솨탄의 거 짓말과 욕심과 맞서 대적하여 싸워야 한다. 정욕과 욕심을 쉽게 물리치기가 쉽지 않다. 적극적으로 저항하고 반대하면 거짓된 정욕과 욕심을 이긴다. 이것을 성경은 마귀가 피한다 φεύγω(5343, 퓨고 사전적 의미 - 없어지다, 멀리하다, 도망하다, 피하다, 사라지다, 약4:7)고 하였다.

헬라어 퓨고 & 이브리어 누쓰 사전적 의미, 간략해설

φεύγω (5343, 퓨고 사전적 의미 - 도망하다, 피하다, 사라지다). 동사 '퓨고' 이브리어 역 어는 '누쓰' נוּס 5127, 누쓰 사전적 의미 - 도망하다, 달아나다)이다.

누쓰 간략해설

솨탄의 미혹의 욕심을 반대하고 저항하면 이기는 이유는 예슈아를 버팀대로 삼고 영이신 아버지께서 정하여 놓으신 성명의 말씀 경계선 안에서 싸우기 때문이다. 그러나 쇠탄이 작전상 일단 달아나는 것으로 보인다. 그러나 기회를 보다가 즉시 그를 점령한다(눅 11:24-27, 눅 4:13). 쇠탄의 거짓된 미혹은 호흡이 끝날 때 까지 계속한다(마 27:21-50).

⑥ 고난은 항상 있다 πάθημα (3804, 파데마 사전적 의미 - 고난. 고통, 불행, 질병, 마5:11-12, 마23:33-37, 눅6:22-23, 벧전4:12-16, 벧전5:9)이다.

파데미 간략해설

쇠탄 가귀와 싸우는 자는 고난과 고통을 당하지만 불행해지지 않는다. 이기는 자에게는 영광과 존귀와 칭찬이 있다. 쇠탄에게 지는 자는 질병과 같은 고통과 고난과 함께 불행해진다. 영멸지옥으로 들어가기 때문이다.

여기서 본문으로 돌아갑니다.

• 원어 직역 문장정리

  '으로움을 지키는 자들과 기회가 주어질 때마다 공의를 행하는 자가 행복하다들.'(테힐림(시) 시 106:3).

צְדָקָה (6666, 체다카흐 사전적 의미 - 의로움, 공의, 의로운 행위)
צְדָקָה 명사 여성 단수

$\delta\iota\kappa\alpha\iota\sigma\acute{\nu}\nu\eta$(1343, 디카이오쉬네 사전적 의미 - 의로움, 의, 마 5:6, 롬 4:3-9, 히 12:11, 요일 2:29, 요일 3:10, 계 22:11)명사 디카이오쉬네 이브리어 역어는 체다카흐이다.

● 체다카흐 합성어

차데 + 딸레트 + 코프 + 헤이이다.

● 상형문자 의미

차데 – 낚시바늘, 책임이다. 복음을 믿는 자들을 책임지신다.

딸레트 – 문, 종속이다. 생명의 문이신 예슈아께 속하여 동일한 열매를 맺게 해 주신다.

코프 – 바늘귀, 소망이다. 소망을 가지고 나아가는 자에게 불가능한 것들을 가 능하게 해주신다.

헤이 – 호흡, 목숨, 실존이다. 영원히 실존하는 생명이 있다.

체다카흐 간략해설

사람의 의로움은 생명의 문이신 예슈아께서 이루신 복음을 믿고 영원히 실존하는 생명을 소망하는 자들이 맺힌다는 의미이다. '체다카흐'는 영이신 루하 엘로힘의 속성이다. 그러므로 루하 엘로힘의 자녀가 된 자들도 공의와 의로움을 지켜 행한다(창 15:6, 창 18:19). 예슈아 크리스토스의 의로움으로 공의를 행하는 자들에게 행복한 복들을 주신다.

결론

오늘 말씀이 길었다. 의로움을 지키는 자들이 되자. 기회가 주어질 때마다 공의를 행하자. 이것이 쇼탄을 대적하는 유일한 무기이다. 행복한 자들이 다 되시기를 바랍니다.

10) 계명을 크게 즐거워하는 사람이 행복한 자들이다(시 112:1).

• **개역개정**

'할렐루야, 여호와를 경외하며 그의 계명을 크게 즐거워하는 자는 복이 있도다.'(테힐림(시) 112:1).

• **원어 직역 문장정리**

'야후 하렐루! 에하흐 그를 두려워하며 그의 명령들의 본질의 그것을 매우 즐거워하는 사람이 행복한 자들이다'라고 하였다.

미츠바흐 & 하페츠 합성어, 사전적 의미, 상형문자 의미, 간략해설

מִצְוָה (4687 미츠바흐 사전적 의미 - 그의 계명들, 그의 명령들)

בְּמִצְוֹתָיו 전치사 - 명사 여성 복수 - 3인 남성 단수

חָפֵץ (2654, 하페츠 사전적 의미 - 그가 기뻐하신다, 그가 즐거워하신다, 그가 어떤 것에 대해 큰 호의를 느끼신다, 시112:1)

חָפֵץ 칼 완료 3인 남성 단수

● 미츠바흐 합성어

멤 + 차데 + 바브 + 헤이이다.

● 상형문자 의미

메 – 물, 진리, 사역, 생활화이다.

차데 – 낚시바늘, 책임이다.

바브 – 갈고리, 못, 연결하는 사람 예슈아이다.

헤이 – 호흡, 목숨, 실존, 영원히 실존하는 생명이 있다.

● 하페츠 합성어

헤트 + 페 + 차데이다.

● 상형문자 의미

헤트 – 생명의 울타리, 보호의 울타리, 유월절 어린양 피가 발라져 있는 생명이

보호받는 구별된 장소이다.

페 – 입, 개방, 말하다, 말을 듣는다, 예, 아니요.

차데 – 낚시바늘, 책임이다.

하페츠 간략해설

행복한 자들은 에하흐의 명령을 엄청나게 즐거워한다. 매우 기뻐한다. 굉장히 즐거워하고 기뻐한다. 왜 무엇 때문에 성도들의 힘이요, 능력이기 때문이다. 메오드 מְאֹד (3966, 메오드 사전적 의미 - 힘, 굉장히, 매우, 대단히, 엄청나게, 매우, 대단히)

의 기쁨과 즐거움의 힘은 진리의 말씀을 믿는 자에게 주어진다. 힘들이신 엘로힘 - 데오스를 사모하는 자에게 주어진다. 생명의 문이신 예슈아로부터 주어진다. 아쇄르 직역 문장정리의 말씀을 되새겨 보라. 그리고 아쇄르의 사전적 의미들을 새겨보라. 아쇄르(동사)는 기본 동사이다. '똑바로 가다, 나아가다, 계속하다, 성공하다, 형통하다, 향상하다, 축복하다, 복되다, ~하는 자, ~하는 것, 행복, 복, 지복, 행복한 자, 기쁨, 회양목'이다. 영이신 아버지의 입에서 나오는 말씀을 복음으로 받아들인 자들은 유월절 어린양의 피가 발라져 있는 장소에 있는 자가 외치는 기쁨과 즐거움이요. 행복이다(시 40:8, 시 111:10, 시 119:35,143, 롬 7:22).

하랄 합성어, 하렐루 야후 사전적 의미, 상형문자 의미, 간략해설

הָלַל (1984 하랄 사전적 의미 - 밝게 비추라들, 자랑하라들, 찬양하라들, 미치라들)

הַלְלוּ (하렐루), 피엘 명령 남성 복수

יָהּ (3050 야후 사전적 의미 - 에하흐의 축약형이므로 '고유명사'이다, 능력의 손으로 되게 하시는 분)

יָהּ (야후), 고유명사

● **하랄 합성어**

헤이 + 라메드 + 라메드이다.

● **상형문자 의미**

헤이 – 호흡, 목숨, 실존, 영원히 실존하시는 하나님이다.

라메드 – 목자, 막대기, 가르치다, 익힘이다.

라메드 – 목자, 막대기, 가르치다, 익힘이다.

● 야후 합성어

요드 + 헤이이다.

● 상형문자 의미

요드 – 쥔 손, 능력, 하게함, 되게 함이다.

헤이 – 호흡, 목숨, 실존, 영원히 실존하시는 영(루하 – 프뉴마)이시다.

야후 간략해설

'야후 하렐루' הַלְלוּ יָהּ 는 '에하흐를 찬양하라들', '에하흐의 밝게 비추라들', '에하흐를 자랑하라들' 는 것이다. 지금까지는 '할렐루야'라고 하였지만 이브리어는 '야후 하렐루', '하렐루 야후'중에 어느 것을 사용하여도 괜찮다. 필자는 '야후'가 '에하흐' 축약형이므로 야후(에하흐) 하렐루라고 한다.

그렇다면 무엇을 어떻게 하면 에하흐를 하렐루(하랄)들을 할 수 있을까? 성구들을 읽어보라(신 12:7, 삼하 22:4, 대상 16:10,25,36, 대상 23:5, 시 18:3, 시 22:22,23,26, 시 34:2, 시 35:18, 시 44:8, 시 50:15, 시 66:2, 시 69:10,30,34, 시 105:3, 시 113:1,3, 시 148:1-4, 시 149:3, 시 150:1-6, 시 84:4, 사 62:9, 렘 9:23, 욜 2:26, 롬 14:7-8, 고전 10:31-33, 골 3:17, 벧전 4:11, 계 4:11, 계 5:12). 관련 성구들을 읽지 않으면 본질을 놓치는 것이다.

① 에하흐를 야레(존경하고 사랑)하는 것을 매우 기쁨과 즐거움으로 하는 것이다.

② 그의 명령들의 본질(예슈아)을 매우 기뻐하고 즐거워하는 것이다.

③ 아쇠르의 행복들을 누리는 것이다. 주의할 것은 아쇠르의 행복들만 생
   각하지 말고 그 행복들을 누리게 하는 사전적 의미들을 행하는 자들이
   되어야 한다.

에하흐를 사랑하고 존경하자. 그의 명령들의 본질을 똑바로 계속 행하여
나아가자. 이들이 아쇠르 행복들을 누린다. 미츠바흐의 계명들을 행하자.
아쇠르 행복들을 누려지기를 바랍니다.

11) 에하흐의 '토라'(율법 - 예슈아 십자가복음)을 따라 행하는 자들이 행복한
자들이다(시 119:1, 잠 29:18).

• **개역개정**

'행위가 온전하여 여호와의 율법을 따라 행하는 자들은 복이 있음이여'(테힐림
(ㅅ) 119:1)

• **원어 직역 문장정리**

'에하흐의 그 토라(율법 - 예슈아 십자가복음)을 행하는 자들과 태도가 완전한 자들
이 행복한 자들이다.'

개역개정

'묵시가 없으면 백성이 방자히 행하거니와 율법을 지키는 자는 복이 있느니라.'(마솰레이(잠) 29:18)

· **원어 직역 문장정리**

'환상과 이상이 없는 그와 민족은 버림받으며 십자가 복음(토라)을 지키는 자 그가 행복하다들.'

토라 & 하라크 사전적 의미, 합성어, 상형문자 의미, 간략해설

תּוֹרָה (8451, 토라 사전적 의미 - 율법, 지시(指示 - 가리켜 알려주심), 가르침, 훈계, 계명, 법령, 등)

בְּתוֹרַת 전치사 - 명사 여성 단수 연계 이다.

הָלַךְ (1980, 하라크 사전적 의미 - 가다, 오다, 걷다, 그~ 행하는 자들)

הַהֹלְכִים 관사 - 칼 분사 남성 복수이다.

● **토라 합성어**

타브 + 바브 + 레소 + 헤이이다.

● **상형문자 의미**

타브 – 죽음, 십자가, 목표, 사인이다.

바브 – 갈고리, 못, 연결하는 사람 예슈아이다.

레소 – 머리, 만왕의 왕, 잉태, 의식, 사랑이다.

헤이 – 호흡, 목숨, 실존, 영원히 실존하는 생명이다.

● 하라크 합성어

헤이 + 라메드 + 카프이다.

● 상형문자 의미

헤이 – 호흡, 목숨, 실존, 영원히 실존하는 생명이다.

라메드 – 목자, 막대기, 가르치다, 익힘이다.

카프 – 편 손, 적용, 받아들인 것에 대하여 열매를 맺는다(요 15:4–5).

토라 간략해설

율법이 무엇을 지시하고 가르쳐주고 싶으신 것일까요?

예슈아께서 저주의 십자가에서 죽으신다는 복음을 토라에 담아 놓으셨다. 사람이 하타아 죄로 인하여 영이신 아버지와 단절 되었던 것을 다시 연결시키는 복음의 트라이다. 만왕의 왕이신 예슈아께서 십자가에서 대리적 속죄의 죽으심으로 완성하신다는 십자가의 복음이다. 이 복음을 믿는 자들에게 죄 사함과 영생구원을 주신다는 토라의 복음이다. 토라의 중심은 예슈아 십자가복음이다(창 3:15, 창 22:18, 갈 3:16, 사 4:2, 사 7:14, 사 9:6, 미 5:2, 슥 6:12, 슥 9:9, 눅 24:27,44, 요 1:45, 요 5:39,46-47). * 토라 정음 모음 표기는 '토라흐'이다.

토라에서 무엇을 믿으라는 것인지를 간략하게 정리하였다.

① 여슈아께서 대리적 속죄의 희생물로 죽으신다는 예언의 말씀을 믿으라(막 10:45, 갈 3:13)

② 예슈아를 구세주로 믿으라(행 16:31, 행 4:12, 마 1:21)

③ 예슈아를 만왕의 왕으로 믿으라(딤전 6:15, 계 11:15, 계 17:14, 계 19:11-16)

④ 죽음으로 끝나는 것이 아니라 영원히 실존하는 생명이 있다는 것을 믿
   으라(마 25:34, 눅 16:22-23, 요 3:3)

이 네 가지를 호흡하는 동안 믿으면 죄 사함을 받고 영생구원을 얻는다.
영원히 실존하는 영이신 아버지와 영원히 함께 산다(창 26:5, 출 12:49, 출 13:9,
출 16:4, 말 4:4, 요 14:1-3,20, 요 17:22-24, 마 3:2, 마 4:17).

⑤ 토라의 복음을 받은 자들이 예슈아를 믿고 행하는 자들이라는 의미이
   다. 목자이신 에하흐의 인도를 따라간다. 에하흐의 뜻을 온전히 받아
   들인다. 예슈아를 믿고 예슈아와 함께 걸어가는 사람이 가장 행복한 사
   람이다(찬송 : 390, 325, 449, 288, 259).

결론

생명의 목자이신 에하흐와 예슈아 십자가의 복음 안에서 살아갑시다. 능
력과 생명으로 실존하시는 분의 인도를 따라 살아갑시다. 행복한 자들로 살
아지기를 바랍니다.

12) 그에게 구하는 그들이 행복한 자들이다(시 119:2).

- **• 개역개정**

  '여호와의 증거들을 지키고 전심으로 여호와를 구하는 자는 복이 있도다.'(테힐

  림(시) 119:2)

- **• 원어 직역 문장정리**

  '그의 증거들을 지키는 자들과 온 마음으로 그를 자주 구하는 그들이 행복한

  자들이다.'

에다흐 합성어, 사전적 의미, 상형문자 의미, 간략해설

עֵדָה (5713 에다흐 사전적 의미 - 그의 증거들, 그의 증언들)

עֵדֹתָיו 명사 여성 복수 - 3인 남성 단수

● 에다흐 합성어

아인 + 딸레트 + 헤이이다.

● 상형문자 의미

아인 – 눈, 이해하다, 대답하다, 예, 아니요 이다.

딸레트 – 문, 종속이다. 생명의 문이신 예슈아를 이해하면 영접하여 동일한 열

    매를 맺는다.

헤이 – 호흡, 목숨, 실존이다. 예슈아를 마음에 영접한 자는 영원히 실존하는

    생명을 얻는다.

에다흐 간략해설

'에다흐'는 '명사 여성 복수 - 3인 남성 단수'이다. 에하흐가 아니다. '그의 증거들', '그의 증언들'이다. '3인 남성단수'는 그, 저, 이, 그의, 그가, 그를 등이다. 에하흐가 아니다. 시편 119:1절에 에하흐라고 하였다. 2절에서 '그의' 라고 번역해도 독자들은 에하흐 인줄 안다. 성경 번역자는 원어와 사전적 의미에 맞게 번역하는 원칙을 지켜야 한다. 영이신 루하 엘로힘의 월권을 하지 말아야 한다.

눈의 기능은 무엇을 보는 것이다. 영의 눈과 귀가 열리면 십자가의 복음의 증언들을 들을 때(고전1:18-21)믿어진다. 성경을 읽을 때 알아진다. 호흡하며 목숨이 붙어 있을 때 생명의 문이신 예슈아를 마음에 받아들인 자는 예슈아께서 십자가위에서 이루어 놓으신(요19:30) 죄 사함과 영생구원의 열매를 맺히게 된다. 영원히 실존하는 생명을 얻는다는 의미이다.

나치르 합성어, 사전적 의미, 상형문자 의미, 간략해설

נֹצְרֵי (5341 나차르 사전적 의미 - 지키는 자들, 보호하다, 망보다)

נֹצְרֵי 칼 분사 남성 복수 연계,

나차르 간략해설

그들이 그를 (에하흐) 자주 구하고 찾으며 그에게 문의하는 자들은 그의 모든 증거들의 말씀을 지킨다. 어떻게 해야 그의 모든 증거들의 말씀을 지킬 수 있을까? 복음을 받아들인 자들이 자기의 머리를 굴리지 않고 지켜야할 책임이 있다.

에하흐께서 정하여 놓으신 생명의 경계선 안에서 생활하는 것이다. 경계선 안에 있는 자들이 증거들을 지킨다. 만왕의 왕이신 예슈아를 마음에 잉태하여 의식한다. 사랑하고 대화한다. 예슈아의 인도를 따라가는 자들은 보호를 받는다. 행복한 복을 주셔서 누리게 하신다.

דָּרַשׁ (1875, 따라소 사전적 의미 - 그들이 그에게 자주가다, 그들이 그에게 찾다, 그들이 그에게 구하다, 그들이 그에게 문의하다, 노력하다. 그들이 그에게 온 마음을 기울여 자주 찾아가 구하고 여쭈며 문의 하였다)

יִדְרְשׁוּהוּ׃ 칼 미완 3인 남성 복수 - 3인 남성 단수

따라소 간략해설

성도들에게 구하라는 것은 생명의 문이신 예슈아를 구하라. 만왕의 왕 예슈아를 구하라. 생명의 말씀을 되새김질하며 올바르게 깨닫게 해달라고 구하라. 에하흐를 구하고 찾으라고 하였다. 에하흐를 구할 때 온 마음을 기울여 그에게 가서 구할 때 에하흐의 뜻을 여쭈라는 의미이다. 에하흐 - 예슈아는 능력과 생명으로 실존하시는 분이시다. 에하흐 - 예슈아께서는 당신을 구하는 자들을 행복하게 허주시는 분이시다. 에하흐 - 예슈아를 구하는 사람은 생명의 말씀을 되새김질한다. 올바르게 살아간다. 이것이 기도의 본질이다. 이런 사람들이 행복들을 누리게 된다(렘 29:13, 렘 10:21, 사 16:5, 대하 31:20-21, 호 10:12, 마 6:33).

• **개역개정**

'너희가 온 마음으로 나를 구하면 나를 찾을 것이요 나를 만나리라.'(이르메야흐 (예) 29:13)

- **원어 직역 문장정리**

  '온 너희 마음으로 확신을 가지고 나를 너희가 구하고 찾으면 너희가 구하여 찾는 나를 너희가 얻는다.'

- **개역개정**

  '목자들은 어리석어 여호와(에하흐)를 찾지 아니하므로 형통(쏴칼)하지 못하며 그 모든 양 떼는 흩어졌도다'(이르메야흐(렘) 10:21)

- **원어 직역 문장정리**

  '확실하게 그의 목자들, 그들은 소멸한다. 에하흐 본질에 대하여 이들이 찾지 않았다. 그러므로 이들이 지혜롭지 못하였다. 그 모든 목양하는 자들이 흩어졌다.'

- **개역개정**

  '그가 행하는 모든 일 곧 하나님(엘로힘)의 전에 수종드는 일에나 율법에나 계명에나 그의 하나님(엘로힘)를 찾고 한 마음으로 행하여 형통(차라흐)하였더라'(디브레하야밈벹타(대하) 31:21).

- **원어 직역 문장정리**

  '그 꿰뚫는 모든 일을 하는 자 그 엘로힘의 집에서 섬기는 일과 그 토라와 그 계명과 그 엘로힘을 찾고 구하며 그의 모든 마음으로 그가 행하여 형통하였다.'

'너희가 자기를 위하여 공의를 심고 인애를 거두라 너희 묵은 땅을 기경하라 지금이 곧 여호와(에하흐)를 찾을 때니 마침내 여호와(에하흐)께서 오사 공의를 비처럼 너희에게 내리시리라.'(호세아 10:12)

- **원어 직역 문장정리**

'너희에게 대하여 너희는 의로운 행위의 씨를 뿌려라. 현재 이곳에서 자애(慈愛 – 어머니가 자녀에게 베푸는 희생적인 사랑)를 추수하라들, 너희는 경작하기에 알맞은 땅으로 새로 갈아라들, 시기적절한 때에 본질이신 에하흐 그가 오실 때 까지 찾아 구해야 한다. 그가 너희에게 공정하고 의로움의 비를 내리시리니.'

- **가역개정**

'너희는 먼저 그의 나라와 그의 의를 구하라 그리하면 이 모든 것을 너희에게 더하시리라.'(맛다이오스유앙겔리온(마) 6:33).

- **원어 직역 문장정리**

'너희는 찾아라! 지금 첫째로 그 데오스(전능들)와 그리고 그 왕국을 그리고 그 의를 그는 이것들의 모든 것들을 그가 너희에게 더하신다.'

그렇다. 기도의 본질을 예슈아께서 우리에게 가르쳐주신 기도에 그 내용이 함축되어 있다(마 6:9-13). 그리고 두 가지로 요약 정리해 주신 것은 데오스(전능들)와 그 왕국을 구하라고 하셨다(마 6:33). 선지자들을 통하여 말씀하시기를 에하흐와 엘로힘을 찾고 구하라고 하셨다(렘 29:11-14, 대하 31:21, 호 10:12, 렘 10:21). 이것이 기도의 본질이다. 그 외에 것들은 비 본질들이다. 기도란 영이신 아버지 당신을 구하라고 알려주셨다. 그 이유는 영이신 아버지의 이름과 칭호와 복합 명칭들 속에 담아 놓으셨다.

'이브리어 단어별 해설로 새롭게 알아가는 예슈아께서 가르쳐주신 기도'(2023. 5. 20) '이브리어 단어별 해설로 새롭게 알아가는 신론 죄론'(2024. 5. 20)을 보라.

에하흐를 구하면 만나주시고 해결해주신다. 구하지 말아야할 것을 구하면 주시는데 죽을 수도 있다.

참고 성구들(시 50:15, 시 70:4, 시 105:3-4, 시 145:18-19, 시 78:18-29-31, 시 106:14-15, 민 11:33-34, 잠 8:17, 시 2:8, 시 21:4, 시 27:4,8, 사 55:6-7, 렘 33:3, 암 1:4, 겔 36:37,1-4,22-28,33-38, 마 7:7-8, 막 11:24, 요 14:13-14, 요 15:7,16, 요 16:23-24, 롬 2:7, 약 1:5-6, 요일 5:14-15, 요일 3:22).

베미드바르(민) 11:33-34절 중심으로

• 개역개정

'33 고기가 아직 이 사이에 있어 씹히기 전에 여호와께서 백성에게 대하여 진노하사 심히 큰 재앙으로 치셨으므로 34 그 곳 이름을 기브롯 핫다아와라 불렀으니 욕심을 낸 백성을 거기 장사함이었더라.'

• **원어 직역 문장정리**

33 그 고기 살이 그 잇 사이에 그것이 여전히 이것들이 있는 자들이 그것을 씹어 넘기기 전에 에하흐께서 그 백성에게 그가 진노하셨다. 에하흐께서 그 백성을 매우 큰 재앙으로 그가 계속 치시므로 34 그 장소의 본질의 이름은 그 매장지(케베르) 그 욕망(타아바흐)라고 그것을 부르게 되었다. 그 백성이 그것을 열망하던 자들의 실체를 거기에 그들을 매장하였다.

베기드바르(민)11:4,13절에 고기를 먹게 해달라고 구하였다. 에하흐께서 들으시고 코에서 고기냄새가 날 정도로 먹여 주시겠다고 하셨다(민 11:18-20). 에하흐께서 최고의 양식인 만나를 거부하며 원망하는 백성들과 욕망(欲望)을 열망(熱望 - 열렬히 바람, 불타게 바람)하는 자들에게 재앙을 내려 거기에 매장지를 삼으셨다(민 11:30-34).

재앙 מַכָּה (4347, 마카흐 사전적 의미 - 타격, 부상, 학살, 살인, 재앙)**이다.**

● **마카흐 상형문자 의미 해설**

멤 – 물, 진리, 사역, 생활화이다.

카프 – 편 손, 적용이다.

헤이 – 호흡, 목숨, 실존이다.

사람들이 재앙을 받는 원인을 알려주고 있는 단어이다. 영원히 실존하는 영적인 생명을 위하여 진리의 말씀을 받아들이고 생활에 적용하여 살지 아니하고 탐욕을 열망하며 살아가는 자들에게 임하는 재앙이다.

죽이다. נָכָה (5221, 나카흐 사전적 의미 - 치다, 때리다, 죽이다, 삼상 17:49, 왕상 22:34, 시 3:7, 약 500회)이다.

● 상형문자 의미 해설

눈 – 물고기, 규정, 규칙이다.

　　루하 엘로힘께서 물고기는 물에서 살라고 정하여 놓으셨다. 사람은 생명 진리 안에서 살라고 정하여 놓으셨다. 물고기가 물을 떠나면 죽듯이 사람이 생명진리의 말씀을 떠나면 죽는다는 의미이다.

카프 – 편 손, 적용이다.

　　루하 엘로힘께서 정하여 놓으신 말씀을 받아들이고 생활에 적용하는 사람하는 사람은 복을 받지만 말씀을 거역하고 넘어가는 사람은 징계를 받는다. 징계를 받으면서도 돌이키지 않으면 죽는다.

헤이 – 호흡, 목숨, 실존이다.

　　사람에게만 영원히 실존하는 생명을 주셨다. 쇠탄의 시험을 받으면 육신의 목숨만을 위하여 살아간다. 어느 사람이나 살고자 힘을 다한다. 죽을 짓을 하지 않는다. 그러나 목숨을 위하여 무엇을 먹을까 무엇을 마실까 무엇을 입을까 욕망에 사로잡힌 그 사람은 영이신 아버지께서 정하여 놓으신 생명진리의 경계선을 넘어가므로 마카흐 재앙을 받아 나카흐 죽음에 이른다는 의미이다.

갈망 תַּאֲוָה (8378, 타아바흐 사전적 의미 - 욕구, 욕망, 갈망, 민 11:4) 타아바흐(명여) 어근은 아바흐(אָוָה , 183: 사전적 의미 - ~하고 싶어하다, 바라다)이다.

타브 – 십자가, 죽음, 목표, 표시이다.

십자가의 의미는 저주의 죽의 상징이다. 욕망에 사로잡힌 자의 목표는

저주받아 죽는다는 의미이다.

알레프 – 소, 힘, 희생물로 죽음, 가르치다, 배우다.

알레프는 힘을 상징하며 엘로힘을 상징한다. 힘들이신 엘로힘께서 희생

물로 오셨다는 것을 배워서 사람에게 주어진 힘들을 통하여 영이신 아

버지와 복음을 위하여 희생하지 않는 자는 그 힘으로 욕망을 행하다가

재앙을 받아 죽는다는 의미이다.

바브 – 갈고리, 못, 연결이다.

힘들이신 엘로힘과 예슈아 십자가 복음과 연결되지 않는 사람은 육신

의 욕구와 욕망과 연결되어 에하흐의 재앙으로 죽는다는 의미이다.

허이 – 호흡, 목숨, 실존이다.

사람의 본질은 루하 엘로힘께서 불어 넣어주신 영의 생명이다. 그러므

로 비 본질인 육신의 정욕과 욕망을 위하여 살아가는 자들은 재앙을 받

는다는 의미이다.

욕심 הַוָּה (183, 아바흐 사전적 의미 - 자신을 위하여 바라다, 소원하다, 열망하다, 신 5:18, 민 11:4, 대상 11:17, 시 106:14)이다.

● 아바흐 상형문자 의미 해설

알레프 – 소, 힘, 희생물로 죽음, 가르치다, 배우다.

| 바브 – 갈고리, 못, 연결이다.

| 헤이 – 호흡, 목숨, 실존이다.

성도들이 복음을 위하여 살아간다면 힘과 뜻과 목숨을 다하여 에하흐 엘로힘을 사랑한다. 에하흐 엘로힘의 말씀에 절대 순종한다. 영이신 아버지의 왕국과 예슈아의 의를 위하여 살아간다. 그러나 본문은 정욕으로 인하여 루하 엘로힘께서 주시는 최고의 음식인 만나를 거부하고 고기를 달라는 욕망으로 인하여 탐욕의 무덤을 만들었다.

그렇다. '15 이 세상이나 세상에 있는 것들을 사랑하지 말라 누구든지 세상을 사랑하면 아버지의 사랑이 그 안에 있지 아니하니 16 이는 세상에 있는 모든 것이 육신의 정욕과 안목의 정욕과 이생의 자랑이니 다 아버지께로부터 온 것이 아니요 세상으로부터 온 것이라.'(요일 2:15-16)고 하셨다.

이 세상의 모든 것들은 루하 엘로힘께서 주신 선물들이다. 그러나 육신의 정욕과 안목의 정욕과 이생의 자랑으로 쓰이는 것들은 다 아버지께로부터 온 것이 아니요 쏴탄의 미혹으로부터 왔다는 말씀이다. 루하 엘로힘의 뜻에 따라 쓰이지 아니하면 재앙이라는 것이다.

'5 육신을 따르는 자는 육신의 일을, 영을 따르는 자는 영의 일을 생각하나니 6 육신의 생각은 사망이요 영의 생각은 생명과 평안이니라 7 육신의 생각은 하나님(데오스 - 전능들)과 원수가 되나니 이는 하나님의 법에 굴복하지 아니할 뿐 아니라 할 수도 없음이라 8 육신에 있는 자들은 하나님(데오스 - 전능들)을 기쁘시게 할 수 없느니라.'(롬 8:5-8)고 하셨다.

그렇다. 육신을 따르는 자는 육신의 일을, 육신의 생각은 사망이요. 육신의 생각은 데오스(전능들)와 원수가 된다. 데오스(전능들)의 법에 굴복하지 아니할 뿐 아니라 할 수도 없다. 육신에 있는 자들은 데오스(전능들)를 기쁘시게 할 수 없다. 그러므로 재앙을 받는다. 페트로스는 데오스(전능들)의 일을 생각하지 아니하고 사람의 일을 생각하므로 예슈아께서 솨탄 - 사타니스라고 하셨다(마 16:23).

에하흐께서는 욕심과 탐욕을 열망하다가 재앙을 받지 말고 행복한 자들이 되라는 말씀을 주셨다. 증거들을 지키자. 온 마음으로 에하흐를 구하자. 에하흐께서 주시는 행복한자들이 되기를 '아쇠르'합니다.

13) 에하흐를 경외하며 그의 길을 걷는 모든 자가 행복한자들이다(시 128:1, 잠 28:14).

• 개역개정

'여호와를 경외하며 그의 길을 걷는 자마다 복이 있도다.'

• 원어 직역 문장정리

'에하흐를 경외하는 자와 그의 길을 가는 자들과 그 행하는 모든 자가 이 행복이 있는 자들이다.'(테힐림(시) 128:1).

• 개역개정

'항상 경외하는(파하드פֶחַד) 자(아담אָדָם)는 복되거니와 마음을 완악하게 하는 자는 재앙(라עָה)에 빠지리라.'(마샬레이(잠) 28:14).

• 원어 직역 문장정리

'계속 두려워하는 아담이 행복하다들 그의 마음이 완고한 자, 그는 악함으로 엎드러진다.'

야레 합성어 의미, 사전적 의미, 간략해설

יָרֵא (3373, 야레 사전적 의미 - 두려워하는, 경외하는, 존경하고, 사랑하여, 창 3:10, 창 15:1, 출 18:21, 말 4:5, 376회)

יָרֵא 형용사 남성 단수

● 야레 합성어 의미와 해설

요드 – 쥔 손, 능력, 하게함, 되게 함이다. 에하흐의 능력이 그 무엇을 되게 하면 된다(창 1:1-31). 되게 하지 않으면 안된다는 의미이다(마 10:28-29). 이것이 믿어지면 에하흐를 두려워하고 존경하며 사랑하지 않을 수 없다.

레소 – 머리, 왕, 잉태이다. 성도들의 머리이시며 만왕의 왕이신 예슈아를 마음에 잉태하여 의식하고 사랑하라는 의미이다(엡 1:22, 엡 4:15, 골 2:10, 딤전 6:15, 계 1:5, 계 17:14, 계 19:16).

야레 간략해설

에하흐(예슈아)를 두려워하고 존경하며 사랑해야 한다. 에하흐는 성도들의 능력과 생명이시다. 우리성도들의 머리이시다. 성도들의 왕이시다. 에하흐께서 성도들의 모든 것들을 되게 해주셔야 되기 때문이다. 성도들이 에하흐를 경외하는 지극히 당연한 본문이다. 에하를 경외하는 자가 행복한자들이다. 아쇠르의 기본어근의 사전적 의미는 똑바로 가라. 계속 똑바로 나아가라. 그래야 성공한다. 형통한다. 복된 자라고 하였다. 에하흐를 경외하는 자들에게 주시는 아쇠르 복들이다.

그러므로 성도들이 에하흐(예슈아)의 자리에 올라가서 머리(교만)와 왕 노릇을 하고 있는 사람은 두려워해야 한다. 머리와 왕의 자리에 있는 사람은 교만한 사람이다. 교만하면 저주받아 멸망한다. 그래서 두려워해야 한다(잠 16:18, 잠 11:2, 잠 18:12, 잠 29:23, 에 5:14, 에 6:6-13, 에 7:9-10, 사 2:11-12, 사 37:10-13,38, 단 4:30-37, 단 5:22-25, 롬 11:20, 딤전 3:6). 페트로스(베드로)는 예슈아와 함께 죽겠다고 장담하다가 넘어졌다(마 26:33-35,74). 페트로스는 훗날 겸손하라고 고백한다(벧전 5:5-6, 벧전 4:10-11). 예슈아의 온유와 겸손의 멍에를 매고 배워야 한다(마 11:28-30).

דְּרָכָיו (1870 떼레크 사전적 의미 - 그의 길들, 그의 방식들)

בִּדְרָכָיו: 전치사 - 명사 남성 복수 - 3인 남성 단수

● 떼레크 합성어 의미

딸레트 + 레소 + 카프이다.

떼레크 간략해설

행복의 문은 만왕의 왕이신 예슈아께서 마련해 놓으셨다. 이것을 받아들이는 자들이 행복한자들이다. 자기의 길을 가는 사람은 좌충우돌(左衝右突)한다. 그러나 만왕의 왕 예슈아께서 정하여 놓으신 길들을 에하흐와 함께 가면 그 사람이 가는 길들이 행복한 길들이 된다(요 10:9, 요 14:6, 시 23:2-6, 시 40:5, 사 55:8-12, 렘 29:11, 애 3:26, 겔 34:11-14, 마 7:13-14).

하라크 합성어 의미, 사전적 의미, 간략해설

הֲלַךְ (1980, 하라크 사전적 의미 - 그와 가다, 그가 오다, 그와 걷다, 그와 행하다, 그와 생활하다, 그와 여행하다, 물이 흐르다, 추방하다, 파괴시키다, 돌아다니다, 그와 함께 가다, 그와 교제하다)

הַהֹלֵךְ 관사 - 칼 분사 남성 단수

● 하라크 합성어 의미

헤이 – 호흡, 목숨, 실존이다.

라메드 – 목자, 막대기, 가르치다, 익힘이다.

카프 – 편 손, 받아들이다, 적용이다.

하라크 간략해설

하라크는 말씀을 들었으면 행동하라는 단어이다. 행복하기를 원하는 사람은 생명의 목자 되시는 예슈아께서 가르쳐주신 말씀에 따라 행동해야 한다. 행동하지 않는 자는 성도가 아니다. 죽었기 때문에 행동하지 않는다. 예슈아와 함께 행복한 인생의 여행을 한다. 예슈아와 계속 교제(①기도로 여쭈고, ②말씀을 되새김질)를 이어간다. 예슈아의 생명진리의 말씀들은 영적 생활방식들이다. 마음에 받아들여 열매를 맺는 행동을 한다.

에하흐(예슈아)와의 교제하는 방법

① 말씀을 읽고 듣고 지키며 되새김질(하가 - 묵상)을 하면서 교제한다(계 1:3, 잠 8:34, 눅 11:28, 요일 2:3-6, 수 1:8, 욥 23:12, 시 1:2, 시 40:8, 시 112:1, 시 119:11,47-48). 묵상하는 자는 에하흐의 뜻을 깨닫고 행동하게 된다.

② 기도로 교제를 한다(왕상 3:5,9-13, 시 50:15, 시 145:18-19, 사 55:6-7, 렘 33:3, 마 6:33, 마 7:7-8, 막 11:24, 약 1:5-6, 약 5:15, 요일 3:22, 요일 5:14-15).

기도할 때 가장 중요한 것은 말씀을 붙잡고 하는 것이다. 말씀을 붙잡았다는 것은 영이신 아버지를 붙잡고 기도하는 것과 같다. 영이신 아버지의 뜻

을 여쭈는 기도를 해야 한다. 보통 성도들의 기도는 일방적으로 구한다. 일
방적 기도는 쇠탄에게 속을 확률이 높다.

③ 예슈아와 동행하면서 교제한다.

예슈아와 영적동행을 하지 못하는 자는 예슈아께로부터 추방당한다. 예
슈아와 관계 파괴가 일어난다는 의미이다.

예슈아와 동행하지 아니하면 영생 구원받은 무리에게로부터 추방당하고
자기 영혼을 파괴 시키는 자가 된다(시 1:5-6, 요 10:27, 시 26:9, 시 112:10, 말 3:18,
마 13:48-50, 마 25:30,41,46). 이렇게 하는 자들은 반드시 행복들을 누리게 된다.

여기에서 행복한 자들이 되려면 반드기 교만을 버려야 한다는 말씀을 전
한다. 그 이유는 아래 말씀들을 보면 알게 된다.

זָדוֹן (2087, 자돈 – 교만, 거만, 건방짐, 잠언 11:2).

גָּאוֹן (1347, 까온 – 높임, 위엄, 교만, 잠언 16:18).

גָּבֹהַּ (1362, 까바후 – 높은, 높여진, 대하 32:25, 잠 18:12).

גַּאֲוָה (1346, 까아바흐 – 솟아오름, 위엄, 교만, 잠언 29:13).

גֵּאָה (1344, 께아흐 – 교만, 자만심, 잠 8:13).

גֹּבַהּ (1466, 께바흐 – 높아짐, 오만, 교만, 욥 22:29, 욥 33:17, 렘 13:17).

זִיד (2103, 주뜨 – 주제넘다, 건방지다, 단 5:20).

לָצוֹן (3944, 라촌 – 경멸, 조롱, 잠 1:22).

רוּם (7312, 룸 – 높음, 거만, 교만, 잠 16:18, 잠 21:4, 사 2:11).

זֵד (2086, 제드 – 거만한, 교만한, 주제넘은, 시 86:14, 시 119:21,51,69,78,

85,122, 잠 21:24, 사 13:11, 렘 43:2, 말 3:15, 말 4:1).

עָתָק (6277, 아타크 – 주제넘은, 뻔뻔스러운, 거만한, 오만한, 삼상 2:3, 시

31:18, 시 75:5, 시 94:4).

לָצִין (3945, 라차츠 – 경멸하다, 조롱하다, 잠 9:7-8, 잠 13:1, 잠 15:12, 호 7:5).

결론

교만하면 망한다. 에하흐를 경외하여 그 길을 가는 자들이 되자. 에하흐께서 원하시는 그것을 행하는 자가 행복한 자들이다. 성도들은 에하흐께서 뜻을 행하는 자들이다. 에하흐의 뜻을 행하는 자는 교만을 물리치는 자이다.

- **개역개정**

  '교만이 오면 욕도 오거니와 겸손한 자에게는 지혜가 있느니라.'(마솰레이(잠)

  11:2).

- **원어 직역 문장정리**

  그 교만이 온다. 그것은 모욕과 치욕이며 겸손한 자들과 함께 하는 것은 지혜
  이다.

1) 교만 זָדוֹן (2087 자돈 사전적 의미 - 교만, 거만, 건방짐) זָדוֹן 명사 남성 단수

● **상형문자 합성어, 의미 해설**

자인 + 딸레트 + 바브 + 눈이다.

자인 – 도구, 무기, 검, 수행이다. 무엇을 자랑할 만한 것으로 무기를 삼아 행동
  하는 교만한 자이다.

딸레트 – 문, 종속이다. 교만의 문으로 들어가는 자는 모욕과 치욕적인 열매를
  맺는다.

바브 – 갈고리, 못, 연결이다. 교만의 덫에 걸려들어 수치스러운 불명예의 종말
  을 맞이한다.

눈 – 물고기, 규정, 규칙이다. 교만한 자는 루하 엘로힘께서 정하여 놓으신 생
  명의 경계선을 넘어가 영멸하는 둘째 사망의 해를 받는다.

자돈 간략해설

사람이 거만하고 교만하여 건방지게 구는 것은 거룩한 영의 말씀과 생명의 문이신 예슈아와 연결이 되지 않음으로 영이신 루하 엘로힘께서 정하여 놓으신 경계선 밖에서 살아가므로 모욕과 치욕을 당한다는 의미이다.

2) 모욕 בוז (935 뽀이 사전적 의미 - 그것은 멸시이며, 그것은 모욕이며) וְיָבֹא 와우 계속법 - 칼 미완 3인 남성 단수

뽀이 간략해설

사람이 모욕을 당하고 멸시를 받는 이유가 있다. 상형문자에 그 의미를 담아 놓으셨다. 이 사람 마음에 힘과 능력으로 여기는 것들과 연결되어 그 힘과 능력을 과시한다는 의미이다.

3) 치욕 קָלוֹן (7036, 칼론 사전적 의미 - 부끄러움, 수치, 치욕, 불명예, 수치스러운 행위) קָלוֹן 명사 남성 단수

칼론 간략해설

거만하고 교만한 사람의 소망은 불가능에 가까운 것들이다. 누구의 가르침과 도움을 받으려고 하지 않는다. 수치스러운 치욕을 당할 갈고리에 걸려있다. 자기의 생명과 행복을 누리라고 영이신 루하 엘로힘께서 정하여 놓으신 생명의 경계선을 넘어간다. 그러므로 소망이 사라지고 영혼의 목자이신 예슈아께서 징계하신다. 생명의 경계선을 넘어가는 자는 갈고리 징계를 받는다. 이로 인하여

수치와 치욕과 불명예스러운 부끄러움을 당하게 된다는 의미이다(렘 13:26, 렘 46:12, 호 4:7, 합 2:16, 나 3:5).

4) 겸손 צָנוּעַ (6800, 차나 사전적 의미 - 겸손한 자들) צְנוּעִים 칼 분사 수동 남성 복수

차나 간략해설

겸손이란 교만의 반대말이다.

상형문자에 그 의미를 담아 놓으셨다. 겸손은 복음을 받아들이고 그 복음의 경계선 안에서 살아가면서 루하 엘로힘만을 사모하여 바라보는 자에게 지혜를 책임지고 주신다는 의미이다.

겸손하면 제일먼저 떠오르는 말씀이 있다. 예슈아의 말씀이다(마 11:29-30, 마 5:5, 빌 2:5-8, 슥 9:9, 시 25:15, 벧전 2:23~24, 갈 3:13).

온유와 겸손은 구분 없이 사용되는 단어이다. 온유하면 겸손하고 겸손하면 온유하다.

◆ 헬라어와 이브리어 사전적 의미

겸손 πραΰς (4239, 프라위스 사전적 의미 – 온유한, 친절한, 겸손한, 동정심 많은, 인정 많은)

온유 ταπεινός (5011, 타페이노스 사전적 의미 – 낮은, 비천한, 겸손한, 온유한, 하찮은, 중요하지 않은, 약한, 가난한)

헬라어 '프토코스', '페네스', '타페이노스', '프라위스' 이브리어 역어는 '아느바흐’ עֲנָוָה (6037, 아느바흐 사전적 의미 – 겸손, 온유)이다. 이브리어 ‘아느바흐’는 폭넓게 사용되었다. 에하흐께서 온유겸손한 자를 책임지시고 땅을 점유하는 소유권의 복을 주신다(마 5:5, 시 37:9,11,22,29).

시편 37편에 이에로슈 아레츠 (אֶרֶץ (776, 에레츠 사전적 의미 – 땅, 대지, 육지, 영토) :אֶרֶץ (아레츠)명사 여성 단수

יָרַשׁ (3423, 야라쉬 사전적 의미 – 그들이 붙잡으니, 그들이 상속하며, ~소유권, ~점유하며) יִירְשׁוּ (이에로슈)칼 미완 3인 남성 복수)는 실제의 땅, 대지를 온유겸손한 자들에게 소유권을 주셔서 점유하게 하시는 책임을 지시겠다는 말씀이다.

성도들을 파멸시키는 교만이 온다는 것은 쇠탄이 와서 아담과 하부하(하와)를 죽이고 죽인 것처럼 영육을 죽이려고 온다는 의미이다. 그 결과는 모욕과 치욕이다. 이 세상에서의 모욕과 치욕은 호흡이 멈추면 끝나지만 둘째 사망의 불지옥에서의 치욕과 모욕은 영원히 겪는다. 우리 성도들은 교만을 물리치고 거부하는 것이 곧 쇠탄을 거부하고 물리치는 것이다. 우리 모두 한시라도 쇠탄의 거짓말을 물리치시기를 바랍니다. 우리가 사는 방법입니다. 승리합시다.

• **개역개정**

'교만은 패망의 선봉이요 거만한 마음은 넘어짐의 앞잡이니라'(마쌀레이(잠)
16:18).

• **원어 직역 문장정리**

얼굴이 교만한 자들은 산산이 파멸하는 자이다. 영의 얼굴이 높아진 자들은
타락하여 비틀거리는 자이다.

1) 교만 גָּאוֹן (1347 까온 사전적 의미 - 높임, 위엄, 자랑, 교만, 거만, 오만, 자만) גָּאוֹן 명
사 남성 단수 까온(명남)어근은 까아흐 גָּאָה (1342, 까아흐 사전적 의미 - 솟아오르다, 올
라가다, 높이다, 승귀하다, 거만한, 교만한, 교만, 자만심)이고 까아흐(동사) 어근은 께이
(형용사) גֵּא (1341, 께이 사전적 의미 - 거만한, 교만한)이다.

까온 간략해설

까온은 교만이 무엇인지를 알려준다. 상형문자 끼멜의 의미는 낚시바늘, 책임
이다. 복음을 믿는 자를 책임져 주신다는 의미이다. 그러나 복음을 믿지 않는
자는 구원, 구출해주지 않겠다는 의미이다. 알레프 - 소, 힘, 희생, 되새김질, 배
움이다. 알레프는 힘이신 엘로힘을 상징한다. 엘로힘의 힘과 희생을 배우라는
의미이다. 그러나 교만한 자들은 엘로힘 자리에 앉아서 자기희생을 모르고 자
기욕심만 채우는 자이다. 바브 - 갈고리, 못, 연결이다. 연결하는 사람 예수아께
서는 영이신 루하 엘로힘께 사람을 십자가로 연결시키는 분이시다. 교만한 사

람은 예슈아를 믿지 아니하므로 솨탄과 연결되어 있음으로 파멸한다는 의미이다. 눈은 물고기, 규정, 규칙이다. 루하 엘로힘께서 물고기에게 정하여 놓은 장소는 물이다. 사람에게 정하여 놓으신 것은 진리의 말씀이다. 교만한 자는 사람에게 정하여 놓은 생명의 경계선을 넘어간 사람이다. 그러므로 회개하고 돌아서지 않으면 죽을 자이다.

교만한 자는 예슈아 십자가 복음을 믿지 않는다. 자기의 힘과 능력만을 믿고 살아간다. 엘로힘께서 정하여 놓으신 생명의 경계선을 넘어가는 사람이다. 교만한 사람은 자기를 파멸시킨다. 교만의 사전적 의미들을 보라. 교만한 자는 자기를 파멸시킨다는 내용들이다.

* 교만하면 에하흐 엘로힘을 잊어버린다.

שָׁכַח (7911, 쇠카흐 – 잊다, 모르다, 시들다, 무시하다, 신8:14)

* 사람이 교만한 것은 주제 넘는 오만이요. 건방진 것이라고 하였다.

זָדוֹן (2087, 자돈 사전적 의미 – 교만, 거만, 주제넘음, 오만, 건방짐, 삼상17:28)

* 교만한 히스키야 왕은 에하흐께 받은 것이 많은데 에하흐께 돌아가지 않았다 (더하 34:25).

* 하만의 교만은 모르드개(모르데카이)를 죽이려고 자기가 세운 나무기둥에 매달려 죽었다(에 5:13–6:14, 7:9–10).

* 교만하면 치욕적인 수치를 당한다.

קָלוֹן (7036, 칼론 – 부끄러움, 수치, 치욕, 불명예, 잠11:2)

* 교만한 자는 다툼을 일으키고 논쟁을 일삼는다.

מַצָּה (4683, 마차흐 – 다툼, 논쟁, 잠13:10)

* 다툼을 좋아하는 자는 반역을 일삼는다.

פֶּשַׁע (6588, 페솨 – 반역, 잠17:19)

* 교만한 자는 자기를 파괴하고 파멸케 한다.

שֶׁבֶר (7667, 셰베르 – 파괴, 부숨, 파멸 잠18:12)

* 교만한 자는 경멸당한다.

לִיץ (3887, 루츠 – 경멸하다, 잠21:24)

* 교만한 자는 높아진 곳에서 떨어져 내려앉게 된다.

שָׁפֵל (8213, 쇼펠 – 낮다, 낮추다, 떨어뜨리다, 내려앉다, 잠29:23)

* 에하흐께서 교만한 자에게 재앙을 내려 엎드러져 망한다.

שָׁחַח (7817, 쇼하흐 – 낮다, 몸을 구부리다, 엎드리다, 사2:11−12)

* 느부갓네살 (네부카드넷차르 – 느보여 왕위를 지키소서, 느보여 국경을 지키소

　서) 왕은 교만으로 소처럼 7년 동안을 풀 먹었다는 것은 교만한 자는 성도로

　살지 아니하고 짐승처럼 산다는 것을 알려주신 것이다(단4:30−37).

* 교만한 자는 쇼탄의 미혹을 받아 자기에게 속아 산다.

נָשָׁא (5377, 나솨 – 미혹하다, 속이다, 렘49:16)

* 에하흐께서 교만한 자에게 불의 심판을 하신다(렘 50:31−32).

* 교만은 왕겨 같은 자이다(말 4:1).

* 예슈아께서 페트로스(베드로)에게 네가 나를 닭 울기 전에 네가 나를 세 번

　나를 부인한다고 하였으나 페트로스는 죽을지언정 그런 일 없다고 장담(교

　만)하였으나 처참하게 무너졌다(마 26:32−35,74).

* 교만하면 꺾임을 당한다(롬 11:20).

* 교만한 자에게 직분을 주면 마귀의 올무에 걸려 정죄를 당한다(딤전 3:6-7).

교만하면 루하 엘로힘께 버림을 받고 가족들과 사람들에게도 버림을 받는다. 그에 교만한 사람에게는 친구가 거의 없다. 교만한 사람은 상대를 존중하지 않고 무시하며 자기만 내세우기를 좋아한다.

2) 파멸 שֶׁבֶר (7665, 쇼바르 사전적 의미 - 깨뜨리다, 부수다, 파괴, 부숨, 분쇄, 산산이 부숨, 갈라진 틈, 파멸) שֶׁבֶר 명사 남성 단수이다(잠언16:18).

● 쇼바르 합성어

쉰 + 뻬이트 + 레소이다.

● 상형문자 의미

쉰 − 이빨, 되새김질, 형상, 모양, 올바름이다. 교만하여 자기를 깨트려 파멸로
　　빠지는 자는 자기가 루하 엘로힘의 형상과 모양으로 창조되었다는 것을
　　모르므로 올바름을 행하지 않는다.

뻬이트 − 집, ∼안에, 마음의 집, 속사람이다. 교만한 사람은 마음의 집안에 쇼
　　탄이 거주하고 있음을 모르므로 파멸의 길을 간다.

레소 − 머리, 만왕의 왕, 잉태이다. 교만한 자는 자기가 자기를 왕으로 잉태하
　　여 살다가 파멸을 낳는다는 의미이다.

교만한 사람은 자기를 나타낼만한 것이 있다. 그래서 교만하게 행동한다. 그러나 교만한 사람은 자기가 자기 인생을 깨뜨리고 있다는 것을 모른다. 자기를 산산이 부시고 파괴하며 파멸시킨다는 것을 모른다. 자기가 우두머리가 되었기 때문에 마음에 올바른 것이 없다. 그 이유는 생명진리의 말씀을 읽거나 듣거나 되새김질하거나 지켜 행하지 않기 때문이다(레 21:19, 시 60:2, 잠 15:4, 잠 17:19, 사 30:13-14, 렘 50:22, 습 1:10).

3) 높아진 גָּבֹהַ (1363 꼬바후 사전적 의미 - 높다, 고귀하다, 높은, 높아진) גָּבֹהַ 명사 남성 단수이다(잠언16:18).

상형문자 의미를 중심으로 꼬바후를 해설한다. 교만한 자의 마음에 자기를 높여 고귀하게 하신 에하흐께 대한 보답의 감사가 없다. 자기에게 호흡을 불어넣어 주시므로 실존하게 하시는 루하 엘로힘을 생각하지 못한다. 그러므로 자기 잘난 맛에 살아간다. 고귀(신분, 지위, 재산 등등)한 줄 착각하고 살아간다. 꼬바후 같은 사람은 자기가 자기 생명을 파멸시키는 줄을 모른다(대하 32:26, 시 10:4, 렘 48:29, 겔 31:10-14, 암 2:9).

4) 타락, 비뜰거림 כִּשָׁלוֹן (3783, 키솰론 사전적 의미 - 비틀거림, 타락) כִּשָׁלוֹן 명사 남성 단수이다(잠언16:18).

상형문자 의미 해설을 따로 하지 않을 경우에는 언제나 단어별 해설을 할 때 포함해서 한다. 거만은 교만처럼 사람이 높아진 것이다. 외형적으로 화려해도 영적으로는 타락하여 비틀거리고 있다는 의미이다. 교만한 사람은 목자이신 에하흐(예슈아)께서 가르쳐 주시는 말씀을 받아들이지 않는다. 말씀을 받아들이지 않는 자는 영적으로 타락하여 비틀거리면서 올바른 길을 가지 않는다. 루하 엘로힘께서 정하여 놓으신 생명의 경계선을 넘어간 자라는 의미이다. 잠언(마솰레이) 16:18절에 '마음'이라고 번역한 이브리어는 '루하'이다. 루하는 영이다. 영은 마음을 지배한다. 마음은 영을 지배하지 못한다. 마음은 중립이기 때문이다. 솨탄에게 지배를 받는 마음은 교만하고 거만한 자가 된다(레 26:37, 대하 25:8, 대하 28:23, 잠 4:1, 시 64:8, 시 64:8, 시 107:12, 잠 24:16, 사 8:15, 사 31:3, 호 4:5, 호 5:5, 호 14:1,9, 나 3:3, 말 2:8).

마음 이브리어는 레브 לֵב (3820, 레브 - 내부 인간, 마음, 정신, 의지)이다. 본문에서 영이 높아졌다(거만)는 것은 사람의 영이 솨탄의 유혹을 받아 타락하여 비틀거리다 파멸한다는 것이다. 잠언(마솰레이) 16:18절에 카솰론을 '넘어진다'고 번역하였으나 사전적 의미는 '타락과 비틀거리다'이다.

교만한 사람은 영이 타락한 사람이다. 영이 타락하였다는 것은 예슈아 크리스토를 믿지 않는 자이다. 솨탄에게 붙들린 자이다. 그러므로 생명의 문, 즉 행복의 길이신 예슈아 크리스토스를 받아들이지 않는다. 생명의 문과 행복한 길들을 잃어버린 자이다. 그러므로 자기중심의 인생을 살아간다. 제멋

대로 자기의 길들을 간다. 영원히 실존하는 생명이 있다는 것을 모른다. 자기인생을 행복하게 하시는 에하흐 목자를 받아들이지 않는다.

오직 육신의 정욕과 안목의 정욕과 이생의 자랑만을 위하여 살아간다(요일 2:16, 창 3:6, 창 6:2, 민 11:4,34, 잠 6:25, 전 5:10-11, 마 5:28, 롬 13:14, 갈 5:17, 갈 5:24, 엡 2:1-3, 딛 2:12-14, 딛 3:3, 약 3:15, 벧전 2:11, 벧전 4:2-3, 벧후 2:9-17,18-22, 계 18:11-20). 성도들은 이것들을 두려워해야 한다.

에하흐께서 나의 인생을 행복하게들 하시는 분이시다. 에하흐께서 되게 해주시면 되고 되게 해주지 않으면 불행한 인생이 된다. 그러므로 자기인생을 행복하게 하시는 에하흐를 사랑하고 존경하면서 두려워하여 에하흐 그의 길들, 그의 방식들, 그의 방법들로 그와 함께 동행 한다. 그와 함께 걷는다(창 5:24, 창 39:2-5, 슥 8:21, 슥 10:12). 모든 자들이 행복한 복들을 받아 누린다. 그러나 자기를 행복하게 하시는 에하흐를 두려워하지 않고 행하지 않는 사람은 저주를 받고 아쇠르 복을 받아 누릴 수가 없다(시 144:15, 시 146:5).

결론

얼굴이 교만한 하다고 하는 것은 얼굴은 마음의 거울이므로 마음에 쌓여 있는 것이 현실로 나타나므로 산산이 파멸한다. 교만과 타락의 의미는 같다. 타락한자, 교만한 자는 정상적으로 살아가지 못한다. 마음이 비틀어 졌음으로 비틀거리는 자이다.

'모든 지킬 만한 것 중에 더욱 네 마음을 지키라 생명의 근원이 이에서 남이니라'(잠4:23)고 하였다. 마음을 철저하게 지키시기를 바랍니다.

- 개역개정

  '사람의 마음의 교만은 멸망의 선봉이요 겸손은 존귀의 길잡이니라.'(잠 18:12).

- 직역 문장정리

  사람의 그 높아진 마음은 파괴와 파멸의 얼굴들이다. 겸손은 부와 영예의 얼굴들이다.

1) גָּבַהּ (1361 까바후 사전적 의미 - 그가 높이며, 그가 고귀하게 여기며, ~위엄과 영예의 사람) יִגְבַּהּ 칼 미완 3인 남성 단수

까바후 간략해설

에하흐께서 높이며 위엄과 영예의 사람으로 세워주신 에하흐께 대한 보답과 감사가 마음에 일도 없는 자이다. 자기의 호흡을 주인이신 영이신 아버지를 의식하지 못하는 것이 교만하다는 의미이다.

2) 겸손 עֲנָוָה (6038, 아나바흐 사전적 의미 - 겸손, 삼하 22:36, 잠 15:33, 잠 22:4, 습 2:3) עֲנָוָה׃ 명사 여성 단수

아나바흐 간략해설

잠언 11:2절에 겸손한 자들은 '차나'였다. 한글성경 번역은 동사 '차나' צָנַע는 겸손하다. 명여 '아나바흐'는 겸손이다. 이브리어 상형문자 의미와 해설은 다르다.

'아인'은 에하흐를 사모하여 바라며 그의 말씀에 아멘하여 받아들인다. '눈'과 '바
브'는 연결하는 사람 예슈아께서 정하여 놓으신 그 생명의 경계선을 지킨다. '하
이'는 호흡과 영원히 실존하는 생명이 영이신 아버지의 것이라는 것을 믿기에
겸손해진다는 의미이다.

**3) 부와 영예 כָּבוֹד (3519, 카보드 사전적 의미 - 풍부, 다량, 다수, 부, 영예, 영광) כָּבוֹד
명사 남성 단수**

카보드 간략해설

사람이 존귀해 지기를 바라고 열심히 공부도 하고 노력들을 한다. 당연하다. 부
지런한 자가 존귀해지기 때문이다. 그러나 본문에서는 겸손(아나바흐)한 자에게
'카보드' - 풍부한 부와 영예와 영광을 주시겠다고 하셨다.
세상의 존귀의 관점과 영이신 아버지의 관점은 다르다. '카보드'는 마음에 생명
의 둔이신 예슈아을 받아들이고 그의 음성을 듣고 따라가는 자를 겸손하게 여
기신다. 그 사람에게 부와 영광과 영예를 주신다는 의미이다. 예슈아를 마음에
받아들인 자는 그의 말씀을 순종하며 살아간다.

**4) 얼굴들 פָּנִים (6440, 파님 사전적 의미 - 얼굴들, ~의 면전에서들, ~앞에서들, ~속으
로, ~의 정면에서들, ~의 반대편에들 등) וְלִפְנֵי 접속사 - 전치사 - 명사 남성 복수 연계,
길잡이니라**

파님 간략해설

'길잡이'란 명사 ① 길을 인도해 주는 사람, ② 나아갈 방향이나 목적을 실현하

본문에 '선봉이요.'라고 번역하였는데 이브리어는 '파님'이다.

5) פָּנִים (6440, 파님 사전적 의미 - 얼굴들, ~의 면전에서들, ~앞에서들, ~속으로, ~의 정면에서들, ~의 반대편에들 등) וְלִפְנֵי **접속사 - 명사 남성 복수 연계**

사람의 마음이 교만하면 멸망(세베르 - 산산이 부셔짐, 파멸)하는데 영이신 하나님의 면전들 앞에서 산산이 부셔지고 파멸한다는 의미로 '파님'이다. 그러나 '선봉'(先鋒 - 먼저 칼끝에 망하는데 앞장섬)의 한자와 이브리어의 의미는 다르다. 이렇게 번역한 곳이 많다. 한자와 영어가 이브리어의 본질의 뜻을 왜곡시키고 있다는 증거이다. 21세기에서도 이브리어 본질의 뜻에 맞지 않게 번역을 하고 있다. 번역자들은 각성(覺醒 - 눈을 떠서 깨달아 정신을 바로 차림)하여 번역해야 한다.

결론

높아진 마음은 파괴와 파멸의 얼굴들을 버리자. 겸손한 자가 되어 부와 영

예의 얼굴들을 가지자. 예슈아의 온유와 겸손을 본받아 부와 영예를 누리시
기를 바랍니다.

14) 네 손과 발들이 수고한 것을 먹는(누리는) 자가 행복하다들.

· 개역개정

'네가 네 손이 수고한 대로 먹을 것이라 네가 복되고 형통하리로다.'(테힐림(시)
128:2).

· 원어 직역 문장정리

네 손과 발들이 수고한 것을 네가 먹으며 네가 선하게 잘되는 형통과 번영으
로 행복한 것들이 너에게

아칼 합성어, 상형문자 의미, 사전적 의미, 간략해설

אָכַל (398, 아칼 사전적 의미 - 네가 먹으며, 네가 삼키며, 네가 소비하리니)

תֹאכַל 칼 미완 2인 남성 단수

● 아칼 합성어

알레프 + 카프 + 라메드이다.

● 상형문자 의미

알레프 – 소, 희생, 힘, 배움이다.

> 카프 – 편 손, 적용이다.

> 라메드 – 목자, 막대기, 가르치다. 익힘이다.

아칼 간략해설

힘과 만능이시고 영혼의 목자이신 예슈아 크리스토스를 받아들인 자에게 먹고 소비하게 해주신 분이시다. 아무나 행복한자들이 되는 것이 아니다. 영혼의 목이신 예슈아 크리스토스를 믿는 자들은 죄 사함과 영생구원을 받는다. 죄 사함과 영생구원을 받은 자들에게는 행복한 복들이 주어진다. 루하 엘로힘의 자녀가 된 자들에게 주어진 특권이다. 사람들이 수고의 대가를 다 받는 다면 가난하게 살 사람이 없을 것이다. 셋집에 살 사람이 없을 것이다. 건강하지 않을 사람이 없을 것이다. 에하흐 엘로힘께서 되게 해주셔야 되는 것이 성경에서 우리에게 가르쳐준다(요 15:5, 시 127:1-2, 전 9:11, 신 3:10-20, 대상 29:12,26-28, 다뷔드는 기원전 1040-970(향년70세)).

코헬텟트세페르(전) 9:11절 중심으로
원어 직역 문장정리, 합성어 의미 해설, 사전적 의미, 간략해설

- **원어 직역 문장정리**

'내가 되돌아보았다. 그 태양 아래서 마치 그 경주자라고 그 빠른 자들이 아니다. 그 전쟁에서 또 그 강력한 용사들이 아니다. 지혜로운 자들이라고 또 음식을 얻는 것이 아니다. 그 지각(知覺 – 깨닫아 알아지는 능력)이 있는 자들이라고 또 재물을 얻는 것이 아니다. 그들 모두에게 은혜로 정해진 때(시간)에 기회의 그것을 만나는 그것을 알았다들'

עֵת (6256, 에트 사전적 의미 - 시간, 기간, 정해진 때, 기회, 적절한 때)

עֵת 명사 여성 단수

● 에트 합성어 의미 해설

아인 + 테트이다.

아인 – 눈, 대답이다. 눈으로 보고 이해한 것에 대하여 예, 아니요, 답을 해야
　　　한다.

테트 – 십자가, 죽음, 목표, 표시이다. 예슈아께서 십자가에서 나를 포함하여
　　　모든 사람을 구원하시기 위하여 대리적 속죄의 희생물로 죽으신 것을
　　　아멘으로 받아들이고 열심히 살아가는 자에게 적절한 때에 에하흐께서
　　　정해놓으신 시간에 승리를 얻고 재물을 얻게 된다는 의미이다.

에트 간략해설

루하 엘로힘 아버지를 사모함으로 바라본다. 예슈아 십자가 복음의 말씀을 아
멘으로 마음에 받아 십자가 복음에 목표를 정하고 살아가는 자들에게 에하흐
엘로힘께서 가장 적절한 때에 기회를 주신다는 의미이다. 이들은 영이신 아버
지께서 주시는 그 기회를 놓치지 아니하고 잡는다. 이 세상에는 우연이라는 것
이 절대 존재하지 않는다.

פֶּגַע (6294, 페가 - 만나다, 사건, 기회)

וּפֶגַע 접속사 - 명사 남성 단수, 우연이

● 페가 합성어 의미 해설

페이 + 끼멜 + 아인이다.

페이 – 입, 개방이다.

끼멜 – 낙타, 보답이다.

아인 – 눈, 대답이다.

페가 간략해설

사람에게 언제 기회가 올까요? 성공의 기회를 만날까요? 사람들은 우연이라는 말들을 한다. 그러나 우연이라 존재하지 않는다. 창조의 법칙은 심는 대로 거두는 것이다. 심지 않으면 열매가 없다. 결과는 없다는 것이 팩트이다. 생명의 주인이신 영이신 아버지의 입에서 나오는 말씀을 아멘으로 받아 사모하여 나아가는 자는 죄 사함과 영생구원을 주신 예슈아께 감사와 보답을 한다. 영의 눈으로 예슈아를 사모하여 바라보며 그의 말씀에 아멘한다. '페가'를 개역성경에 '우연'이라고 번역하였다. 우연은 없다. 에하흐께서 기회를 주시고 만나게 해주셔야 한다는 의미이다. 행복한 자가 되는 기회를 만나게 해주실 때 그 기회를 놓치지 않고 붙잡는다.

결론

손과 발들이 수고한 것을 네가 먹는 행복을 누린다. 선하게 잘되는 형통과 번영의 복을 받는다. 행복한 것들을 예슈아를 믿는 자들에게 주신다. 누려지기를 바랍니다.

15) 에하흐 엘로힘의 백성이 행복한 자들이다.

· 개역개정

'이러한 백성은 복이 있나니 여호와(에하흐)를 자기 하나님(엘로힘)으로 삼는 백성은 복이 있도다.'(테힐림(시) 144:15).

· 원어 직역 문장정리

이와 같은 그의 백성이 행복한 자들이다. 에하흐 그는 엘로힘이시다. 그의 백성이 행복한 자들이다.

에하흐 엘로힘 상형문자 의미 해설, 간략해설

יהוה (3068 에하흐 상형문자의미 - 능력과 생명으로 연결되어 영원 전부터 영원까지 실존하시는 분) שֶׁיְהֹוָה 관계사(관계대명사, 관계부사, 관계사는 대명사, 부사 대신 쓰임)고유명사

אֱלֹהִים (430 엘로힘 상형 문자의미 - 그는 모든 것들의 만능들, 강함들, 힘들이시다)

אֱלֹהָיו: 고유명사 남성복수 - 3인 남성단수

● 에하흐 합성어

요드 + 헤이 + 바브 + 헤이이다.

● 에하흐 상형문자 의미

요드 − 쥔 손, 능력, 하게함, 되게 함이다. 에하흐는 루하 엘로힘이 어떤 분이신

가를 나타내는 칭호이다. 에하흐의 능력으로 무엇을 되게 해주면 되고 되게 해주지 않으면 되지 않는다는 의미이다.

헤이 – 호흡, 목숨, 생명, 실존이다. 루하 엘로힘은 생명과 생명으로 연결되어 실존하신다. 영존하신다는 의미이다.

바브 – 갈고리, 못, 연결하시는 예슈아이시다. 예슈아께서는 저주의 십자가에 못 박혀 루하 엘로힘 아버지와 사람 사이를 십자가로 연결하신다는 의미이다.

헤이 – 호흡, 목숨, 생명, 실존이다. 에하흐는 능력과 생명으로 실존하시는 분이라는 의미이다.

● 엘로힘 합성어

알레프 + 라메드 + 헤이 + 요드 + 멤이다.

● 상형문자 의미

알레프 – 소, 힘, 희생, 배움이다.

라데드 – 목자, 막대기, 가르치다, 익힘이다.

헤이 – 호흡, 목숨, 생명, 실존이다.

요드 – 쥔 손, 능력, 하게함, 되게 함이다.

멤 – 물, 진리, 사역, 생활화이다.

에하흐와 엘로힘은 고유명사이다. 시간이 흘러가면서 엘로힘은 보통명사가 되었다. 출애굽기 3:14절을 인용하여 엘로힘은 스스로 있는 자라고 한다. 신명기 6:4절을 인용하여 하나이신 에하흐이라고 한다. '에하흐 그는 엘로힘이시다'라는 것은 에하흐는 능력과 생명으로 연결되어 영원 전부터 영원까지 실존하시는 분이라는 의미이다. 에하흐 엘로힘의 칭호는 계속 유지보존하고 사용 되어야 한다. 육안으로 볼 수 없는 루하 엘로힘께서 최초로 모세에게 나는 엘로힘이다(창1:1), 나는 루하 엘로힘이다(창1:2), 나는 에하흐 엘로힘(창 2:4)이라고 알려주셨다. 엘로힘은 '명사 남성 복수'이므로 모든 것들의 만능들이라는 의미이다. 엘로힘의 모든 힘들, 능력들, 권세들, 지혜들을 당할 자 없다는 의미이다. 못하실 것이 없는 전지전능하신 분이라는 것을 알려주신 것이다(창 18:14, 막 9:23, 빌 4:13).

'초기 개신교에서는 상제(上帝), 천주(天主), 하늘님, 하얼님, 하느님, 하나님 등 다양한 용어를 사용하였다. 현대의 민속 종교에서도 하나님, 하느님 혼용으로 읽는다. 한국의 개신교에서는 하나, 곧 유일하신 분이라는 신앙 고백적 의미까지 담아서 하나님으로 이해하기도 하지만, 실제로 하나님이라는 말은 하나라는 숫자를 나타내는 수 관형사에 님을 붙인 것은 아니다.'[17]

'존 로스의 선교 정책은 토착문화를 토대로 한 토착 선교정책이었다.' -생략-
무엇보다도 하늘에 계신 최고의 하늘님을, 한국인의 정서에 맞도록 엘로힘(이, Elohim. 창3:8), 데오스(헬, Dheos. 막10:18), God을 하느님으로 1881년부터

---

17)   출처 위키 백과사전

최초로 표기하였다. 지식인들의 한문식 상제(上帝), 천주(天主)를 민중이 애용하는 언어로 하느님/하나님으로 표기하였다.'[18] 판단은 목회자들과 성도들의 몫이다. 자료들은 차고 넘친다.

이브리어 עברית 엘로힘, 엘, 헬라어 데오스를 하나님으로 번역한자는 심판을 받는다(계22:18-19). 전능하신 아버지의 이름을 모독 하는 자는 죽이고 영혼도 죽는다고 하였다(레 24:11-16). 레위기 24:16절에 '반드시(모트) 죽일지니(우마트)' 반드시는 원어의 번역이 아니다.

מוּת (4191 무트 -죽 는다. 영혼의 죽음, 둘째사망의 죽음이다. 계20:14, 계21:8)

מוֹת (모트)칼 부정사 절대

מוּת (4191 무트 - 그를 죽이며, 육신을 죽이라는 것이다)

יוּמָת (우마트)호팔 미완 3인 남성 단수

• **직역 문장정리**

그의 육체의 생명을 죽이며 영혼을 죽인다.

육신의 죽음과 영혼의 죽음을 한다. 에하흐 엘로힘의 이름을 저주하고 모독하는 자는 육신의 죽음과 영혼의 죽음, 불 유황지옥의 둘째사망의 심판을 한다는 무서운 말씀이다. 엘로힘, 엘, 데오스를 '하늘님'(하늘 heaven + 님 prince)이라고 명기한 존 로스와 성경번역자들은 이 심판을 피해갈 수가 없

---

18)   출처 당당뉴스 2023년 12월 18일 (월) 23 22:40

다. 이들은 모독의 정도가 아니라 저주를 하고 있는 것이다. 현대에서는 육신의 생명의 대하여 즉결처분이 보류되지만 영혼의 둘째사망은 모면할 수가 없다.

엘로힘, 엘, 데오스를 하늘님'(heaven + prince)을 하나님으로 번역한 것은 패악의 쇠탄의 종들이다. 패악질의 번역으로 루하 엘로힘을 일반적인 신(神), 샤머니즘적인 신(神)으로 모욕하는 거짓된 번역, 공허하고 헛된 번역을 하였다. 출애굽기 20:7절에 '망령'이라 단어는 쇠우שׁוְא (7723, 쇠우 - 텅빔, 공허, 헛됨, 허무, 거짓)이다. 헬라어 데오스, 이브리어 엘로힘과 엘을 하늘님'(heaven + prince)을 하나님으로 번역한 존 로스와 같은 자들에게 그 죄의 책임을 반드시 찾으실 것이다(출20:7). 루하 엘로힘께 대하여 귀신(鬼神) 신(神)자를 사용하지 말아야한다. '땅이 混沌하고 空虛하며 黑暗이 깊음 위에 있고 엘로힘(하나님)의 영 - 루하(神)은 水面에 運行하시니라'(창 1:2). 루하 엘로힘은 귀신이 아니다. 전지전능하신 창조주는 루하(영이시다) 엘로힘(만능들이시다)이시다. 루하 엘로힘은 "영은 만능들이시다.' 라는 의미이다.

한글성경에 이브리어 엘로힘, 엘, 헬라어 데오스를 하나님이라고 번역하였지만 하나님이라는 의미가 전혀 없다. 한글성경에 번역되어 있는 하나님은 '한민족이 불러오던 신칭'인 하늘님(heaven + prince)이라는 사실이 분명해졌다. 이것은 팩트이다.

엘로힘은 명사 남성복수로서 '모든 것들의 힘들, 강함들, 능력들이라는 의미이다. 엘אֵל은 명사 남성단수로서 힘, 강함, 능력이라는 의미이다. 데오스 θεός는 단수형과 복수형으로 사용되며, 명확하게도 사용되고 막연하게도 사용되어 신들, 신, 그 신, 신성(godhead) 사이에 의미상의 구별이 거의 없는 경우가 종종 있다. 그러나 성경에서는 '하나님', '신', 신들, '전능자'라고 번역하고 있다.

필자가 이 내용을 2025년 2월8일에 구글에 '하나님의 유래'를 검색하여 보고 충격을 받았다.

스코틀랜드 선교사 존 로스가 쇠탄의 충동받아서 '예수성교 누가복음전서'을 한글번역을 할 때 본국에 "하늘"(heaven)과 "님"(prince)의 합성어인 "하느님'이 가장 적합한 번역일 것이라고 보고를 하였다. 본국에서 하느님으로 번역하겠다는 것을 제재하지 않았다. 1882년 3월까지는 하느님과 하나님으로 볏기 표기 하였다. 1883년 10월 요한복음(어떤 학자는 누가복음이라고 함)판부터 하나님으로 정식표기 번역하므로 헬라어 데오스와 이브리어 엘로힘과 엘이 하나님으로 번역되어 오늘날에 이르렀다. 루하(영)의 본 이름은 중요하게 여기지 않게 되었고 한민족 토착문화의 샤머니즘 하늘님(heaven + prince)을 유일하신 하나님으로 부르게 되었다. 거슬러 올라가면 1881년~2025년 02월 20일까지 목회자들과 성도들이 한민족 신(우상)에게 믿음을 고백하는 '하나님'으로 표기되었다는 사실을 알았다. 알면서 회심하지 않으면 그 죄는 더 크다(시19:3, 눅12:47-48, 눅23:34, 요 9:41, 딤전 1:13, 약 3:1, 약 4:17).

영이신 아버지는 다른 신의 이름을 부르지 말라고 하셨다.

'만일 어떤 선지자가 내가 전하라고 명령하지 아니한 말을 제 마음대로 내 이름으로 전하든지 다른 신들의 이름으로 말하면 그 선지자는 죽임을 당하리라'(신 18:20)하셨다. 한국교회가 한민족의 우상의 명칭인 하나님을 우상인

줄 모르는 죄악을 범하여 왔다. 이제는 끝내야할 때가 왔다. 에하흐 엘로힘께서 다른 신(미신 하나님, 우상 하나님)의 이름 으로 말하는 목회자는 죽임을 당하리라고 말씀하셨다. 제 마음대로 에하흐 엘로힘의 이름으로 전하는 자도 죽임을 당한다고 하셨다. 이 죄를 한국교회가 회개하고 바로 설 때 한국교회가 영이신 아버지를 기쁘시게 해드릴 것이다.

'내가 네게 이른 모든 일을 삼가 지키고 <u>다른 신들의 이름은 부르지도 말며 네 입에 서 들리게도 하지 말지니라</u>'(출 23:13)하셨다.

에하흐 엘로힘께서 다른 신 - 우상의 이름을 부르지 말라고 하셨다. 한민족이 수천 년 부르던 '하나님'의 명칭은 미신 하나님 - 우상 하나님이다. 이것은 합리화 할 수 없는 사실이다. 이제 부터는 '엘로힘'(구약)과 '데오스'(신약)라고 믿고 섬기며 불러야 한다. '엘로힘' - '데오스'는 힘들, 만능들, 전능들, 강함들이시다는 의미이다. 이것이 영적싸움이다. 솨탄 - 마귀(디아볼로스 - 세드)를 대적, 거부, 반대하는 것이다(수 23:7, 시 16:4, 시 97:7).

'<u>엘로힘이여 대적이 언제까지 비방하겠으며 원수가 주의 이름을 영원히 능욕</u>(나아츠)<u>하리이까</u>'(시 74:10,18).

<u>능욕</u>(나아츠, 5006 - 거부하다, 경멸하다, 업신여기다, 142년 동안 우리는 이것을 몰랐다 할지라도 미신의 이름 '하나님'을 엘로힘 - 데오스로 믿고 섬기고 부르면서 엘로힘 - 데오스를 능욕하고 거부하며 경멸하는 죄를 범하여 왔다)

• **원어 직역 문장정리**

'<u>에하흐의 이름을 모독</u>(나카브, 5344 - 뚫다, 찌르다, 저주하다, 악담하다, 에하흐 이름을 손상시키는 자를 죽이고 죽이라고 하심)**하면 그를 죽이고**(우마트 - 육체의 죽음) **죽인다**(무트 - 영이 멸망함) 온 회중이 돌로 그를 칠 것이니라 <u>거류민이든지 본토인이든지 에하흐의 이름을 모독하면 그를 죽이고</u>(우마트 - 육체의 죽음) **죽인다**(무트 - 영이 멸망함)'(레 24:16)**고 하셨다**(민 15:30-31, 마 12:31요 12:48, 요 15:22, 계21:8).

기독교는 세속문화(우상숭배)에 저항(Protestant)한다. 성도들은 오직 엘로힘 - 데오스께만 절대 복종한다. 그러므로 많은 성도들과 목회자들이 순교하였다. 영이신 아버지께서 가장 진노하시고 심판하시는 것이 우상숭배이다(출 20:7, 출32:1-35, 레 24:11-16, 민 25:7-9,1~18, 신 17:2-7, 신 27:15,27, 겔 14:3-9. 계 22:15,18-19).

한극 기독교와 세계 기독교는 지금까지 어느 학자가 그랬다는 학설 위주였다. 이제는 신구약 원어 텍스트는 이것이다.라고 해야 할 지적 수준에 이르렀다고 본다. 학자들의 연구를 존중하지만 복잡하다. 입증 때문이다. 그러나 명확한 정답이 없다. 두리뭉술하다. 원어는 사실이므로 명확하다. 명료하다. 영이신 루하 - 프뉴마로부터 주어졌기 때문이다.

우리 후손들에게 비 복음, 비 진리를 물려 줄 수가 없다. 21세기에 바로 잡아야 한다. 과거와 현재 성경 번역의 변천사에서 큰 오류는 원어로부터가 아니라 영어로부터, 거룩한 영으로부터가 아니라 본성이 전 적타락한 학자로부터 시작하므로 오늘의 혼돈을 초래 하였다. 그럼에도 학자들은 '신학적으로 문제가 없다', '공증을 받아라'고 하며 회피하고 있다.

타락의 정도가 심각성을 넘어 심히 부패(腐敗)하였다는 증거이다. 그러므로 학자의 탈을 쓰고 영이신 아버지를 대적하고 있는 것이 현실이다. 원어의 본질로 회귀하지 못하고 있는 것이다.

영이신 아버지를 알려주는 이름들에 집중되어 있다. 구약성경은 엘로힘을 미신 하나님으로, 에하흐를 여호와, 야훼, 예호바로, 신약성경은 데오스를 미신 하나님으로 오역하였다. 토속문화의 영향이라는 것을 '신구약 원어 텍스트의 본질로 회귀하는 대개혁'(2025.5.23출판)에서 밝혔다.

그리고 자세히 보라.

본 내용은 '바이블렉스 성경 원어 해석 대사전' 10.0에서 발췌하였다.

에하흐에 대한 스트롱코드(3068~3070)를 보라.

יְהֹוָה '(3068 예호와)예호와는 이스라엘의 하나님을 나타내는 고유명사이며, '여호와, 야훼'로 음역한다. 우리가 '여호와'라고 부르는 하나님의 명칭은 본래 히브리어 4자음 문자 '요드, 헤, 와우, 헤(YHWH)로 구성되어 있다.'고 하였으나 정음 모음 표기는 '에하흐'이다. 4자음 문자는 요드 ', 헤이 ה, 바브 ו, 헤이 ה는 에하흐이다.

יְהוִה '(3069, 예호와(야훼) - 여호와 Jehovah)'라고 하였으나 정음 모음 표기는 '에호비흐'이다. * 한국에서 야웨, 야훼는 조용기 목사가 주로 사용하였다.

'예호와(야훼)는 예호와(יְהֹוָה, 3068)과 동일하며, 이스라엘의 하나님을 나타내는 고유명사 '여호와'를 가리킨다.'고 하였다.

יְהֹוָה '(3070, 예호와 Jehovah)야호와(yahowah)로 발음 표기되어야 하는데 예호와(yehowah)로 발음 표기되어 있다.'라고 하였으나 <u>정음, 모음 표기는 예호바흐이다.</u>

'대부분 영어성경이 에하흐 יהוה를 Lord(주님)로 표기한다.'

<u>에하흐에 대한 원어, 한글번역, 모음 표기, 영어 모두가 통일된 것이 하나도 없고 의미들도 다르다.</u> '원어 성경 해석 대사전'이 이렇다. 다른 주석과 사전들도 동일하다. 이것이 한국 기독고와 한국 신학의 현실이다.

그동안 한국교회 목회자들, 교단장들, 신학자들은 무엇을 하였는지 묻지 않을 수가 없다. 원어와 한글, 영어가 일치 된 것이 하나도 없다. 이 지경인데 학자들은 입을 굳게 닫고 있다. 괜찮다고들 한다. 영이신 아버지(루하 - 프뉴마)에 대해서 알려주는 이름들이 이 정도라면 다른 것들은 불 보듯 뻔하다. 모음 표기들도 틀린 곳이 너무 많다. 필자의 작은 외침이 한국 기독교와 세계 기독교가 '원어 텍스트의 본질 로 회귀하는 대개혁의 기틀'이 될 것이다.

존 로스는 만능들과 힘들이신 엘로힘, 전지전능하신 데오스를 하늘에 계시는 하늘님으로 만들어 놓았다. 전능하신 아버지의 본명이 있다. 이브리어 루하(영), 헬라어 프뉴마(영)이시다. 에하흐, 엘로힘 등등은 본명을 알게 하는 이름들이다. 필자는 누가 알아주지 않아도 사명감을 가지고 원어 성경 본질에 전념하고 있다. 필자는 영이신 루하께서 기뻐하시는 원어 번역과 상형문자 의미 해설을 사전적 의미에 근거해서 해설한다. 필자의 도서들은 일반적이지 않다. 초교파적으로 가장 안전한 해설서들이다. 원어를 연구하는 자들에게 팩트의 자료들이 될 것이다.

필자는 사람 중심의 목회자, 인기 중심의 목회자가 아니다. 오직 루하 엘로힘 중심의 목회자, 성경 말씀중심의 목회자이다(행4:19-20, 행5:29, 롬8:4-6, 고전10:31, 고후5:9-10, 갈1:10, 살전2:4). 필자가 가장 무서워하고 두려워하며 사랑하는 분은 오직 루하 엘로힘과 예슈아 크리스토스이시다.

한글성경은 여러 번의 변천의 과정을 보라. 상제(上帝)⇨ 천주(天主)⇨ 하느님⇨ 하늘님⇨ 하얼님⇨ 하나님으로 결정되어 사용하고 있다. 이 하나님(heaven + prince)은 기독교의 유일하신 에하흐와 엘로힘이 아니다(신6:4, 요8:41, 고전 8:4, 약2:19, 유1:4, 출3:15)는 것이 팩트이다. 수천 년간 한민족의 고유의 신칭(무속적 신앙에서 부르던 하늘님)이다. 우리 크리스토스교(기독교) Protestant에서는 하나이신 하나님으로 믿고 불러도 이 하나님은 성경에는 없다는 것이 팩트이다. 성경에 하나이신 분은 에하흐 엘로힘이라고 하였다(신6:4).

◆ **다바림세페르(신) 6:4절 직역 문장정리**

'이스라엘아 순종하라. 에하흐는 엘로헤누(우리 엘로힘)는 하나이신 에하흐이시다.' 에하흐, 엘로힘, 루하가 하나라는 의미이다.

שְׁמַע יִשְׂרָאֵל יְהוָה אֱלֹהֵינוּ יְהוָה אֶחָד׃

셰마 이스라엘 에하흐 엘로헤누(우리 엘로힘) 에하흐 에하드

성경에 공식적인 전능하신 아버지의 이름은 루하(창1:2, 시51:10), 프뉴마(마4:1, 요4:24)이시다. 한글, 헬라어, 영어, 한자, 일어 등에서는 이브리어에서 알려주는 이름으로 번역하지 않았다. 한글성경에 엘로힘(약2.6000회)과 엘

(240회, 데오스(1.319회)를 하나님으로 번역한 것은 악역이다. 엘로힘(모든 것들의 만능들이시다)과 엘(힘, 강함, 능력이시다), 데오스(전능한 자)는 한글 하나님도 아니다. 엘로힘과 엘, 데오스는 영어 "God", "god"도 아니라는 것도 팩트이다. 엘로힘과 엘, 데오스는 중국의 "上帝" shàngdì. "天主" tiānzhǔ. "天父" tiānfù, "主" zhǔ도 아니라는 것도 팩트이다. 일본에 "카미사마", 인도에 "빠르메슈와르", 러시아에 "바가", 캄보디아에 "프레아 치압부" 몽골에 "보르항"(신, 부처님, 몽골인들이 오랫동안 최고의 신으로 여겨온 칭호), 터키에 "탄르"(Tanrı, 하늘의 신, 천신(天神), 투르크족의 전통 신앙 '텡그리'(Tengri, 하늘을 다스리는 최고신에서 유래)도 아니라는 것이 팩트이다. 성경에 이렇게 번역한 사람은 심판을 받는다. 필자는 엘로힘 - 데오스의 심판이 무섭다(신 4:2, 잠 30:6, 계 22:18-19).

이브리어 루하 רוח는 영이다. 이 루하(영)은 보이지 않는다. 그러나 실존하신다. 공식적으로 베레쉬트(창) 1:2절에서부터 루하가 어떤 분이신지를 알려준다.

루하 רוח 엘로힘 אלהים이 공식적인 이름이다(창 1:2).

루하(영)의 대한 공식적인 대표 칭호들의 대한 상형문자 의미 간략해설

이브리어 해설은 상형문자의미 + 사전적 의미가 포함되어야 루하 엘로힘의 뜻을 명확하게 이해할 수 있다. 헬라어는 사전적 의미는 있으나 상형문자가 아니므로 본문과 사전적 의미 중심으로 해설한다. 신구약 원어 직역은 사전적 의미로만 한다. 사전적 의미들을 100% 신뢰할 수가 없다. 21세기에

도 여전히 엘로힘, 엘, 데오스를 하나님으로 번역 한 것은 원어의 대한 무지 (無知)의 소치(所致)요 수치(羞恥)이다.

원어 성경의 공식적인 전능하신 아버지의 이름과 칭호들의 대한 팩트의 사전적 의미들을 보라. 구약의 전능하신 아버지의 공식적인 이름은 루하(영이시다, 창1:2, 시51:10)이다. 루하는 항상 독립적이다. 카다소 루하(거룩한 영이시다, 시51:11, 사63:1-11)이다. 신약의 전능하신 아버지의 공식적인 이름은 프뉴마(영이시다, 마4:1)이다. 하기오스 프뉴마(거룩한 영이시다, 마1:18,20)이다. 전능하신 아버지의 공식적인 이름 외에는 영이신 아버지께서 어떤 분이신지를 알려주는 칭호(속성)들이다. 이브리어 에하드(하나)와 헬라어 헤이스(하나)라고 하신 것은 영이신 아버지의 이름과 칭호들이 모두 '하나' 라는 의미이다.

존 로스가 하느님(하늘 heaven + 님 prince)을 하나님으로 명기한 것과 전혀 관계도 없고 그런 하나님은 존재하지 않는다는 것이 팩트이다.

원어 성경의 공식적인 이름, 칭호들의 대한 구체적인 해설은 '이브리어 단어별 해설로 새롭게 알아가는 신론 죄론,' 조길봉 지음, 2024년 5월 20일 발행을 보라.

루하 - 프뉴마는 영이시다. 그러므로 볼 수 없는 분이시다. 그러나 실존하시는 분이시다. 영이신 아버지께서 당신은 보여 줄 수가 없어서 우리 인간들에게 신구약 원어 텍스트의 말씀을 주셨다. 그 말씀들을 깊이 있게 '하가호' הָגָה (1897, 하가흐 - 조리다, 신음하다, 슬퍼하다, 으르렁거리다, 말하다, 속삭이다, 중얼거리다, 명상하다, 숙고하다, 옮기다, 이동시키다, 제거하다. 시 1:2, 시 119:27,97-99, 수 1:8)

를 하는 자들에게 거룩한 영(루하 - 프뉴마)께서 알려 주신다(요 16:7-14, 요 14:26, 요 15:26, 욜 2:28-29, 고전 2:10-13).

'오직 데오스(전능들)께서 영(프뉴마)으로 이것을 우리에게 보이셨으니 영(프뉴마)은 모든 것 곧 데오스(전능들)의 깊은 것까지도 통달(에류나오 - 찾고 발견하게 하심)하게 한다.'(고전 2:10)라고 하셨다

◆ 신구약 원어 텍스트의 전능하신 아버지, 영이신 아버지의 본명과 종합적인 칭호들

(1) **루하** רוּחַ (영이시다, 영이신 아버지이시다)**이다**(창1:2, 시51:10).

　　루하 רוּחַ (7307, 루하 종합적 사전 의미 - 영, 숨, 바람, 광활하다, 안도하다, 안식하다, 휴식, 안식, 구조, 구원, 냄새를 맡다, 향내를 맡다, 감지하다)**이다.**

(2) **카다소** קָדֹשׁ **루하** רוּחַ (거룩한 영이시다, 시51:11, 사63:10–11),

　　카다소 קָדֹשׁ (6942, 카다소 - 거룩하다, 거룩하게 하다, 성별하다, 봉헌하다, 성화(성결)하게 하다, 분리됨, 거룩함, 신성함) **루하** רוּחַ (7307, 루하 - 영, 숨, 바람)

(3) **엘로힘** אֱלֹהִים Elohim (만능들이시다, 창1:1)

(4) **루하** רוּחַ **엘로힘** אֱלֹהִים (영은 만능들이시다, 창1:2, 창41:38, 출31:3)

　　① **나는 루하** רוּחַ(나는 영이다. 명사 여성 단수 - 1인 공성 단수, 창6:3)

　　② **루하** רוּחַ **하크마흐** חָכְמָה (영은 지혜이시다, 출28:3)

(5) **게하흐** יְהוָה **엘로힘** אֱלֹהִים (에하흐는 능력과 생명으로 실존하시는 만능들이시다, 창 2:4)

(6) 엘 אֵל 티 (힘과 강함이시다, 창14:18)

(7) 엘로바흐 אֱלוֹהַּ (능력이시다, 신32:15, 욥3:4)

(8) 예슈아 יְשׁוּעָה (에하흐는 구원이시다, 승리, 번영과 복지의 행복을 주신다, 창 49:18)

(9) 아브 אָב (집을 만드시는 만능의 아버지, 신32:6)

(10) 빠알 בַּעַל (영적남편이시다, 사랑과 보호의 남편이시다, 사54:5, 렘3:14, 예슈아는 신랑이시고, 성도들은 신부이다. 마25:1-10, 고후11:2, 엡5:32, 계19:7, 계21:9)

(11) 아도나이 אֲדֹנָי (나의 주, 나의 주님이시다, 창 15:2)

(12) 프뉴마 πνεῦμα (영, 영이시다. 마4:1), πνεῦμα(4151, 프뉴마 – 영, 바람, 호흡, 생명)

(13) 하기오스 ἅγιος 프뉴마 πνεῦμα (거룩한 영이시다, 마1:18,20, 눅1:35, 요14:26)

(14) 프뉴마 πνεῦμα 데오스 θεός (영이신 전능자, 영은 전능하시다, 마3:16, 요4:24)

　① 프뉴마 πνεῦμα 휘오스 υἱός (아들로부터 오시는 영이시다, 갈4:6)

　② 휘오데시아 υἱοθεσία 프뉴마 πνεῦμα (양자를 삼으시는 영이시다, 롬 8:15)

　③ 크리스토스 Χριστός 프뉴마 πνεῦμα (크리스토스는 영이시다, 롬 8:9)

(15) 예수스 Ἰησοῦς (이브리어 – 예슈아, 헬라어 – 이에수스, 예수스 – 이브리어 헬라식 음어, 구원, 구출, 구조, 번영, 복지 등, 마1:21)

(16) 데오스 θεός (전능들, 만능들, 마 1:23)

(17) 파테르 πατήρ (3962, 파테르 – 아버지 father, 마6:18, 요17:1,5,21)

(18) **데스포테스** δεσπότης (주, 주인, 소유자, 눅2:29, 벧후2:1, 계6:10)

(19) **에피스타테스 b** ἐπιστάτης (주여)—(두목, 장관, 주인, 눅8:24)

(20) **파라클레토스** παράκλητος (돕는 자, 중재자, 변호자, 위안자, 요 14:26)

(21) **예수스** Ἰησοῦς **크리스토스** Χριστός (구원자로 기름 부으심을 받음, 요
17:3)이다.

이름과 칭호의 대한 해설이 필요하지만 알리는데 목적이 있음으로 해설
은 생략합니다. 이 이름과 칭호(속성)들을 보라. 그 어디에도 하나님(一神)(하
늘 heaven + 님 prince(天神))이라는 이름과 칭호와 의미가 없다. 명백(明白)한 팩
트이다.

지금부터는

아버지~~

영이신 아버지~~

전능하신 아버지~~

아버지 루하 엘로힘~~

나의 능력과 생명이신 에하흐여~~

에하흐여~~

엘로힘~~이라고 부르면 됩니다. 엘로힘(구약), 데오스(신약)가 가장 적합하
다. 이 외에 이름들은 원어 본문에 따라 인용하면 된다.

아버지 엘로힘!~ 예슈아!~ 예슈아 크리스토스라고 부르면 됩니다. 루하
여!~ 영이신 루하여!~~ 거룩한 영이여!~~ 만능들이신 엘로힘이여!~~ 프뉴

마 데오스여!~ 영이신 전능자!~~ 주여!~~ 주님(아도나이)!~ 나의 주여! 나의 주님이여라고 부르면 됩니다. 처음에는 생소할 수 있으나 그래도 계속 사용하면 거룩한(하기오스) 영(프뉴마) 전능하신(데오스)아버지께서 도와주시므로 곧 익숙해 질 것입니다. * 평생 부르던 명칭을 버리고 엘로힘 – 데오스 이름이 서먹서먹할 수 있으나 죽고 죽는 저주의 심판을 피하는 유일한 방법은 부르라고 알려주신 엘로힘 – 데오스의 이름을 불러야 한다.

이 문제는 영이신 아버지의 이름을 훼손한 정도가 아니다. 엘로힘과 데오스의 이름을 모욕하고 저주하는 선을 넘었다. 창조주 엘로힘과 데오스의 대한 반역(反易)이요(창 1:1, 요1:1-2). 엘로힘 왕국의 역적(逆賊)이다. 21세기 목회자들과 성도들이 우롱(愚弄)을 당하고 있다. 만능들이신 엘로힘 - 데오스의 이름을 귀신(미신, 우상) 따위의 이름으로 바꿔버린 것에 통탄을 금할 수가 없다.

하늘님(하늘 heaven + 님 prince)은 토속문화의 우상의 이름이다. 이것이 팩트이다. 우상의 이름, 토속문화 샤머니즘의 이름, 저주받을 이름인 하나님을 더 이상 부르지 말아야 한다.

우리가 믿는 루하 엘로힘은 무소부재(천지에 충만, 렘23:24, 시139:7)하시지만 우리 안에 계시는 분이시다(창2:7, 요14:17, 골1:27, 눅17:21). 하늘에 계시는 분으로 제한해서는 안 된다. 하나님이라는 명칭을 긍정적으로 유일하신 하나님이라는 의미로 받아들인다 할지라도 그 하나님은 하늘에 계신 분으로 너무 멀리 떨어져 계셔서 만나기 힘들고 분리되어 계시는 분이므로 성경에서 말하는 하나님이 아니다(마1:21, 사7:14, 사8:8, 요17:11,21-24). 죽어 천국도 성경과

배치(背馳)된다. 살아있을 때 마음의 데오스 θεός 왕국 βασιλεία을 누리지 못하면 죽어 데오스(전능들) 왕국은 없다(눅17:21).

- **거역개정**

  '또 여기 있다. 저기 있다고도 못하리니 하나님의 나라는 너희 안에 있느니라.'(루카스유앙겔리온(눅) 17:21)

- **직역**

  ~도 아니다 그것들 저들에게 말하였다. 보라. 이쪽 저쪽 보라. 참으로 그 왕국 그 하나님 안에 너희 그가 있다.

- **원어 직역 문장정리**

  그것들을 그들에게 말하였다. 보라. 저쪽과 이쪽도 아니다. 보라. 참으로 그 데오스(전능들)의 그 왕국은 너희 안에 그가 있는 것이다.

너희 안에 데오스(전능들)가 계신다는 것이 곧 왕국이다. 마음에 솨탄이 거주하면 곧 지옥이다. 마음에 데오스(전능들)의 왕국이 있다고 하면 영지주의자라고 하는 자는 성경을 모르는 사람이다.

עִמָּנוּאֵל (6005, 임마누엘 - 엘이 우리와 함께 계신다)임마누엘은 임(עִם , 5973: ~와 함께)과 엘(אֵל , 410: 엘 남성단수 - 힘, 강하심, 능력)의 합성어이다. 창세기 2:7절 회복이 임마누엘이다. 해설 필요함. -생략-

너와 함께(임메카) עִמָּךְ 전치사 - 2인 남성 단수(창21:22 창26:28, 창28:15, 수3:7)

나와 함께(임마디) עִמָּדִי 전치사 - 1인 공성 단수(창28:20, 시23:4)

신구약 성경70권(시편을 5권으로)은 데오스(전능들) 영의 감동의 말씀이다(딤후 3:16, 벧후 1:21, 신 4:36, 삼하 23:2). 성경70권은 신앙과 행위의 정확 무오한 유일한 법칙이다. 원어 성경 헬라어 데오스, 이브리어 엘로힘, 엘을 미신 "하나님"으로 번역되어 142년간 불렀다. 한민족의 토착문화의 샤머니즘 하늘님(하늘 heaven + 님 prince)이 하나이신 하나님이 되었다. 쇠탄의 미혹에 넘어진 존 로스 선교사가 루카스 유앙겔리온 1881~1882년 3월판 까지는 하느님과 하나님을 병기(竝起) 명기 하다가 요안네스 유앙겔리온 1883년 10월부터 하나님으로 정식 명기하게 되었다.

"존 로스의 선교 정책은 토착문화를 토대로 한 토착 선교정책이었다. -생략- 무엇보다도 하늘에 계신 최고의 하늘님을, 한국인의 정서에 맞도록 "엘로힘(히, Elohim. 창3:8)", "데오스(헬, Dheos. 막10:18)", "God"을 "하느님"으로 1881년부터 최초로 표기하였다. 지식인들의 한문식 "상제"(上帝), "천주"(天主)를 민중이 애용하는 언어로 하느님/하나님으로 표기하였다."[19] 자료들은 차고 넘친다.

---

19)　출처 당당뉴스 2023년 12월 18일 (월) 23:22:40, "엘로힘《특히 구약성서에 나오는, 헤브라이 인(人)의 신(神)》"-출처 영한엣센스

에하흐 엘로힘의 백성이 되었다는 것 자체가 행복한 자들이 되었다는 것이다. 본문에서 아쇄르(행복한 자들, 행복하다들)를 두 번 반복하여 말씀하셨다. 이제 그의 백성 된 자들은 잘 될 일만 남았다. 행복한 것들이 준비되어 있다. 행복하기를 원하는 사람은 아쇄르와 관련된 말씀을 받아들이고 순종해야 한다. 에하흐 엘로힘께 속한 사람들, 에하흐 엘로힘의 관리 하에 있는 민족과 백성들이 행복한 자들이다. 이들은 쇄탄 셰드(마귀) 지배하고 다스리는 능력자들이다. 쇄탄 셰드를 지배하고 다스리는 자에게 주어지는 행복들과 선하고 즐거운 번영과 이익과 복지를 누린다. 잘되는 복을 누린다.

암 합성어, 사전적 의미, 상형문자 의미, 간략해설

● 암 합성어

아긴 + 멤이다.

עַם (5971 암 사전적 의미 – 그의 민족, 그의 백성) עַמּוֹ 관사 – 명사 남성 단수

● 상형문자 의미

아인 – 눈, 대답, 예, 아니요, 이해하다.

멤 – 물, 진리, 열린 계시, 닫힌 계시, 사역, 생활화이다.

보이지 아니하시는 영이신 루하 엘로힘을 소망하며 바라보는 그의 백성이다. 열린 계시의 생명 진리의 말씀으로 살아가는 그의 백성이라는 의미이다.

그의 백성은 누구일까요?

열린 계시의 십자가의 복음을 듣고 예슈아 크리스토스를 마음에 받아들인 자들이다(고전 1:18-21). 루하 엘로힘을 아버지라고 부르는 자들이다. 이들은 루하 엘로힘께서 거주하시는 집이 된 자이다. 곧 엘로힘의 자녀들이다. 영이신 아버지의 말씀을 읽고 듣고 지켜 순종하는 자들이다. 에하흐 엘로힘으로 인하여 살아가는 자들이다. 예슈아 크리스토스의 날을 사모하며 기뻐하는 자들이다. 엘로힘 - 데오스 왕국을 사모하며 살아가는 자들이다(요 1:12-13, 요 3:15-18, 요 5:24-25, 요 8:56, 고전 1:21, 고전 3:16-17, 고전 6:19-20, 롬 10:13-15,9-10, 히 11:8-10, 히 12:22-23,28, 히 13:14, 요 14:1-3,18-10, 빌 3:20, 고후 5:1, 계 1:3, 창 12:1-4,8, 신 10:12-13, 신 11:13-17, 신 28:1-14, 삼상 2:30, 잠 8:17-21, 요 14:21,23-24).

영이신 아버지, 전능하신 아버지의 본명은 영이시다. 이브리어 루하(영)이시다. 헬라어 프뉴마(영)이시다. 이 외에 이름과 칭호들은 영이신 아버지의 본질을 알려주신 것이 팩트이다.

처음부터 '루하', '프뉴마'라고 하셨음으로 세계의 역사가 바뀌어도 여전히 루하, 프뉴마로 번역해야 하며 불러야 한다. 역사의 변천에서 진리의 본질이 왜곡 되었으면 진리의 본질로 바로 잡아 팩트를 가르쳐야 한다. 필자가 그 일을 저서를 통하여 하고 있다. 성경대로 믿고자 하는 자들과 진리를 사모하는 자들에게 귀한 자료가 될 것이다.

루하는 영이시다. 영이시므로 볼 수 없는 분이시다. 루하(영이시다)는 모든 만능들이시라는 것을 나타내시려고 루하 엘로힘이라고 알려주셨다. 이 칭호들이 뱀(솨탄, 세드)가 에하흐를 빼고 엘로힘이라고 하부하(하와)에게 말을 걸었다(창 3:1). 하부하도 뱀의 말을 받아 에하흐를 빼고 엘로힘이라고 한다(창 3:3). 아담과 하부하의 타락한 후부터 루하 엘로힘, 에하흐 엘로힘이라고 칭하는 원칙이 무너지기 시작하였다(창 3:24, 창 4:1,3,4,6,13,15,16, 창 5:1-2, 창 6:2,3,5). 모세가 이스라엘 백성들이 그 엘로힘의 이름이 무엇이냐고 물으면 무엇이라고 할까요? 질문할 때 에하흐 엘로힘으로 모세에게 알려주시면서 본질을 잡아주셨다(출3:11-16). 전능하신 아버지, 영이신 아버지의 이름이다. 알려 주신대로 믿고 섬기며 신중하게 불러야 한다.

우리는 성경의 본질로 돌아가야 한다. 알려주신 칭호들을 올바르게 가르치고 칭하며 불러야 한다. 에하흐는 '능력과 생명으로 연결되어 영원히 실존하시는 분'이시라는 의미이다.

'에하흐 그는 엘로힘이시다'라는 것은 에하흐는 능력과 생명으로 실존하시는 분이시다. 엘로힘은 모든 만능들이시라는 것을 반복해서 말씀하시는 목적이 있다. 못하실 것이 없는 분의 백성이 되었다는 것 자체가 행복한 자들이 되었다는 것을 알라는 것이다.

한글성경에 엘로힘(약2.6000회, 하나님, 신들)과 엘(240회, 하나님, 신), 데오스 (1.319회, 신들, 신, 하나님)를 하나님으로 번역한 것은 악역이다. 엘로힘, 엘, 데 오스는 하나님이 아니다. 엘로힘, 엘, 데오스는 영어 God, god도 아니다. 엘 로힘, 엘, 데오스는 중국어 上帝 shàngdì. 天主 tiānzhǔ. 天父 tiānfù, 主 zhǔ도 아니다.

성경에 이렇게 번역한 사람은 심판하신다고 하였다(신 4:2, 잠 30:6, 계 22:18- 19). 142년 동안 믿었던 그 하나님은 성경에서 말하는 하나님이 아니라는 말씀에 충격을 받는 목회자들과 성도들이 당연히 있을 것이다. 그러나 팩 트이다. 우리의 신앙과 행위의 유일한 법칙은 70권(시편을 5권으로)의 원어 성경이다.

행복하기를 원하는 사람은 아쇄르와 관련된 말씀을 받아들이고 순종해야 한다. 성경말씀을 순종하라는 것은 의논이나 타협을 해가면서 하는 것이 아 니다. 준행하는 것이다(창 6:22, 창 12:4, 창 22:2,9-11, 단 3:14-18). 타협하다 버림받 은 사울 왕을 거울로 삼아야 한다(삼상 15:1-3,22-23,8-24). 불순종의 결과는 비 참하였다(삼상 16:14, 삼상 31:1-4).

'59 또 다른 사람에게 나를 따르라 하시니 그가 이르되 나로 먼저 가서 내 아버지를 장사하게 허락하옵소서 60 이르시되 죽은 자들로 자기의 죽은 자 들을 장사하게 하고 너는 가서 전능하신 자(데오스)의 왕국(바실레이아)를 전파하라 하시고 61 또 다른 사람이 이르되 주여 내가 주를 따르겠나이다마는 나로 먼저 내 가족을 작별하게 허락하소서. 62 예수스께서 이르시되 손에 쟁기를 잡고 뒤를 돌아보는 자는 전능하신 자(데오스)의 왕국(바실레이아)에 적합(유데토스 - 적합)하지 않다'(눅 9:59-62)고 하였다.

성경진리의 팩트는 학자들의 견해나 추정으로 결정하는 것이 아니다. 전지전능하신 루하 엘로힘께서 지키라고 주신 말씀들을 전적 타락한 인간들은 아멘으로 화답하여 지켜야 한다. 에하흐 엘로힘의 백성들, 에하흐 엘로힘의 관리 하에 있는 민족과 백성들이 행복한 자들이라는 말씀이다. 에하흐 엘로힘의 백성이 되었다는 것에 자부심과 행복을 누리시기를 바랍니다.

16) 엘로 도움의 원조자로 삼고 에하흐 엘로힘께 소망을 두는 자가 행복한 자들이다.

· **개역개정**

'야곱(야아코프)의 엘을 자기의 도움으로 삼으며 여호와(에하흐) 자기 하나님(엘로힘)에게 자기의 소망을 두는 자는 복(아솨르)이 있도다.'(테힐림(시) 146:5).

· **원어 직역 문장정리**

야아코프 엘 그로 도움의 원조자, 에하흐 그는 엘로힘이시다. 그에게 소망을 두는 자가 행복한자들이다.

우리 잘되는 교회에서 3주간 동안 ① 에하흐께서 손과 발이 수고한대로

'아쏴르'의 행복한 복들을 받아 누린다. ② 에하흐는 엘로힘이시다. 라는 관계사의 말씀과 ③ 에하흐 엘로힘의 백성이 행복한 자들이다.라고 말씀을 전하였다.

오늘은 두 가지 주제로 말씀을 전합니다.

첫째는 야아코프가 엘로 도움의 원조자를 삼는 자에게 행복한 복들을 주신다. 둘째는 에하흐 엘로힘을 소망하는 자에게 행복한 복들을 주신다.

첫째. 야아코프가 엘로 도움(에제르)**의 원조자로 삼았다.**

יַעֲקֹב (3290 야아코브 사전적 의미 - 발꿈치를 잡은 자, 속이는 자, 대신 들어앉은 자, 찬탈자) יַעֲקֹב (야아코프)고유명사

● **야아코프 합성어**

요드 + 아인 + 코프 + 뻬이트이다.

● **상형문자 의미**

요드 – 쥔 손, 능력, 하게함, 되게 함이다.

아인 – 눈, 대답이다.

코프 – 바늘구멍, 불가능에 가까운 것, 소망이다.

뻬이트 – 집, ～안에, 속사람, 마음의 집이다.

야아코프 간략해설

이스라엘의 이름의 뜻과 야아코프(야곱)의 뜻은 정반대이다. 야아코프는 마음 중심에 자기 수단과 방법으로 불가능 한 것을 소망하였다. 눈에 보이는 것들의 능력을 손에 쥐어 보려고 하였다. 장자권의 복을 받으려고 하였다. 외삼촌 라반의 집에서 가축을 기르면서 두 떼를 이루는 복을 받은 것이 아니라 능력이신 엘께서 도와주심으로 복을 받았다. 사람이 왜 '야아코프 엘'로 도움의 원조자를 삼아야 하는가를 알려주시는 말씀이다.

야아코프를 알아야 '야아코프 엘'에 대한 그 의미를 알 수가 있다. 야아코프는 '발꿈치를 잡은 자', '속이는 자', '대신 들어앉은 자', '찬탈자'라는 이름의 뜻을 가지고 있다. 야아코프가 어떤 사람이었는지 그의 이름에 잘 나타난다. 어머니 리브카흐(리브가) 태중에 있을 때 쌍둥이 야아코프는 형인 에쇠우 עֵשָׂו(에서 - 털 많은, 거친)와 싸움을 많이 하였다. 리브카흐(리브가)가 특별 기도까지 할 정도였다(창 25:21-23).

'서르 싸우는 지라'는 라차츠이다. רָצַץ (7533, 라차츠 사전적 의미 - 그들이 눌러서 뭉가다, 으깨다, 분쇄하다, 억압하다, 그들이 압박하다, 압제하다) וַיִּתְרֹצֲצוּ 와우 계속법 - 호팔 미완 3인 남성 복수이다.

싸워서 무엇을 쟁취하는 것이 아니다. 싸워서 무엇을 얻는 것은 쇠탄의 방법이다. 능력이신 엘의 방법이 아니다.

야아코프가 태어날 때에 형 에쇠우의 발꿈치를 잡고 나왔다(창 25:24-26).

에쇼우 형의 장자 권을 찬탈하였다(창 25:31-33). 아버지 이츠하크(이삭)를 속이고 에쇼우의 장자의 축복권까지 빼앗았다(창 27:1-30). 왜 이런 '야아코프 엘'로 도움의 원조자를 삼으라고 하셨을까요.

궁금하지 않을 수 없다. 무엇을 우리에게 알려주시려는 것일까요. 회심의 복음이다.

이스라엘의 이름을 받기 전에 야아코브가 회심의 과정을 거친다.

'그 사람(예슈아 엘로힘, 창32:29, 삿13:17-18)이 그에게 이르되 네 이름이 무엇이냐 그가 이르되 야곱이니이다.'(베레쉬트(창) 32:27).

• 직역 문장정리

'그가(예슈아 엘로힘) 그에게(야아코프) 말하기를 네 이름이 무엇이냐? 야아코프입니다'

'야아코프입니다' 라는 대답은 그의 이름만 말하는 것이 아니다. 엘로힘과 사생결단의 시간이 끝나려는 순간에 야아코브가 예슈아 엘로힘께 바라크의 복을 구하였다(창 32:25-26).

예슈아 엘로힘께서 야아코브에게 네 이름이 무엇이냐고 물었다. 이에 주저 없이 저는 속이는 자입니다(요 8:44). 저는 마귀노릇을 하였습니다. 저는 욕심쟁이입니다. 거짓말쟁이입니다(창 27:35-36,1-36). 형 에쇼우(에서)를 물리치고 그 자리에 앉았습니다. 찬탈자입니다(창 25:31-33,27-34). 야아코브로 살았다는 것을 회심 자백하였다. 이 회심의 진정성을 들으시고 야아코프에게 빠라크 복의 유익한 능력을 부여해주셨다. 너는 다시는 야아코브로 살지 말

라는 의미로 '이스라엘'이라는 새 이름을 주셨다. 유익한 능력을 부여는 이
스라엘의 이름으로 개명해 주셨다. 이스라엘 이름은 엘로힘께서 이스라엘
(야아코프)와 함께 해주셔서 싸워주시므로 승리와 번영의 복을 주신다는 의
미이다. 이스라엘 상세해설을 보라.

· **개역개정**

'그가 이르되 네 이름을 다시는 야곱이라 부를 것이 아니요 이스라엘이라 부
를 것이니 이는 네가 하나님(엘로힘 - 만능들)과 및 사람들과 겨루어 이겼음이니
라'(베레쇠트(창) 32:28).

· **원어 직역 문장정리**

그가 말씀하시기를 네 이름을 다시는 야아코프가 아니라 이스라엘이다 그가
말씀하시기를 왜냐하면 엘로힘으로 말미암아 네가 힘과 능력을 가졌다. 그리
고 너와 함께하는 자들을 우세하게 이긴다.

· **개역개정**

'자기(엘로힘)가 야곱을 이기지 못함을 보고 그가 야곱의 허벅지 관절을 치매
저의 허벅지 관절이 그 사람과 씨름할 때에 어긋났더라.'(창 32:25)

• 원어 직역 문장정리

그가(엘로힘) 저를 보지(봐주지) 아니하고 정복하였다. 그가 야아코프와 씨름 할 때 그가 저를 손바닥으로 저의 넓적다리 우묵한 곳을 치므로 그로 말미암아 그것이 탈구되었더니.

• 원어 직역 문장정리

3 이 여성의 태에서 그의 형제의 그 부(재산)의 본질을 교활하게 공격하였다. 그 엘로힘(만능들이시다)과 싸웠다. 4 그가 사자에게 이기는 힘을 저가 가지려고 그에게 은혜를 베풀어 달라고 저가 울었다. 엘(힘과 강하심) 집에서 그의 관하여 그가 저에게 이르셨고 거기서 우리를 향하여 그가 말씀하셨다(호세아 12:3-4).

베레쉬트(창) 32:28,25, 호세아 12:3-4절은 오역의 세트이다.

성경 번역자가 이스라엘을 '엘로힘과 사람(야아코프)이 겨누어 이겼다'고 하였다. 원어의 사전적 의미와 전혀 다른 번역이다. 이브리어 원어의 번역은 '엘로힘으로 말미암아 네가 힘과 능력을 가졌다' 그리고 '너와 함께하는 자들을 우세하게 이긴다' 이제 야아코프로 살지 말고 엘로힘으로 말미암아 주어진 그 힘과 능력으로 너와 함께 하는 자들을 이기되 우세하게 이기게 된다는 의미이다. 우리 성도들에게도 능력 주시는 자안에서 모든 것을 할 수 있는 자가 되었다. 성도들은 이기는 능력자가 되었다(요 10:28-29, 롬 8:37, 고전 15:57, 빌 4:13, 요일 2:13-14, 요일 4:4, 요일 5:4-5, 계 12:11). 빠라크 능력의 복을 계속 부여받아야 한다(대상 4:10). 직역 문장정리의 팩트를 보라.

• 원어 직역 문장정리

야으뻬츠 그가 이스라엘 엘로힘을 불러 말하기를 ①주께서 나에게 복(빠라크)을 주시고 복(빠라크)을 주시려면 ②주께서 나의 영역에 그 본질(빠라크 능력)이 내게 많이 일어나도록 ③주의 손이 나와 함께(임마디) 해주시고 ④주께서 이루시므로 나에게 나쁘고 악한 것이 없고 몹시 슬퍼하지 않도록 ⑤엘로힘께서 그 본질(빠라크 능력, 엘로힘)이라 하는 그것이 계속 들어오기를 구하였다.

영적 이스라엘 된 자를 이길 자가 없다. 성도들은 모두가 영적 이스라엘로 개명되었다. 예슈아께서 다 이기셨기 때문이다(요 16:33, 요 19:30, 빌 2:8, 히 12:2, 창 3:15, 요일 3:8, 막 1:24). 성도들도 항상 이기고 넉넉하게 이기는 능력을 부여받았다(롬 8:31,37, 고전 15:57 고후 2:14, 요일 5:4-5, 계 12:11, 계 15:2-3, 시 98:1, 잠 21:31).

이스라엘 사전적 의미, 이스라엘은 엘과 쇼라의 합성어

יִשְׂרָאֵל (3478, 이스라엘 사전적 의미 - 엘로 힘을 얻어 강하게 된 자, 이스라엘. 인명, 국명, 68회)이다.

이스라엘은 엘 אֵל (410 엘 사전적 의미 - 힘과 강한능력이시라는 것을 가르쳐줄 때 배우라, 친히 희생물이 되신 것을 가르쳐줄 때 배우라, 목자와 통치자이신 예슈아께서 당신의 희생물의 복음을 가르쳐 줄 때 마음에 받아들여 익히라)과 쇼라 שָׂרָה (8280, 쇼라 사전적 의미 - 다투다, 싸우다, 노력하다, 힘을 가지다. 능력을 가지다, 풀어주다, 해방시키다, 왕비, 왕후, 귀브인, 벽, 담, 팔찌, 진주, 보석)의 합성어이다.

이스라엘아! 너는 엘로힘(모든 힘들과 강한능력들)로 인하여 힘을 얻어 강한 자가 되었다.

이스라엘아! 엘로힘(모든 힘들과 강한능력들)께서 너에게 통치권을 부여해 주셨다,

이스라엘아! 엘로힘(모든 힘들과 강한능력들)께서 형 에쇼브(에서)와 얽매어 있는 것을 풀어주셨다

이스라엘아! 엘로힘(모든 힘들과 강한능력들)께서 너를 죄와 쇠탄으로부터 해방시켜 주셨다.

이스라엘아! 엘로힘(모든 힘들과 강한능력들)께서 친히 너의 앞에서 원수와 적과 싸우신다. ～다투신다.

이스라엘아! 엘로힘(모든 힘들과 강한능력들)로 인하여 팔찌와 진주와 보석처럼 존귀한 자로 세워주셨다.

이스라엘아! 엘로힘(모든 힘들과 강한능력들)께서 너의 담과 벽이 되었다.

엘로힘(모든 힘들과 간한능력들)께서는 우리 모든 성도들의 아들들과 딸들이 이스라엘의 복을 받아 누리기를 원하신다.

모든 만능들이신 엘로힘께서 너 이스라엘에게 힘과 능력을 부여하여 이기게 하셨다,

이스라엘아! 엘로힘(모든 힘들과 강한능력들)로 인하여 유명한 자(리더)가 되었다.

루하 엘로힘, 에하흐 엘로힘으로 인하여 유명하게 된 자들

야아코프가 이스라엘이 됨, 요셉(요세프 - 엘로힘께서 더하실 것이다)은 미츠라임의 총리, 모르드개(모르데카이 - 작은 사람)는 아하수에로 정부의 총리, 다니엘(엘은 심판자시다)은 바벨론 왕국 느부갓네살, 벨사살, 메대 왕국 다리오, 고레스 바사왕국에서 총리 중에 한사람, 하나냐(하나느야 - 여호와는 자비하심, 은혜), 미사엘(미솨엘 - 누가 엘과 같은가?), 아사랴(아자르야 - 여호와께서 도우셨다), 아브라함(아버지는 높임 받으신다, 많은 무리의 아버지), 다윗(다뷔드 - 사랑받는 자, 두목), 룻(루드 - 다툼, 투쟁), 라합(라하브 - 넓은, 풍부한), 에스더(에스테르 - 별) 등등, 이브리서 11장을 보라. 위의 복들을 받으려면 이스라엘이 되기를 힘써야 한다.

'모든 만능들이신 엘로힘으로 인하여 너 이스라엘은 능력과 힘을 얻었다'는 뜻을 "야아코프가 엘로힘과 겨누어 이겼다"고 번역하였다. 이브리어 원어의 번역은 이런 번역이 나올 수가 없다. 이 번역은 대한민국의 모든 성도들이 원어의 진리를 전혀 알지 못하게 하는 악한 번역이다(계 22:18-19).

번역자는 도대체 무엇을 보고 번역을 하였는지 알 수가 없다. 성경진리의 말씀을 이렇게 왜곡(歪曲 - 사실과 다르게 해석하거나 그릇되게 함)되게 번역한 것이 의아(疑訝 - 의심스럽고 이상함)할 뿐이다. 이런 곳이 많다. 한글성경을 불신하는 것이 아니다. 성경번역을 원어의 사전적 의미에 맞게 사실대로 번역하라는 것이다.

엘로힘(창1:1)은 남성복수이다. 그동안 엘로힘은 하나이신 하나님으로 알고 믿고 있었다. 그러나 이브리어 엘로힘은 하나님이라는 뜻이 아예 없다는 것이 명백한 팩트이다.

● 엘로힘 합성어

알레프 + 라메드 + 헤이 + 요드 + 멤이다.

● 엘로힘 상형문자 간략해설

א - 알레프는 모든 것들의 만능들이시다.

ל - 라메드는 가르쳐 주시는 목자이시다.

ה - 헤이는 영존하시는 생명이시다.

י - 요드는 능력으로 보호하시는 손이시다.

ם - 멤은 필수적인 생명진리의 말씀으로 사역하신다. 라는 의미이다.

아래 엘 간략해설을 보라. 성경에 엘은 240회 나온다.

테힐림(시) 146:5절 중심으로, 엘 합성어, 상형문자 의미, 사전적 의미, 간략해설

● 엘 합성어

알레프 + 라메드이다.

● 엘 상형문자 의미

א - 알레프는 힘, 강함과 만능이시다.

ל - 라메드는 가르치고 알려주며 이끌어 가시는 목자이시다.

אל (410 엘 상형문자 의미 - 만능의 목자이시다, 사전적 의미 : 강한 자, 힘, 능력)

שאל (세엘)관계사 - 명사 남성 단수 연계,

엘 사전적 의미인 '하나님, 신 God, god'는 악의적인 번역이다. 이브리어 엘에는 하나님, 신 God, god의 의미가 없다는 것이 팩트이다.

"이 논문의 목적은 초기 이북지역 개신교 선교의 특징인 한국인의 '자생적 수용'에 존 로스의 한글 성서가 주었던 의미를 살펴보는 것이다. 존 로스는 현지 문화를 존중했던 태도를 가지고 있었고 이런 사상이 그의 성서번역 과정에 나타났기 때문에 한국인의 선교수용에 큰 도움을 주었다는 것이다. 이를 살펴보기 의해 그에게 나타나는 현지인 중심의 선교 사상과 방법은 그의 유교 이해를 중심으로 살펴보았다. 그는 유교를 종교로서 인식하였던 것이 아니라 한국문화로서 이해하였다. 그는 현지문화 가운데 유교문화가 전 계층에 걸쳐 매우 강했음을 인식하였고 선교의 방법에 있어서도 유교가 존중되어야 함을 주장하였다."[20]

이 논문에서 존 로스 무엇을 중심으로 성경을 번역하였지 더 분명해졌다. 전능하신 아버지의 뜻이 담겨있는 원어 성경을 중심으로 한글성경을 번역한 것이 아니라 "유교를 한국문화로 인식"하였다. "유교문화를 존중 되어야 함을 주장"하였다고 하였다. 이것이 토속문화를 존중하였다는 것이다. 그래서 존 로스는 한 민족이 수천 년 믿고 섬기던 신칭인 하느님, 하늘님(하늘 heaven + 님 prince)을 한글성경에 하나님으로 명기하는 거짓 선교사, 거짓 목회자, 거짓 교사, 거짓 크리스토스이다. 루하 엘로힘의 가장 큰 적들은 아이러니 하게도 신학자들이다. 이 신학자들은 이브리어 원어 텍스트의 팩트

---

20) "초기 이북지역 선교에서 존 로스(John Rcss)의 한글 성서가 주는 의미: 성서번역과 수동계층의 관계를 중심으로" 소요한 /So John 1, 1명지대학교, 초록·키워드

(Fact)앞에 무릎을 꿇지 않는다. 학문을 성경의 권위 위에 올려놓는 현대판 교황들이다. 필자가 '원어 성경에는 "하나님"이라는 명칭이 없다.'는 책을 집필하면서 가장 실망한 부류가 신학자들이다. 아~ 이 일을 어찌 하리요. 한국교회의 앞날이 암담(暗澹)하도다. 다른 것도 아닌 영이신 아버지, 전능하신 아버지의 이름을 우상의 신칭인 하나님(하늘 heaven + 님 prince)이라고 명기한 이 죄의 대가를 한국개신교 성도들이 치르고 있다. 이제는 이 죄를 중단시켜야 한다. 처음부터 존 로스의 성경번역은 토속문화 중심으로 하였다는 것이 명백한 사실이다. 그럼에도 신학자들을 신학적으로 문제가 없다. 필자의 책은 교단이나 어느 큰 단체에서 공증을 받아야 한다고 한다. 그래서 필자가 반문을 하였다. 세계 개혁자들이 누구에게 공증을 받고 하였느냐는 질문에는 답변을 하지 못하였다. 이런 신학자들이 유명하다는 명성 앞에 굽실거리는 목회자 무리들을 보면서 더 한국교회의 현재와 미래가 암담(暗澹)하다. 필자는 한글성경에 표기된 하나님이 한민족이 수천 년 믿고 부르던 미신 하나님이라는 것을 2025년 2월 8일 보는 순간 불이 들어왔다. 한국교회와 세계교회에 이 사실을 알리라는 거룩한 영(성령)께서 강력하게 역사하심을 따라 '신구약 원어 텍스트의 본질로 회귀하는 대개혁'이라는 책을 2025년 5월 23일 출판하였다.

'엘' אֵל의 정통적인 사전적 의미는 강한 자, 힘, 능력이다. '야아코프 엘'은 '고유명사'이다. 이브리어 '엘'에는 '유일신 하나님', '한분이신 하나님'의 뜻이 없다는 것이 팩트이다. 이러므로 이브리어 사전적 의미인 '엘'(힘과 강함이시다), '엘로힘'(만능들이시다), 데오스(전능자, 전능하신)로 번역해야 한다. '엘'의 영적 의미는 능력의 목자이시다(시 23:1, 요 10:11,14). 영적 의미는 '목자와 통치자이신 에하흐 - 예슈아께서 친히 희생물이 되신 것을 가르쳐줄 때 마음에 받아들여 믿는 자에게 죄 사함과 영생구원을 주신다.'는 의미이다. 엘은 구약성경에 240회 나온다.

힘과 강한 능력이신 엘께서 야아코프와 아솨르의 관계를 가지고 계신다(창 28:10-15). 그러므로 교회로 부르심을 많은 사람들이 야아코프(야곱)로 살아가고 있다. 야아코프처럼 한경에서 엘로힘과의 만남을 통하여 회심하여 거듭나면 이스라엘이 된다. 야아코프가 만난 엘로 도움의 원조자(에제르)로 삼는 자에게 강한능력이신 엘께서 도움의 원조자(에제르)가 되어 주신다는 의미이다. 이것이 곧 아솨르의 행복한자들이다(창 14:22, 창 16:13, 창 31:29, 창 35:11,14).

야아코프로 살아가고 있는 중에도 이하흐 엘로힘께서 ① 야아코프를 살펴보그 계시면서 찾아가서서 언약을 하셨다. ② 보호하시고 복을 주셨다. ③ 이스라엘로 이름을 개명하여 빠라그 능력의 복를 부여해 주셨다. ④ 예슈아 계대(繼代)를 잇는 영적인 복을 주셨다.

① 베트엘 בֵּית-אֵל (1008, 베트엘(벧엘) 사전적 의미 - 하나님의 집) 베트엘은 바이트 בַּיִת (1004, 바이트 - 집)와 엘 אֵל (410, 엘 사전적 의미 - 남성단수 힘과 강한능력이시다)의 합성어이다(창 28:10-22).

② 삼촌라반이 야아코프 יַעֲקֹב (3290, 야아코브 사전적 의미 - 발꿈치를 잡은 자, 속이는 자, 대신들어 앉은 자, 찬탈자)를 죽이려고 할 때 중지시키셨다(창 31:20-29).

③ 야뽀크 יַבֹּק (2999, 야뽀크(얍복강) - 비워짐) 강나루에 찾아가서서 야아코프가 이스라엘이 되는 바라크 복을 주셨다(창 32:22-29).

에하흐 엘로힘께서 당신의 백성으로 택한 사람을 책임지시고 계신다는 말씀이다.

에제르 합성어, 상형문자 의미, 사전적 의미, 간략해설

עֶזְרוֹ (5828 에제르 사전적 의미 - 그의 도움, 그의 원조, 그는 돕는 자, 그는 원조자)

בְּעֶזְרוֹ (뻬에제로) 전치사 - 명사 남성 단수 - 3인 남성 단수

● 에제르 합성어

아인 + 자인 + 레소이다.

● 상형문자 의미

아인 – 눈, 이해하다, 예, 아니요. 대답이다.

자인 – 무기, 검, 도구, 실행이다.

레소 – 머리, 만왕의 왕, 잉태, 의식, 사랑이다.

에제르 간략해설

힘과 강한 능력이신 엘께 도움의 원조를 받으려면 만왕의 왕이신 예슈아 크리스토스를 마음에 잉태하여 의식하며 사랑한다. 거룩한 영의 검 곧 데오스(전능

들)의 말씀을 삶의 무기로 실행한다. 야아코프 엘를 사모함으로 바라보며 그의 말씀을 아멘으로 받아서 믿고 따라가며 순종하는 자에게 도움의 원조를 해주신다는 의미이다(창 12:1-8, 창 15:1, 출 18:4, 신 33:7, 시 20:2, 시 33:29, 시 115:9-11, 시 118:7-9, 시 121:1-2, 시 124:8, 시 146:3, 사 30:5, 사 41:10,14, 호 13:9, 히 2:16, 히 4:16, 히 13:5-6).

둘째. 에하흐 엘로힘을 세베르(사모) 하는 자.

שֵׁבֶר (7664 세베르 사전적 의미 - 그에게 소강을 두는 자)

שִׂבְרוֹ (쇠베로보)명사 남성 단수 - 3인 남성 단수

● 세베르 합성어

쉰 + 뻬이트 + 레소이다.

● 상형문자 의미

쉰 – 이빨, 되새김질, 형상, 모양, 올바름이다.

뻬이트 – 집, ~안에, 속사람, 마음의 집이다.

레소 – 머리, 만왕의 왕, 잉태, 의식, 사랑이다.

마음에 만왕의 왕이신 예슈아 마쉬하(예수스 크리스토스, 이에수스 크리스토스)를 모시고 사는 사람들은 오직 에하흐 엘로힘을 소망하며 살아간다. 에하흐 엘로힘을 소망하는 것은 곧 능력과 생명으로 실존하시는 모든 것들의 만능들을 사모한다는 것이다. 에하흐 엘로힘의 칭호 뜻을 되새기며 사모해야 한다. 에하흐 엘로힘의 이름의 뜻도 모르고 부르는 자들이 다수일 것이다. 에하흐는 능력과 생명으로 실존하신다. 무엇을 되게 해주셔야 된다는 의미이다. 엘로힘은 모든 것들의 만능들이시다. 만능들의 역사는 진리의 말씀을 순종하는 자들에게 나타내신다. 마음에 받은 진리의 말씀을 되새김질한다. 에하흐 엘로힘의 뜻을 따라 올바른 길을 간다. 이런 사람을 행복한자들이 되도록 하신다는 의미이다(시 39:7, 시 119:116, 시 146:5, 시 130:5-6, 롬 5:5, 롬 15:13).

오역한 세 곳, 본문과 직역, 직역 문장정리, 간략해설

첫째 ____

• 개역개정

'하나님(엘로힘 - 만능들)이 모세에게 이르시되 나는 스스로 있는 자이니라 또 이르시되 너는 이스라엘 자손아들들에게 이같이 이르기를 스스로 있는 자가 나를 너희에게 보내셨다 하라'(쉬모트(출) 3:14)고 하였으나..

• 원어 직역 문장정리

엘로힘께서 모세에게 그가 계속 말씀하시기를 나는 항상(시작과 끝이 없는 모든 만능들로 실존 엘로힘)있었으며 나는 항상(시작과 끝이 없는 모든 만능들로 실존 엘로힘)있다하는 자, 그가 말씀하시기를 너는 이렇게 이스라엘 아들들에게 내가 항상(시작과 끝이 없는 모든 만능들로 실존 엘로힘)있다는 것을 말하라고 그가 나를 너희에게 보내셨다.

간략해설

한국교회 목회자와 성도들이 '여호와는 스스로 계신 분'이라고 가르치고 믿고 있지만 창세기(베레쇠트세페르) 3:14절에서 '엘로힘께서 나는 항상 있었다.'고 세 번 반복해서 모세에게 말씀하셨다. '항상 있었다'는 것은 '엘로힘은 시작과 끝이 없는 모든 만능들로 실존하신다.'는 것을 말하라는 것이다.

둘째 _____

• 개역개정

'이 성읍 주민이 저 성읍에 가서 이르기를 우리가 속히 가서 만군(차바 - 여군들)의 여호와(에하흐)를 찾고 여호와(에하흐)께 은혜를 구하자 하면 나도 가겠노라 하겠으며'(즈까리아(슥) 8:21)라고 하였으나.

• 원어 직역 문장정리

한 여자가 거주하는 자들에게 한 여자가 그들에게 가서 말하기를 우리를 떠나가서 내가 에하흐께 가서 병든 본질을 내가 다시 여군들의 에하흐 얼굴들 앞에서 찾아 묻을 것이다. 라고 하였다.

אֶחָד (259 에하드 사전적 의미 – 하나, 한 여자) אַחַת 형용사 여성 단수를 '이 성읍'이라고 번역하였다.

חָלָה (2470 하라 사전적 의미 – 약하다, 병들다, 아프다) לְחַלּוֹת 전치사 – 피엘 부정사 연계를 '은혜를 구하자'라고 번역하였다.

צָבָא (6635 차바 사전적 의미 – 전쟁하는 여성들, 여군들, 여성 무리들) צְבָאוֹת 명사 여성 복수를 '만군'이라고 번역하였다.

스가랴 8:21 원어는 '성읍' עִיר(5892, 이르 – 성읍 city)이라는 단어가 없다. 에하드는 하나를 이 성읍이라고 번역하였으나 '형용사 여성단수'이므로 '한 여자'이다.

간략해설

본문에는 은혜라는 단어가 없다. 이브리어 은혜는 ① 헨 (חֵן 2580, 헨 사전적 의미 - 호의, 은총, 은혜, 매력, 아름다움)과 ② 하난 (חָנַן 2603, 하난 사전적 의미 - 호의, 은혜를 베풀다, 자비하다)이 없다. '하라'를 '은혜를 구하자'라고 번역하였다.

'차바'를 '만군'이라고 번역하였으나 명사 여성 단수이므로 '전쟁하는 여성들, 여군들, 여성무리들'이다. 이렇게 성경을 번역하는 사람이 이브리어 원어 학자인지가 의심스럽다. 영이신 아버지가 두렵다(계 22:18-19).

이브리어 사전적 의미를 배제하고 사견, 추정, 견해, 문법으로 번역하면 절대 안 된다. 성경은 해설서가 아니다. 해설은 영이신 아버지의 감동하심을 받은 목회자들이 성경의 원리원칙에 맞게 번역해야 한다.

셋째 ____

• 개역개정

'보라 내가 너희를 보냄이 양을 이리 가운데 보냄과 같도다 그러므로 너희는 뱀 같이 지혜롭고 비둘기 같이 순결하라.'(맛다이오스 유앙겔리온(마) 10:16)고 하였으나.

• 원어 직역 문장정리

보라. 내가 마치 양들 같은 너희를 이리 같은 자들의 한가운데로 내가 보낸다. 그리고 저자들은 뱀 같은 자들이다. 그러므로 이들에게 지적인 통찰력 있는 자들과 비둘기들처럼 순결한 자들과 함께 너희는 행하라.

간략해설

'그리고 저자들은 뱀 같은 자들이다. 그러므로 이들에게 지적인 통찰력 있는 자들과 비둘기들처럼 순결한 자들과 함께 너희는 행하라.'는 번역이 헬라어 원어의 번역이다. '그러므로 너희는 뱀 같이 지혜롭고 비둘기 같이 순결하라.' 는 번역은 헬라어 원어의 사전적 의미의 번역이 아니라는 것이 팩트이다. 뱀은 솨탄을 상징한다(계 12:9). 그런데 '뱀같이 지혜롭게 행하라'고 한 것은 악역이다.

'지적인 통찰력 있는 자들과 비둘기들처럼 순결한 자들과 함께 너희는 행하라'는 것은 진리의 말씀으로 무장되어 있는 순결한 자들과 연합하라, 힘을 합쳐서 뱀 같은 자들과 싸워 이기라는 말씀이다. 뱀(솨탄, 마귀)은 간교하다. 영리하다. 미혹과 거짓말 전문가이다. 뱀(쇠탄)을 지적인 통찰력과 순결로 이기라는 의미이다. 악과 죄는 쇠탄의 본질이다. 악을 이기는 유일한 방법은 선이다(롬 12:21).

- **개역개정**

  '악(카코스)에게 지지(니카오 - 이기다, 패배시키다, 정복하다, 더 강하다)말고 선(아가도스)으로 악(카코스)을 이기라(아카오)'(로메이우스그람마(롬) 12:21) 고 하였으나

- **원어 직역 문장정리**

  너는 저 악 아래 있는 것이 아니다. 항상 이기라. 또한 그 선하고 탁월한 능력으로 저 악하고 무능력한 것을 너는 항상 이기라.

선은 영이신 아버지의 속성이다. 영이신 아버지의 전능하심으로만 이긴다. 아버지의 전능하심은 예슈아께서 저주의 십자가위에서 이루신 승리이다(요 16:33). * 엘로힘 - 데오스께서 창조주이시다. 유일하신 분이시다. 영이신 루하 - 프뉴마가 누구신지를 알려주는 유일한 이름들을 다시보라(본서 pp.259-261). 이외에는 모두 우상의 명칭들이다.

결론

엘로 도움의 원조자를 삼는 자들이 되시기를 바랍니다.
에하흐 엘로힘을 소망하며 살아가시기를 바랍니다.
아쇠르의 행복한 자들이 될 것입니다.

17) 쇠마하는 말씀들의 길들을 지키는 그들이 행복한 자들이다.

• **개역개정**

'아들들아 이제 내게 들으라 내 도(떼레크)를 지키는 자가 복이 있느니라.'(마쌀레
(잠)8:32).

• **원어 직역 문장정리**

지금부터 나의 아들들은 듣고 순종하는 자들이다. 나의 길들(떼레크)을 가며 지
키는 그들이 행복한 자들이다.

어떤 사람이 행복한 자들일까요? 그리고 누가 루하 엘로힘 아버지의 아들
들일까요(요 1:11-13). 본문에서는 아버지의 말씀을 듣고 순종하는 자들에게
아쇠르의 행복한 복들을 주신다는 말씀이다(시 119:1-2, 시 128:1, 눅 11:28). 이
사람들이 루하(영)의 아들들이다. 자녀들이다. 이 사람들은 자기의 인생길들
을 가지 않는다. 멸망길이기 때문이다(다 7:13, 롬 8:6-9, 요일 2:16). 루하 엘로힘
아버지께서 정하여 준 길들을 간다. 그 길들을 지키는 자들이다. 아버지께
서 정하여 준 길들이란 ① 아버지의 길이다. ② 부르신 소명의 길이다. 이것
들을 행하는 자들에게 주어지는 행복들이다. 불순종하는 사람은 불행한 사
람이 된다.

שָׁמַע (8085 쇼마 사전적 의미 - 듣는 자들이다, 경청(敬聽 - 공경하는 마음으로 받아들임)

하는 자들이다, 순종하는 자들이다))

שִׁמְעוּ־ 칼 명령 남성 복수

● 쇼마 합성어

쉰 + 멤 + 아인이다.

● 상형문자 의미 해설

쉰 – 이빨, 되새김질, 형상, 모양, 올바름이다.

멤 – 물, 진리, 사역, 생활화이다. 물은 육체의 필수이다. 진리는 영의 필수양식

이다. 진리의 말씀을 먹고 되새김질하는 자는 힘을 얻는다. 루하 엘로힘

아버지의 뜻을 따라 올바른 길을 간다. 생명의 좁은 길을 간다(마 7:14, 눅

11:28, 계 1:3, 계 22:7, 시 1–3, 시 112:1, 시 119:1–2, 시 128:1).

아인 – 눈, 이해하다, 대답, 예, 아니요, 사모하여 바라보다 이다. 아버지의 말씀

이 생명과 능력, 복이라고 믿는 자들은 사모하여 말씀을 읽으며 그 말

씀을 경청한다. 그 말씀에 아멘하여 순종한다. 21세기 AI시대에도 이해

한 후에 순종하는 것이 아니다. 무조건 선 순종을 한다. 이것이 아버지

께서 아들들에게 가르침이다(창 6:9–22, 창 12:1–4, 창 22:1–14).

우리에게는 완성된 성경70권(시편을 5권으로)을 주셨다. 순종과 불순종의

결과가 기록된 말씀들이다. 순종하는 자들에게 행복한 복들을 주신다는 의미이다.

쇼마 간략해설

쇼마는 기본어근 모음어이다. 쇼마하면 '들으라'가 생각날 것이다. 맞다. 그러나 순종하라는 의미를 더 강조한다. 행복한 자들이 되라는 생명진리의 말씀을 들을 때 순종하겠습니다. 라는 마음으로 아멘하여 받아들여야한다는 의미이다. 아멘으로 받아들인 자는 생명의 말씀을 도 새김질한다. 되새김질을 하는 자에게 능력이 임한다. 그 능력의 힘으로 올바른 길을 간다(신 6:4,1-13).

이브리어 '칼'은 동사이다. '명령'은 들은 '말씀을 순종하라.' '준행하라.'는 의미이다.

명령은 반드시 순종해야 한다는 것을 강하게 강조하고 있다. 개인의 사정과 어떤 이유로도 절대 물러설 수 없는 에하흐 엘로힘의 명령이다. 그러므로 쇼마는 무거운 말씀이다. 쇼마를 가볍게 여겨서는 안 된다. 설교를 들을 (쇼마) 때 억 만 번 아멘 하여도 경청하지 않는 자는 들은 말씀이 마음에 담기지 않았기 때문에 순종하지 못한다.

군인들에게는 상명하복(上命下服 - 상관이 명령하면 하관은 복종한다)이다. 우리 성도들은 영적 정병들이다(딤후 2:3-4)이다. 군대의 상관은 데오스가 아니므로 완전할 수가 없다. 그러나 예슈아 크리스토스는 완전하시다. 공의로우시다. 거짓이 없고 진실하시다. 그러므로 말씀을 경청한 사람은 순종한다. 살아 움직이는 말씀이 강권하기 때문에 순종한다. 노아흐, 아브라함, 이츠하크, 이스라엘 등 믿음의 선진들이 다 순종하였다.

미츠바흐 합성어, 상형문자 의미

명령 מִצְוָה (4687, 미츠바흐 사전적 의미 - 명령, 계명) 미츠바흐(명어)어근은 차바흐 צָוָה (6680, 차바흐 사전적 의미 - 명령하다, 요구하다, 부과하다, 부탁하다, 지명하다, 정하다, 사43:1)이다.

● 미츠바흐 합성어

멤 + 차데 + 바브 + 헤이이다.

● 상형문자 의미

멤 – 물, 진리, 사역이다. 물은 육체의 필수이다. 진리는 영의 필수양식이다.

차데 – 낚시바늘, 복음, 책임이다.

바브 – 갈고리, 못, 연결하는 사람 예슈아이다.

헤이 – 호흡, 목숨, 실존이다.

미츠바흐 간략해설

호흡하고 생명이 영원히 실존하려면

① 필수적인 생명진리는 인생을 행복하게 한다. 그러므로 생명진리의 말씀으로 사역하고 생활화해야 한다.

② 예슈아 십자가 복음의 명령을 믿고 성도답게 행하여야 한다.

③ 죄 사함과 영생구원은 오직 예슈아를 믿음으로 얻는다는 것을 정하여 놓으셨다. 지명하여 부르심을 받은 자는 행복하라고 명령하시고 요구하시며 부과하시고 부탁하신 말씀을 순종한다.

④ 예수아를 마음에 받아들인 자를 책임지시고 죄 사함과 영생구원 하신다. 에하흐 엘로힘께서 이런 성도들을 행복한 인생이 되게 하신다는 의미이다(창 6:22, 창 24:1, 출 15:26-27, 출 20:6, 신 4:1-2,40, 신 5:16,29, 신 6:3, 신 12:28, 히 12:25, 약 1:25).

에하흐께서 흉년을 비껴가려고 미츠라임(이집트)으로 내려가는 이츠하크(이삭)에게 내려가지 말라고 하시면서 네 아비 아브라함이 나의 말을 지켰다고 하셨다.

'아브라함이 내 말(콜 - 음성)을 순종(솨마 - 듣고)하고 내 명령(미세메레트 - 명령, 경계)과 내 계명(미츠바 - 계명, 명령)과 내 율례(후카흐 - 규정, 법령)와 내 법도(토라 - 율법, 지시, 가르침, 훈계, 계명, 법령)를 지켰음이라'(솨마르 - 지키다, 준수하다)(베레쉬트(창) 26:5).

이츠하크는 에하흐의 이 말씀을 순종하였다. 흉년의 땅 그랄(게라 - 숙박하는 곳)에 머물러 살았다(창 26:5). 우물을 파면 물이 펑펑 솟아났다. 흉년이 들었지만 에하흐의 말씀을 믿고 물이 풍성하기 때문에 백배의 소득을 올렸다(창 26:12). 유목민 이츠하크에게 불레셋(페리셰트이) 아비멜렉(아비멜레크)왕과 아비멜레크는 그 친구 아훗삿(아훗자트)과 군대 장관 비골(피콜)과 찾아와서

평화 조약을 맺으면서 너(이츠하크)는 우리를 해하지 말라고 까지 하였다.

그 이유는 ① '에하흐께서 너와 함께 계심을 우리가 분명히 보았다'(창 26:26). ② '너는 에하흐께 복(빠라크 - 성공과 번영과 승리를 위한 능력을 부여함)을 받은 자다(창 26:27). 이츠하크가 두려웠던 것이 분명하다. 베레쇠트세페르(창) 26:1-31절을 보라. 이 단어들 중에서 쇠마르만 해설한다.

שָׁמַר (8104 쇠마르 사전적 의미 - 그들은 지킨다, 준수하다, 보존하다, 감시하다, 주의하다) יִשְׁמֹרוּ: 칼 미완 3인 남성 복수이다.

● 쇠마르 합성어

쇤 + 멤 + 레소이다.

● 상형문자 의미

쇤 – 이빨, 되새김질, 형상, 모양, 올바름이다.

멤 – 물, 진리, 사역이다. 필수적인 물과 진리는 영육간의 생명이다.

레소 – 머리, 만왕의 왕, 잉태, 의식, 사랑이다.

쇠마르 간략해설

행복하기를 원하는 사람은 들은 생명의 말씀을 지킨다. 그 생명의 말씀을 마음에 담아 실생활에서 열매를 맺는다. 만왕의 왕이신 예슈아께서 행복한 인생을 행복하기를 원하는 사람은 아래 말씀을 보라.
아포칼시스 요안네스(계) 1:3절에 그 하답이 있다.

- **원어 직역 문장정리**

  이 예언의 말씀을 읽는($\dot{\alpha}\nu\alpha\gamma\iota\nu\acute{\omega}\sigma\kappa\omega$ 아나기노스코 역어 카라 - 정확하게 알다, 인식하다, 읽다, 반복해서, 다시 한 번) 그 사람과 그의 이 말씀들을 들어서 깨닫는 자들($\dot{\alpha}\kappa o\acute{\upsilon}\omega$ 아쿠오 역어 쇠마 - 순종)과 그들어 대하여 그가 기록한 것들을 지키는 자들($\tau\eta\rho\acute{\epsilon}\omega$ 테레오 역어 쇠마르 - 지킨다)이 행복하다($\mu\alpha\kappa\acute{\alpha}\rho\iota o s$ 마카리오스 역어 아쇠트 - 행복한자들). 왜냐하면 그 시간이 가까이~, 라고 하였다.

그렇다. 성도들의 행복은
① 전능자의 예언의 말씀을 반복해서 꾸준히 정확하게 읽는다.
② 이 말씀들을 들어서 깨닫는 자들이 행복한 자들이다. 마음에 기록된 생명과 행복의 말씀들을 지킨다.
③ 이 예언의 말씀들을 지켜야 마카리오스의 복들을 받는다. 영이신 루하 엘로힘의 형상과 모양이 회복(거듭남)된 자는 생명진리의 말씀을 사모한다. 영이신 아버지를 사모하여 타라본다(대하 20:12, 시 25:15, 시 121:1-2, 시 123:1-2, 요 8:56, 롬 8:24, 빌 3:20, 히 11:27).

설교에서 들은 진리의 말씀을 되새김질한다. 영이신 아버지께서 때에 따라 필요한 성경구절의 말씀을 주실 때에도 있다. 필자에게는 1981년 7월 어느 날 임신 6개월 중인 아내와 함께 삼각산 독수리봉에서 3일 단식하면서 받은 테힐림(시) 119:18, 시 51:10절 말씀을 32~34년 동안 붙잡고 기도한 열매가 맺혔다. 전능하신 아버지, 만능들이신 아버지께서 필자의 눈을 열어주셨다. 이브리어, 헬라어를 원어 직역 문장정리를 하면서 원어 성경을 번역하며, 이브리어 단어별 해설은 상형문자 의미이다. 상형문자 의미는 영이신 아버지의 마음의 뜻이 담겨있다. 그러므로 상형문자 의미는 영적이다.

성경 70권(시편을 5권으로)이 모두 거룩한 영의 감동을 받은 자들이 기록하였다. 그 말씀을 기록한 자들이 그 말씀들의 영적 의미는 알았다고 볼 수가 없다. 감동해주는 말씀들을 기록한 서기관(書記官)의 역할을 감당하였을 뿐이다. 오직 성경해설은 '파라클레토스 하기오스 프뉴마'께서 하신다. 그리고 '파라클레토스 하기오스 프뉴마'께서 진리를 열어 알려주실 때 전능하신 아버지의 뜻을 따라 해설을 할 수 있다.

필자는 네 권의 도서를 출판하였다. 모두 '이브리어로 단어별 해설로 새롭게 알아가는 예슈아께서 가르쳐 주신기도"(2023. 5. 20), '이브리어로 단어별 해설로 새롭게 알아가는 신론 죄론'(2024. 5. 20), '신구약 원어 텍스트의 본질로 회귀하는 대개혁(2025. 5. 23.), 그리고 본서이다.

전능하신 아버지의 말씀을 받은 자들은 그 받은 말씀을 순종한다. 지킨다. 올바른 길을 간다. 전능하신 아버지를 사랑하는 자는 성경을 읽는다. 암송하며 되새김질을 한다(시 1:2, 시 119:1-2). 필자는 지금도 생명의 양식인 성경을 읽고 듣지 않으면 살아 갈 수가 없다.

믿음의 본질은 교회 열심히 다니고 종교적, 도덕적 행위, 황홀하고 영적인 뜨거운 경험이 아니다. 믿음의 본질은 영이신 루하 엘로힘의 생명이 우리 안에 들어오신 것이다. 이때부터 믿음이 시작된다. 영이신 루하(헬, 하기오스 프뉴마 - 거룩한 영)께서 내 안에 들어오셨다는 증거가 무엇일까요? 그것이 곧 진리의 말씀에 이끌려 살아지는 것이다. 다른 의미로는 영이신 루하 - 프뉴마께 이끌려 살아간다. 죄와 거짓과 거리가 멀어지고 진실하게 살아간다. 테힐림(시)1-6절 1:2절이 되면, 1절의 열매를 맺는다. 1절의 열매를 맺는 자에게 3절의 복을 주신다. 의인의 회중어 들어간다(5절). 의인의 회중에 들어간다는 것은 엘로힘 - 데오스의의 왕국에 들어간다는 의미이다. 에하흐께서 알아주시는 믿음의 사람이다(6절).

말씀을 되새김질하는 사람이 영이신 루하 엘로힘를 사랑한다는 증거이다. 그러므로 이 사람들이 행복을 누리도록 처음과 나중이요. 시작과 마지막이신 만왕의 왕이신 예슈아께서 이 사람들을 높여 주셔서 행복하게들 하신다는 것이다(신6:3-4, 신11:27-28, 신12:28, 신15:4, 신23:5, 신28:1-14, 시91:14-16).

행복하라고 주신 말씀을 버리고(창2:16-17, 삼상15:23-24, 렘2:13,19, 렘7:23-26) 사람의 말을 따르는 자는 저주(아라르)를 받는다. 저주를 받은 사람은 생존하는 동안 질병과 아픔과 고통과 노역의 수고 속에서 살아간다(신 28:15-68).

• 원어 직역 문장정리

'그가 아담에게 확실하게 말씀하시기를 너는 너의 여자에게 듣고 내가 너에게 당부한 너는 먹는 것이 아니다. 라는 말씀을 버리고 나무로부터 네가 계속 먹었으니 그 흙이 너 때문에 저주를 받아 너는 생존하여 있는 자들의 모든 날들이 아픔과 고통과 노역의 수고를 하여 그것을 먹으며' 라고 하였다(창 3:17).

아차본 합성어, 상형문자 의미, 사전적 의미, 간략해설

עִצָּבוֹן (6093, 이차본 사전적 의미 - 아픔, 고통, 노역, 수고)

בְּעִצָּבוֹן 전치사 - 명사 남성 단수

● 아차본 합성어

아인 + 차데 + 뻬이트 + 바브 + 눈이다.

● 상형문자 의미

아인 – 눈, 이해하다, 예, 아니요. 대답이다.

차데 – 낚시바늘, 복음, 책임이다.

뻬이트 – 집, ~안에, 마음의 집, 속사람이다.

바브 – 갈고리, 못, 연결이다.

눈 – 물고기, 규칙, 규정, 영이신 아버지께서 정하여 놓으신 생명의 경계선이다.

이차본 간략해설

'이차본'은 '아라르'(저주)의 열매이다. '아라르' 저주를 받은 사람은 한평생을 '이차본'으로 살아간다고 생각해보라. 현재 어떤 고통스러운 일이 있어도 그 고통에서 벗어날 희망이 있다면 그 고통을 견디고 이겨낼 것이다. 그러나 '이차본'의 아픔과 고통, 노역과 수고는 죽을 때까지라고 하였다. 희망이 없는 저주의 연속이라는 것이다. 각 사람에 따라서 '이차본'의 저주가 나타나는 양상이 다르다. 어떤 사람에게는 육신의 질병에 아픔과 고통, 다른 사람에게는 영적(마음, 정신적)으로 당하는 고통과 아픔이 있다. 어떤 사람은 물질로 당한다. 어떤 사람은 자녀의 문제로 당한다. 다양하다. 선악과를 안 먹어도 먹을 것이 넘치는 곳이 에덴동산이었다. 만능들이신 엘로힘께서 사람들에게 행복들을 주신다. 솨탄은 사람들을 아차본의 불행의 블랙홀로 빨아들인다.

이 '아차본의 저주에서 우리를 건져 주시려고 예슈아 크리스토스께서 오셔서 저주의 십자가에서 저주 - '아라르', '이차본'을 단번에 해결하셨다(히 9:11-28, 히 10:19-20, 눅 23:44-45).

'이 뜻을 따라 예수 그리스도의 몸을 단번에 드리심으로 말미암아 우리가 거룩함을 얻었노라'(히 10:10)고 하였다.

'그 길은 우리를 위하여 휘장 가운데로 열어 놓으신 새로운 살 길이요 휘장은 곧 그의 육체니라'(히 10:20)고 하였다.

필자의 경우 삶이 '아루라흐(아라르) 빠이차본(이차본)' 같았으나 마음은 엘로힘의 왕국 מַלְכוּת (4438, 말쿠트 - 왕권, 통치, 왕국(시103:19; 시145:11-13; 단4:3, 단 7:14,27), 데오스 왕국 βασιλεία(932, 바실레이아 - 왕국 kingdom, 마6:10,33, 마12:28, 마13:43, 마20:2, 마21:43, 마25:34)을 유지하고 살았다. 오히려 감사가 넘치는 삶을 살았다. 그 힘의 요인(要因 - 중요한 원인, 조건이 되는 요소)이 영이신 아버지, 전능하신 아버지만 바라보았다. 말씀암송과 되새김질, 그리고 기도였다. 예슈아 크리스토스를 믿는 자들이 영적행복과 환경의 행복들을 누린다.

결론

행복한 자들이 되려면 마음으로 말씀을 받아 순종하라. 저주의 이차본의 씨를 뿌리는 솨탄의 방해로 인하여 인생길의 어려움이 닥쳐도 좌절하지 말고 회심(回心)하라. 돌이켜라. 그리고 지금부터 말씀을 순종하라. 생명의 말씀을 되새김질하라. 인생이 행복하게들 될 것이다.

쇠롬 שָׁלוֹם의 복

쇠롬의 복은 평강 정도가 아니라
광범위하고 완전하고 안전하며 완성된 복들이다.

- **개역개정**

'너는 장(토브)수(세바)하다가 평안히 조상에게로 돌아가 장사될 것이요.'(베레쇠
트(창) 15:15).

- **원어 직역 문장정리**

너는 노령(老齡 - 늙은 나이)까지 선하고 좋게 잘되다가 평안히 네 아버지들 안으
로 네가 돌아가며 네가 매장될 것이다.

◆ **베레쇠트(창) 15:15절 단어별 사전적 의미들**

אַתָּה (859 앗타 – 당신, 그대, 너) וְאַתָּה (베아타흐)접속사 – 인칭대명사 2인 남
성 단수

בּוֹא (935 보 – 들어오다, ~가다, 네가 돌아가, 오다) תָּבוֹא (타보이)칼 미완 2인
남성 단수

אֶל (413 엘 – ~에, ~쪽에, ~안으로, ~옆에, 대하여, 관하여) אֶל (엘)전치사,

אָב (1 아브 – 네 아버지들) אֲבֹתֶיךָ (아보테이크) 명사남성 복수 – 2인 남성 단수

네 아버지들 안으로 네가 돌아간다는 것은 믿음의 아버지들의 영이 영이신 아버지 안으로 돌아가는 것처럼 너도 죽으면 영혼이 엘로힘 아버지 안으로 돌아가고 몸은 매장되어 땅으로 돌아간다는 의미이다.

우리 성도들도 죽으면 영은 루하 엘로힘에게로 돌아간다. 육체는 흙으로 돌아간다. 불신자의 영혼은 영멸지옥으로 떨어지고 육체는 흙으로 돌아간다. 육치는 본향인 흙으로 돌아간다(창 2:7, 창 3:19, 시 90:3, 욥 34:15, 전 3:20, 전 12:7). 영은 영의 본향인 루하 엘로힘 아버지께로 돌아간다(창 2:7, 전 12:7, 눅 16:22, 크 13:3, 요 16:28, 요 17:13). 육(흙)은 육(흙)이다. 영은 영이다. 육(흙)이 영이 될 수가 없다(요 3: 6, 요 6:63, 롬 8:5-6). 영의 말씀은 영으로만 이해가 된다. 신학자라도 육의 사람은 영의 말씀을 이해를 못한다(요 3:3-6,10, 고전 2:10-15).

한글성경을 원어 성경과 비교하면 원어 텍스트와 다른 부분이 많아도 너무 많다. 특히 명사, 복수, 관사에 두드러지게 많다. 영이신 아버지의 이름을 한민족의 신칭인 하나님(하늘(天) heaven + 님(神 - 귀신 신) prince)으로 번역할 수가 있었을까? 신구약 원어 텍스트로 한다면 이런 악역을 할 수 없다.

"로스역본 논쟁 과정에서 장로교의 언더우드는 처음부터 새 번역 출판을 주장한데 반하여, 감리교의 아펜젤러는 개정본 출판을 옹호하였고, 영국성서공회의 북중국 총무 브라이언트 역시 개정본 출판을 적극 지지하였다." [21]

---

21) '로스역본'(Ross Version) 논쟁에 관한 연구, 장신논단 학술저널, 장신논단 Vol. 49 No. 2, 2017. 6 85 - 114 (30page).

신구약 원어 텍스트(성경70권), 영이신 아버지의 말씀 앞에 성경 번역자들이 무릎을 꿇지 않았다. 성경번역에도 다수결의 힘의 논리로 하였다. 타락한 인본주의로 인하여 한국교회는 영이신 아버지의 이름과 명칭(엘로힘 - 데오스, 데오스 이브리어 역어는 엘로힘 - 만능들, 힘들, 전능들)이 빠져버린 성경을 사용하고 있다. 한민족이 수천 년 믿고 섬기던 우상 하나님(하늘 heaven + 님 prince), 귀신의 하나님, 마귀의 하나님, 쏴탄의 하나님을 아버지라고 불렀다. 창조주로 믿어왔다. 이제는 더럽고 추악한 이름, 하나님(하늘 heaven + 님 prince)의 실체를 알았다. 하나님 (하늘(天) heaven + 님(神 - 귀신 신) prince), 천신(天神)은 인간의 생사화복을 주관하지 못하는 미신의 하나님(하늘 heaven + 님 prince)의 명칭을 성경에서 시급하게 삭제하고 엘로힘(구약)과 데오스(신약)로 성경을 출판해야 한다.

쏴롬 합성어, 상형문자 의미, 간략해설

שָׁלוֹם (7965 쏴롬 - 평화, 복지, 번영, 행복, 건강, 완전, 안전, 보답, 보상, 보수)

בְּשָׁלוֹם (쁘쏴롬) 전치사 - 명사 남성 단수이다.

● 쏴롬 합성어

쉰 + 라메드 + 바브 + 멤이다.

● 상형문자 의미

쉰 − 이빨, 모양, 형상, 되새김질, 묵상, 올바름이다.

라메드 − 목자와 통치자의 막대기, 가르치다, 익히다 알아가다.

바브 – 못, 갈고리, 연결하는 사람 예슈아이다.

멤 – 물, 진리, 사역이다. 필수적인 생명진리의 말씀으로 생활하라는 의미이다.

쇄롬 간략해설

선한목자이신 예슈아께서 가르쳐주실 때 생명진리로 마음에 받아들여 되새김질을 하여 익히고 행하여 올바른 길을 가는 자들에게 주시는 완성된 평화, 복지, 번영, 행복, 건강, 완전, 안전, 보답, 보상, 보수의 복들을 주신다는 의미이다.

쇄롬의 사전적 의미 중심으로

각 주제들마다 성구에 대한 의미 해설들이 필요하다. 말씀의 뜻을 깨달으려는 다음으로 기도하며 성구를 읽는다면 거룩한 영이신 아버지께서 진리를 알게 해주실 것이다(요 14:26, 요 15:25, 요 16:7-14). 그리고 무엇 때문에 이 말씀을 하셨는가를 생각하면 그 주제의 의미들을 쉽게 이해할 수가 있다.

① 평화(平和 - 평온하고 화목함)의 복이다(민 6:26, 시 28:3, 시 29:11, 사 9:6, 사 32:17, 사 54:13, 요 16:33, 요 14:27, 골 3:15, 살후 3:16, 히 13:20).

② 복지(福祉 - 전능하신 아버지께서 복을 내려주심으로 행복한 삶. 행복하게 살 수 있는 사회 환경의 복)의 복이다(창 24:1, 창 26:12-14, 왕상 2:3, 왕상 3:13, 대상 29:12).

③ 번영(繁榮 - 일이 성하게 잘되어 영화로움)의 복이다(창 1:28, 창 12:2-3, 창 24:35, 창 26:12-13, 신 28:6, 욥 42:12, 시 112:3).

④ 행복(幸福 - 전능하신 아버지의 말씀을 순종하는 자에게 주시는 행복)의 복이다(신

28:1-14, 시 128:1-6). * 말씀순종 없는 행복은 없다.

⑤ 건강(健康 - 영육 간의 튼튼한 평안의 강건함)의 복이다(출 20:12, 신 5:16, 엡 6:3, 요삼1:2, 뻬쇠롬 뻬세이바흐 토브흐 간략해설을 보라).

⑥ 완전(完全 - 모자람과 흠이 없는 완전함)한 복이다(요삼 1:2, 레 1:3, 레 22:21, 벧전 1:19, 시 20:4).

⑦ 안전(安全 - 영육 간의 온전한 평안함)한 복이다(신 4:40, 신 5:29, 신 6:3,18, 신 12:25, 렘 3:23-26, 렘 38:20).

⑧ 보답(報答 - 전능하신 아버지께 받은 보은에 대한 보답, 응답)하라고 주시는 복이다(신 32:6, 시 18:20, 시 137:8).

⑨ 쇠롬(שָׁלוֹם)에 대한 진리를 행하는 사람들에게 주시는 보상(報償 - 갚아주시는 상)과 보수(報酬 - 갚아주시는 보상)로 주시는 복이다(창 31:41, 룻 2:12, 룻 1:16, 룻 4:21-22, 마 1:5-6, 히 11:6).

쇠롬 간략해설을 보라.

믿음의 행동은 반드시 전능하신 아버지께서 보상해 주신다.

◆ 뻬쇠롬, 뻬세이바흐, 토바흐 사전적 의미

שָׁלוֹם (7965 쇠롬 – 평화, 복지, 번영, 행복, 건강, 완전, 안전, 보답, 보상, 보수)

בְּשָׁלוֹם (뻬쇠롬)전치사 – 명사 남성 단수이다.

שִׁיבָה (7872 세바 사전적 의미 – 포로, 머무름, 체류, 노령) בְּשִׁיבָה (뻬세이바흐) 전치사 – 명사 여성단수이다.

טוֹב (2896 토브 사전적 의미 – 선하다, 좋다, 기쁘다, 바르게 잘 행하다, 좋은, 선

뻬솨롬, 뻬세이바흐, 토바흐 간략해설

에하흐께서 아브라함에게 너는 내가 누리게 하는 나이를 다 채우고 죽는다. 너는 완전한 평안과 건강과 번영과 복지의 행복들을 누리다가 죽는다. 능력과 생명으로 실존하시는 에하흐께서 아브라함에게 너는 가장 선하고 좋은 것들을 유쾌하게 누린다. 그리고 너의 영은 나에게 돌아온다는 언약의 약속을 해주셨다. 이 약속대로 아브라함은 '뻬솨롬', '뻬세이바흐', '토바흐'를 누리다가 백칠십 오세(창 24:1, 창 25:7)에 영이신 루하 엘로힘의 부름을 받아 영이신 아버지 품으로 돌아갔다. 이 언약의 약속은 아브라함처럼 믿음의 길을 가는 모든 사람들에게도 이루어지는 빠라크(헬 - 율로게오) - 복이다(갈 3:6-9,14,29, 창 12:1-3).

◆ 솨롬, 솨람의 사전적 종합의미

ﬦ﬩ﬨﬦﬨ (7965, 솨롬 사전적 의미 – 평화, 복지, 번영, 행복, 건강, 완전, 안전, 보답, 보상, 보수, 253회) 솨롬(명남) 어근은 솨람(ﬦ﬩ﬨﬦ, 7999–8006, 솨람 사전적 의미 – 완전하다, 완성하다, 온전하다, 회복, 약속, 이행, 보상, 배상, 화해, 평화조약 체결(110회)), 완성하다, 끝마치다, 건전하다, 완전하다(3회), 평안, 안녕, 번영, 형통(4회), 화목희생, 감사(87회), 완전한, 완성된, 안전한, 평안한, 평화한(2회), 솨렘(지명) – 평화로운(2회), 쉴렘 – 보답, 보수, 보상(1회, 신32:35), 쉴렘(인명,3명 – 보수, 보상(2회))이다.

쇠롬은 영생구원을 받은 자들에게 주시는 영육 간의 복이다(요 14:27, 요삼 1:2). 영적인 복과 생활에서 누리는 완전한 복이다. 쇠롬의 복은 어떤 환경에도 좌우로 치우치지 않는다. 내일 사형을 당해도 베드로처럼 평안한 잠을 잘 수 있는 복이다. 쇠롬의 복을 누리는 자들은 죽음을 두려워하지 않는다(행 12:1-6, 행 16:21-26, 히 11:34-38). 쇠롬의 복을 받은 자는 본질을 추구한다.

본질을 추구한다는 것은 말씀의 사실을 믿고 순종하여 사는 것이다.

① 죄 사함과 영생구원이다(행 2:37-40, 행 16:31, 엡 1: 3-7, 히 11:30-31, 시 32:1, 사 43:25, 렘 31:34, 마 26:28, 벧전 2:24).

② 엘로힘 - 데오스의 왕국에 소망을 두고 산다(마므라카(왕국, 통치권, 지배권) - 시 45:6, 사 9:7, 사 37:16, 바실레이아(왕국)-마 6:10,33, 히 1:8, 히 11:16).

③ 공의를 행한다(차디이크(의로운, 공의로운)-사 3:10, 디카이오쉬네(의)-마 6:33).

④ 비 본질(이집트의 명예, 죄악의 낙, 모든 보화, 생명)과 타협하지 않는다(히 11:23-26, 마 6:19-32).

⑤ 영이신 아버지의 말씀순종에 생명을 건다(히 11:33-38, 행 20:24, 행 21:13, 단 3:14-18, 단 6:20-23, 신 27:12-26, 계 12:11).

필자는 신구약 원어 텍스트의 본질로 회귀하는 대개혁에 목숨을 던졌다. 21세에 이루어지지 않는다 할지라도 이 일은 반드시 영이신 아버지께서 친히 시작하셨다. 그러므로 누구도 막을 수가 없다. 잘되는 교회를 선두(先頭)로 하여 이미 전국 각지에서 이 대개혁의 운동은 시작되었다(롬 10:14-15, 엡 4:11-14, 빌 1:6, 빌 2:12-13, 히 5:12, 히 13:21). 전능하신 아버지께서 반드시 이루실 것이다.

이 사람들은 영이신 루하 엘로힘 아버지의 영적인 형상과 모양을 회복한 자들이다. 그러므로 예슈아를 닮아가려고 힘을 다한다(고전 4:16, 빌 2:12-16, 살전 1:6, 벤후 3:18). 목자와 통치자이신 예슈아께서 필수적인 생명진리의 말씀을 가르쳐 주실 때 마음에 받아들여 배우고 익혀서 생활 속에서 '하가'(묵상 되새김질)한다(수 1:8, 욥 23:12, 시 1:2, 시 40:8, 시 119:11,48,97-99). 이런 사람은 영이신 아버지께로 가는 유일한 길이신 예슈아 십자가의 복음을 믿음으로 죄 사함과 영생구원을 받는다(마 1:21, 요 1:12-13, 요 3 16-17, 요 14:6, 행 2:38-39, 고전 1:18-21).

예슈아께서 저주의 십자가에서 완성하신 전능하신 아버지의 공의와 사랑이다. 대리적 속죄의 희생양을 믿고, 자기 안에 거룩한 영이 임하여 계심을 믿는 자가 누리는 완전한 쇠롬의 번영이다. 쇠롬의 건강이다. 쇠롬의 행복이다. 쇠롬의 평안이다. 쇠롬의 복은 영적인 엘로힘 - 데오스의 왕국이 임한 증거이다. 쇠롬은 이브리어 단어별 합성어 해설을 들어야 루하 엘로힘의 뜻을 명확하게 그 의미를 알 수 있다. 디브리어 단어별 합성어해설은 21세기에 다지막 설교의 대안이다. 이단들에게 이브리어 단어별 합성어 해설의 진리가 주어졌다면 봉인된 인을 떼는 자라는 등등으로 수많은 영혼들을 영멸지옥으로 이끌어 갔을 것이다. 영이신 아버지, 전능하신 아버지께서 이단들에게 이 복음의 진리를 주시지 않았다. 이단들이 사용하기 전에 성경 70권(시편을 5권으로)신앙과 행위에 유일한 법칙의 말씀으로 믿고 웨스트민스터 신앙고백서 위에 서있는 필자에게 열어주셔서 감사할 뿐이다.

- **개정개역**

  '공의의 열매는 화평이요 공의의 결과는 영원한 평안과 안전이라.'(예솨에야흐
  (사) 32:17)

- **원어 직역 문장정리**

  이 의로운 צְדָקָה (6666, 체다카 – 의로움, 공의, 의로운 행위) **행동은 그에게 평안** שָׁלוֹם
  (7965, 솨롬)**이다. 이 의로운 행위**(체다카)**의 수고는 영원한 평안** שָׁקַט (8252, 솨카트 –
  평화하다, 조용하다, 태평하다, 평안하다)**과 안전** בֶּטַח (983, 뻬타흐 – 안전, 안심, 염려 없는)**이다.**

솨카드 간략해설

의로운 행동과 의로운 행위의 수고를 하므로 고요한 평안을 누리라는 말씀이
다. 의로운 행동과 의로운 행위는 자기를 부르심에 대한 말씀을 순종하는 것이
다. 솨탄 – 세드(마귀)는 사람을 불안과 초조, 염려와 근심과 걱정을 만든다. 분
노하게 한다. 고요하고 평안한 것을 훼방한다. 우울하게 한다. 정신 세계와 가
정과 사회를 파괴하고 국가에 암적 존재가 되게 한다.

솨탄 – 세드를 이겨야 솨카트 – 평안을 누린다. 솨탄을 이기려면 의로운 행
동이 따라야 한다. 그 의로운 행동은 영이신 아버지의 말씀을 순종을 할 수
없는 상황에서 그 말씀을 순종하는 것이다(눅 8:12-15은 환경구원의 말씀이다). 불
가능에 가까운 죄 사함과 영생구원을 받은 자로 살아져야 한다. 영이신 아
버지의 형상과 모양을 회복한 자는 생명진리의 말씀을 되새김질한다. 엘로
힘 – 데오스의 왕국에 소망을 두고 살아간다. 그러므로 올바른 길을 간다.

목자이신 예슈아께서 가르쳐주신 생명진리의 말씀으로 생활한다(마 4:4, 신 8:3). 테트 ט(테트는 바브 ו (연결하는 사람 예슈아)와 자인 ז (검, 칼)의 합성어이다) - 예슈아 입에서 나오는 검(계2:12,16, 계19:15, 요6:63, 엡6:17) 곧 지혜의 말씀과 선으로 쏴탄 - 셰드를 이기는 자가 누리는 쏴카드 - 평안이다(마 4:4,7,10-11).

뻬타흐 בֶּטַח (983, 뻬타흐 - 안전, 안심, 염려 없는) 간략해설

마음을 영이신 아버지의 선하심과 말씀의 지혜로 채운다. 유월절 어린양의 피가 발라져 있는 생명의 울타리, 보호의 을타리 안에서 성만찬을 한다. 이곳이 가장 안심하고 쉴 안전한 곳이다. 염려와 근심이 없는 곳이다. 이 마음 안으로 쏴탄 - 셰드가 뚫고 들어오지 못한다.

사람이 염려 없이 안심하고 살 수 있는 안전한 곳은 이 세상 그 어디에도 존재하지 않는다. 그러나 예쏴에아흐(사) 32:17절에 있다고 하였다.

'이 의로운(체다카) 행동은 그에게 평안(쏴롬)이다. 이 의로운(체다카) 행위의 수고는 영원한 평안(쏴카트)과 안전 בֶּטַח (983, 뻬타흐 - 안전, 안심, 염려 없는)이다.'(사 32:17)

공의로운 행동과 의로운 행위를 하는 자에게 영원한 평안(쏴카트)과 안전(뻬타흐)이라고 하였다. 빠타흐의 완성은 테트에 있다. 테트 ט는 뱀, 선한 것, 지혜의 의미가 있다. 뱀은 요한계시록 12:9절에 쏴탄 - 셰드(마귀)라고 하였다. 뱀 - 쏴탄의 속성은 진리가 없다. 지혜와 선한 것도 없다. 악과 거짓말, 살인자이다(창 3:4-6, 요 8:44). 그러므로 쏴탄 - 셰드를 이기려면 진실로 무장해야 한다. 영이신 루하 엘로힘의 속성인 선으로 무장해야 한다. 지혜의 말씀으로 무장해야 한다. 이 무장한 무기들을 가지고 뱀 - 쇠탄을 대적(반대, 거부)하여 이기는 자에게 주어지는 쇠롬이다(시 85:8, 시 112:6-9, 사 26:3, 사 48:18, 사 54:13-14, 사 57:19, 롬 14:17, 약 4:7).

'아브라함이 노령(老齡 - 늙은 나이)까지 선하고 좋게 잘되다(토브)가 평안히 네 아버지들 אֲבֹתֶיךָ (1, 아보테이카 - 아버지들) 안으로 네가 돌아가며 네가 매장될 것이다'(창15:15) 라고 하였다. '네 아버지들 안으로 네가 돌아가며'라는 말씀의 대한 해설을 본문 중심과 거리가 있어서 하지 않았다. 깊고 긴 해설이 필요하다.

쇠롬하는 자에게 '평화', '복지', '번영', '행복', '건강', '완전', '안전', '보답', '보상', '보수'의 복을 주신다고 하셨다.

모든 독자들이 쇠롬 - 쇠람의 완성된 복들을 받아 누리시기를 바랍니다.

야타브 יִשַׂב의 복

에하흐 손에 하게 하심의 능력으로
마음에 뱀 - 솨탄이 들어오지 못함으로 누려지는 복이다.

- **개정개역**

'네가 선을 행하면 어찌 낯을 들지 못하겠느냐 선을 행하지 아니하면 죄가 문에 엎드려 있느니라 죄가 너를 원하나 너는 죄를 다스릴지니라.'(베레쉬트세페르(창) 4:7).

- **원어 직역 문장정리**

'네가 선하다면 들어 올리지 못하냐. 네가 선하지 않으면 죄(하타아)가 그 문에 드러눕는다. 네가 그것을 사모(思慕 - 마음에 간절히 그리워함)하나 너는 너의 안에서 그것을 다스리며'

יִשַׂב (3190 야타브 사전적 의미 - 선하다, 좋다, 유쾌하다, 즐겁다, 잘하다, 선하게 보이다, 좋아 보이다, 성공하다, 101회)

תֵּיטִיב (테이티브)히필 미완 2인 남성 단수이다.

חַטָּאת (2403 하타아흐 사전적 의미 - 죄, 유죄, 죄의 형벌, 속죄희생물)

חַטָּאת (하타이트)명사 여성 단수이다.

죄 - 하타아흐 상형문자 의미 간략해설

뱀(쇠탄, 계12:9)의 거짓말을 받아들여 만능의 힘과 생명의 울타리인 예슈아를 놓
아버림으로 영원히 실존하는 생명을 잃어버린 죄이다.

תְּשׁוּקָה (8669 테슈카흐 사전적 의미 - 갈망, 열망, 사모는 죄가 아니다)

תְּשׁוּקָתוֹ (테수카토)명사 여성 단수 - 3인 남성단수, 죄가

בְּ (9001 베 사전적 의미 - ~ 안에, ~에, ~ 곁에, ~와 함께는 죄가 아니다.)

בּוֹ: (뽀)전치사 - 3인 남성 단수

야타브 간략해설

선하고 좋게, 유쾌하고 즐겁게, 선하고 좋아 보이게, 잘되어 성공하는 것이 야타
브 - 토을 받은 사람이다.

에하흐 엘로힘께서 그 사람의 마음을 생명과 능력의 손으로 붙잡아 주셔
야 임하는 야타브 복이다. 에하흐 엘로힘 능력의 손이 붙들어 주고 있는 사
람이 뱀 - 쇠탄을 이긴다. 쇠탄은 죽이고 멸망시키는 악령이다(창 3:1-6,19).
거짓말쟁이다. 살인자이다. 진리가 없다(요 8:44, 요 10:10).

그러므로 쇠탄에게 붙잡힌 사람은 악하다. 미혹하는 거짓말을 잘한다. 성
경말씀을 믿지 않는다. 진리이신 예슈아를 믿지 않는다. 매사에 불만 불평
이 늘어놓는다. 영이신 하나님의 속성인 선과 지혜의 말씀으로 무장되어 있
는 사람은 이런 사람과 사귀지 않는다(욥 34:8-9, 시 26:4-5, 시 50:18-20, 잠 1:15-16,

잠 4:14-17, 고전 15:33). 유월절 어린양이신 예슈아 안에 있는 사람은 척 안다.
테트 ט는 헤트 ח를 뒤집어놓은 것이다. 헤트와 테트의 합성어는 자인 ז과 바
브 ו이다. 헤트는 생명구원의 집이다. '테트'는 영멸죽음의 집이다.

카인이 쇠탄의 지배를 받으니까 영이신 루하 엘로힘께 대들고 분노한다
(창 4:4-5). 에하흐 엘로힘께서 카인이 사악하여 동생 헤벨을 죽일 것을 아시
고 카인에게 '너의 마음 문에 하타아 - 죄(쇠탄)가 드러누웠다'(창 4:7)고 미리
알려주셨다. 뱀 - 쇠탄이 카인에게 동생을 죽이라는 충동을 받아들여 에하
흐 엘로힘께서 미리 알려주신 말씀을 버리고 동생 헤벨(아벨)을 쳐 죽였다(창
4:8).

에하흐 엘로힘께서 뱀 - 쇠탄(죄)이 너를 지배한다는 말씀을 버렸다. 에하
흐 엘로힘께서 주신 말씀을 버리면 자기가 원치 않는 일들을 행하게 된다.
어떻게 친 동생을 쳐 죽입니까. 카인의 본심이 아니다. 살인은 오직 마귀로
부터이다(요 8:44, 창3:4, 창 2:17).

요한복음 8:44절 안드로포크토노스 ἀνθρωποκτόνος - '살인하는 자', '살
인자', 창세기 3:4절 "결코 죽지 아니하리라"의 이브리어는 '모트' מוֹת '테무툰'
תְּמֻתוּן:이다. 원어 직역 문장해설은 '너희가 죽거나 죽지 않아!'

창세기 2:17절 "반드시 죽으리라"의 이브리어는 '모트' מוֹת '타무트' תָּמוּת:이
다. 원어 직역 문장해설은 '네가 죽고 죽으며'이다. 한글성경 번역자가 누구
인지 알 수 없지만 이브리어 원어 텍스트를 근거로 하는지 아니면 자기 견

해로 하는지를 밝혀야 한다. 영이신 루하 엘로힘께서는 두 번의 죽음을 말씀하셨다. 솨탄도 두 번의 죽음을 말하였다. 구약 원어 텍스트에는 영의 죽음과 육의 죽음이 있다(레 20:9-16). 이 책임은 누가 질 것인가?

에하흐 엘로힘께서 카인에게 동생 하벨이 어디에 있느냐의 질문은 카인이 회심하기를 바라는 마음이셨다(창 4:9상). 카인은 내가 아우를 지키는 자입니까 라고 반문을 한다(창 4:9하) 한 번 더 기회를 주시면서 카인아 너 무슨 짓을 하였느냐 네 아우의 핏 소리가 땅에서부터 나에게 호소하고 있다고 하셨다(창 4:10).

그래도 카인이 돌이키지 않았다. 이제 에하흐 엘로힘의 긍휼의 시간은 지나고 카인이 감추고 있는 동생 헤벨을 살인한 죄와 저주를 말씀하신다(창 4:11-12). 에하흐 엘로힘께서 동생 헤벨을 살인한 것과 저주를 말씀하자 카인은 사악한 '아돈'의 죄가 무겁다고 하면서 다른 사람들에게 자기가 맞아 죽을 것을 걱정한다(창 4:13-14). 카인은 이 저주에도 회심(回心 - 마음을 돌림, 마음이 돌아섬)하지 않고 다른 사람이 자기를 죽일 것이라는 걱정만 하고 있다. 자기 살길만 찾고 있다. 이것이 곧 타락한 인간들의 본심이다. 모든 범죄자들 보세요. 나는 모른다, 아니다. 라고 발뺌한다. 충동(욕망)을 임신하고 붙잡으면 하다르티아(하타아)를 해산하고 사망을 생산한다(약 1:15).

- **원어 직역 문장정리**

　'이 욕망을 임신하여 그 후에 그가 하마르티아(하타)을 해산한다. 이 하마르티아(하타)을 행하여 그리고 죽음을 생산한다.'(이야코부(약 1:15))

자. 보라. 쇼탄이 카인을 부추겨 살인을 하게 한 후에 더 이상 위로와 용기와 살길을 열어주지 않고 버렸다. 이것이 쇼탄의 본질이다(창 3:4-6,7-24, 창 4:8,9-15).

그러나 루하 엘로힘 아버지께서 끝까지 사랑과 긍휼을 베푸신다. 아담과 하부하(하와)에게는 가죽옷을 지어 입혀주셨다(창 3:21). 카인에게는 죽음을 면하는 증표 אוֹת (226, 오트 - 표시, 증표)를 만들어 주셨다(창 4:15).

에하흐 엘로힘께서는 죽음의 공포에 떨고 있는 카인이 회심를 하지 않았지만 죽음을 면하도록 사랑과 긍휼을 베푸신다. 최초의 살인자이므로 당연히 죽여야 마땅한 카인에게 사랑과 긍휼을 베푸시는 것처럼 인류의 모든 죄인들에게 돌아오라고 사랑의 기회를 주신다. 이것이 루하 엘로힘 아버지의 사랑이다(벧후 3:8-9, 창 3:7,21, 출 34:6, 시 86:15, 겔 18:21-23,31-32, 겔 33:11, 호 11:8, 미 7:18, 눅 15:32, 요 3:16-17, 딤전 2:4, 요일 4:7-12, 엡 2:4-5, 합 2:3).

◆ 뱀 – 쇼탄에게 붙잡힌 대표적인 사람들

하부하(하와)와 아담(창 3:1-6), 카인(창 4:5-8), 함(창 9:25), 사울 왕, 시드기야 왕, 여로보암, 게하시(왕하 5:15~27), 이스카리오테스(가룟) 이우다스(유다) (마 27:1~10), 필라토스(빌라도) (마 27:24,26), 헤로데스(헤롯) (막 6:14-29), 아나니아스와 삽페이레(행 5:1-11)등이다. 이들은 복 받을 기회를 놓치고 저주의 화를 당한 자들이다.

성도들은 이 세상에서의 성공이 아니다. 본향인 엘로힘 - 데오스 왕국을 마음에 두고 살았다. 그래서 외국인으로 살았다(히 11:9-16,24-27, 벧전 1:17, 벧전 2:11).

이 세상에서 사람들이 누리는 복들은 아주 미미(微微 - 작고 작다)하다. 죄 사함과 영생의(요3:16-17, 요6:40,51, 마25:21,23,34, 마16:24-26)복과는 비교가 되지 않는다. 믿음의 아버지들은 이 세상에 마음을 두고 살지 않았다. 이 세상은 우리 성도들에게 외국이다. 우리의 본향은 영이신 아버지이다(창 2:7, 전12:7). 예슈아께서 명백하게 알려주셨다(요 13:1,3, 요 8:29, 요 14:10-11,28, 요 16:5,28, 요 17:5,11,13). 이 진리는 삼위일체교리(마3:16-17, 마 28:19와 일 천년왕국(계20:3-7)와 데오스의 왕국(데오스(전능들)의 바실레이아 - 왕국 kingdom, 눅 17:20)을 성경적 해설을 해야 한다. 한국교회에서는 일 천년왕국과 데오스 - 엘로힘의 왕국을 혼용해서 말하고 있다. 뚜렷하게 구분해서 전해야 한다.

예슈아께서 아버지께서 나와 함께 하신다는 그 아버지는 영이신 아버지 - 루하 엘로힘, 프뉴마 데오스이시다(창 1:2, 창 2:7, 마 1:20, 눅 1:31-35,37-38, 요 8:29, 요 14:10-11).

야타브 복을 받아 누리려면 뱀 - 솨탄의 미혹, 거짓말에 속지 말아야 한다. 솨탄은 성도들에게 이 세상에 마음을 두고 살게 한다. 여기에 속아 넘어간 성도들은 믿는 일을 힘써서 하지 못한다. 페트로스는 편견 없이 모든 일에 대하여 판단하시는 자를 너희가 아버지라고 부른다면 외국 땅(이 세상)에서 사는 기간을 두려움 안에서 너희는 돌아오라고 하였다(벧전 1:17). 그리고 목숨과 생명에 대하여 너희는 군인으로 전쟁하라고 하였다(벧전 2:11). 육의 영역에 속한 충동과 욕망을 멀리하라고 하였다.

• 개역개정

‘외모로 보시지 않고 각 사람의 행위대로 심판하시는 이를 너희가 아버지라 부른즉 너희가 나그네로 있을 때를 두려움으로 지내라’(벧전 1:17)

• 원어 직역 문장정리

‘그리고 그의 편견 없이 이 모든 일에 대하여 판단하시는 자를 만일 너희가 그를 아버지라고 부른다면 너희는 이 외국 땅에서의 기간에 ① 두려움 안에서 ② 너희는 되돌아오라’

• 개역개정

‘사랑하는 자들아 거류민과 나그네 같은 너희를 권하노니 영혼을 거슬러 싸우는 육체의 정욕을 제어하라’(벧전 2:11)

• 원어 직역 문장정리

‘사랑하는 자들아 내가 외국인 같은 자들과 그리고 외국인으로 체류하는 자들에게 권한다. 이 ③ 목숨과 생명에 대하여 ④ 너희는 군인으로 전쟁하라. 어떤 사람이든지 ⑤ 육의 영역에 속한 이들은 ⑥ 충동과 욕망을 ⑦ 멀리하라’

베드로전서 1:17, 2:11절 중심으로 ① ~ ⑦ 간략해설

헬라어 포모스와 이브리어 역어 피하드, 모라 사전적 의미

① 명사 포모스 φόβος(사전적 의미 - 공포심, 두려움, 놀람, 경악, 공경, 존경, 경외) 이브리어 역어는 9개중에 2개만 해설한다. Ⓐ 파하드 פַּחַד (6343, 파하드 사전적 의미 - 공포, 두려움, 두려움의 대상, 창31:42,53 - 경외) Ⓑ 모라 מוֹרָא (4172, 모라 사전적 의미 - 두려움, 공포, 무서움, 사8:13)이다.

포모스, 파하드, 모라 간략해설

헬라어 포모스는 데오스(전능들)의 왕도이 나타남에 대한 두려움이다. 기적에 대한 두려움이다(마 28:4, 막 4:41, 고후 7:1, 빌 2:12, 히 2:15) 왜 인생을 외국 땅에 체류하는 자(나그네)는 공포심과 두려움고 놀라고 경악하며 공포 속에 지내라고 하였을까요? 이 말씀을 받아들여 살지 않는 성도들은 본향으로 돌아갈 생각을 하지 않고 이 땅을 본향으로 여기고 살아간다. 데오스(전능들)의 왕국으로 돌아갈 마음이 없는 자들은 영이신 아버지으 대한 믿음이 없다. 말씀에 대한 관심도 없다. 형식적, 습관적인 교인으로 살아간다. 힘써 믿는 일을 하지 않는다.

헬라어 포모스 이브리어 역어 파하드, 모라 간략해설

Ⓐ 파하드 פַּחַד - 생명의 문이신 예슈아, 유월절 어린양의 보혈의 울타리, 생명의 울타리, 보호의 울타리를 떠나면 죽는다는 공포심의 대한 두려움이

다. 본향에 갈 생각하지 않으니까 영이신 아버지의 입에서 나오는 말씀으로 살아가지 않는다. 그에게 임하는 것은 유황불 지옥의 공포라는 의미이다.

ⓑ 모라 מוֹרָא - 진리의 말씀이신 예슈아, 만왕의 왕이신 예슈아, 만능들이신 엘로힘으로 생활하지 않는 자는 두려워하라는 것이다. 이 세상에서 나그네와 거류자라는 것과 본향 왕국을 잊어버리고 살다가 공포의 지옥 멸망한다는 의미이다. 그래서 야레 - 경외하다. 두려워하다. 무서워 하다의 단어가 아니라 '파아드'와 '모라'이다.

② 동사 아나스트레포 ἀναστρέφω(사전적 의미 - 뒤집어엎다, 되돌아 오다, 회전시키다, 행동하다) 이브리어 역어는 슈브 שׁוּב (7725, 슈브 사전적 의미 - 되돌아가다, ~ 오다, 회복하다)이다.

헬라어 아나스트레포 이브리어 역어 슈브 간략해설

이 세상에 마음을 두고 살던 생활을 뒤엎어 버리고 돌아서서 나그네와 체류자로 회복하라는 것이다. 회심하여 영이신 아버지의 형상과 모양을 회복하여 마음이 온전하게 예슈아께로 회전하는 행동을 하라는 의미이다.

③ 명사 프쉬게 ψυχη(사전적 의미 - 영혼, 목숨, 생명) 이브리어 역어는 네페소 נֶפֶשׁ (5315, 네페소 사전적 의미 - 숨쉬는 존재, 영혼, 생명)이다.

헬라어 프쉬케 이브리어 역어 네페소 간략해설

네페소는 숨 쉬는 호흡이다. 호흡하는 성명이다. 입과 코 안에 있는 영이신 아버지의 형상이요. 입과 코에서 이 호흡이 떠나면 곧 죽음이다.

④ 동사 스트라튜오 στρατεύω(사전적 의미 - 군인으로 복무하다, 전쟁을 하다. 딤후 2:3-4) 이브리어 역어는 마하후 מָהַהּ (4102, 마하후 사전적 의미 - 머뭇거리다, 지체하다, 연기하다, 체류하다, 머무르다)이다.

헬라어 스트라튜오 이브리어 역어 마하후 간략해설

너의 목숨과 생명에 대하여 전쟁하라는 것이다. 영적 군인으로 너의 생명을 지키기 위하여 싸우라는 것이다. 쇠탄은 죽이는 자이다. 이 싸움은 쇠탄과의 싸움이다. 그래서 가장 힘든 싸움이다. 죽느냐 사느냐의 싸움이다. 이 싸움은 연기하거나 머뭇거리나 지체하면 안 되는 싸움이다.

'마하흐'는 영적 싸움의 필수적인 생명진리의 말씀이다. 목숨 - 호흡의 생명과 영원히 실존하는 하는 생명을 지켜내는 유일한 무기이다(엡 6:17, 히 4:12, 계 12:11, 계 19:15). 말씀과 생활이 하나가 될 때 쇠탄의 미혹을 물리 칠 수가 있다.

⑤ 형용사 사르키코스 $\sigma\alpha\rho\kappa\iota\kappa\acute{o}\varsigma$(사전적 의미 - 육신의 방식으로, 육의 영역에 속한, 육의) 이브리어 역어는 없다. 사르키코스 어근은 명사 사르크스이다. 사르크스 이브리어 역어는 빠사르 בָּשָׂר (1320, 빠사르 사전적 의미 - 살, 육체)이다.

헬라어 사르키코스 이브리어 역어 빠사르 간략해설

육의 영역에 속한 방법으로는 목숨과 영원히 실존하는 생명을 지킬 수 없다. 육의 욕구와 충동은 영이신 아버지의 힘으로만 가능하다. 마약 중독과 도박 중독이 그것이라고 한다. 마약에 첫 경험은 쾌락에서 고통이라고 한다. 고통을 이기기 위해서 마약을 하게 되는데 2~3년 감옥에 다녀와도 끊지 못하고 출소 10여 일 안에 다시 마약을 하게 된다고 한다. 감방에서 만나는 사람이 마약 거래상들과 함께 있기 때문에 더 자세히 배워서 출소한다고 한다.

국립법무병원(國立法務病院) 또는 국립법무병원 치료감호소(國立法務病院 治療監護所)는 「치료감호 등에 관한 법률」에 의하여 치료감호 처분을 받은 자의 수용·감호와 치료 및 이에 관한 조사·연구에 관한 사무를 관장하는 대한민국 법무부 의 소속기관이다. 사실상 교도소와 정신병원을 합한 시설로 치료감호법 제2조에 의해 심신장애인, 약물중독자, 성범죄를 저지른 징선 성적 장애자 중 금고형 이상에 해당하는 범죄를 저지르고 '법원의 판결에 의해 입소 명령을 받은 사람을 수감시키는 시설'이다. 이곳에 수감시키는 것은 본질적으로 보안처분이지만, 치료감호소 입소 명령과 징역형이 병과 된 경우에는 치료감호 법 제18조에 의해 징역형을 치료감호소에서 집행하게 되는데,

이렇게 수감되면 일반 교도소에 수감될 것과 마찬가지로 전과 기록이 남게 된다.

국립법무병원
1996년 4월 16일: 마약병동 개설.
1997년 11월 10일: 병원명칭 국립감호정신병원 제정.
2004년 1월 29일: 약물중독재활센터 개관 등등

10~20대 카운트 된 숫자만 일백만, 비공개까지 합하면 약 삼백만이라고 한다. 10-20대(40%)가 온라인 사이버 드박이 심하다고 한다. 친구소개가 가장 많고, 사이트 내, 문자메시지, 불법 웹툰, OTT(무료영화)등등이라고 한다. 이들은 대부분 도박 빚을 지고 있다고 한다. 그래서 쉽게 돈 벌려는 유혹에 걸려 '마약 알바 드라퍼, 운반책(마약던지기수법 등)'을 하면서 마약과 도박중독에 빠-지게 된다고 한다. '새롭게 하소서' 한 간증자에 의하면 마약, 도박중독자가 약 1천만 명가량이라고 한다. 이들이 중독자가 되는 주요 수단이 핸드폰이라고 한다. 핸드폰 게임 중독 폰을 넘어 악마 - 쇠탄 폰, 죽음중독 폰이 되었다.

마약과 도박을 끊는 사람은 소수인데 예슈아를 만나 예슈아께 중독된 사람들이라고 한다. 육의 마음으로는 올바름을 따르기보다는 이익을 따라간다. 돈이 된다면 별아 별 짓를 다한다. 육의 속성은 자기가 머리가 되어있다. 그러므로 사망의 길을 간다(롬 6:19-23, 롬 7:5, 롬 8:5-9,13, 갈 6:8, 약 1:14-15).

⑥ 명사 에피뒤미아 $\acute{\epsilon}\pi\iota\theta\upsilon\mu\acute{\iota}\alpha$(사전적 의미 - 충동, 욕망, 갈망) 이브리어 역어는 타아바흐 תַּאֲוָה (8378, 타아바흐 사전적 의미 - 욕구, 욕망, 갈망)이다.

헬라어 에피뒤미아 이브리어 역어 타아바흐 간략해설

인간의 충동과 욕망은 잠재울 수가 없다. 아마도 죽어야 끝날 것이다. 이브리어 '타아바흐'에 그 의미를 담아 놓으셨다. 인간의 욕구와 욕망은 곧 죽음이다. 인간의 육의 욕망 때문에 만능이신 아버지와의 연결이 끊어진다. 영원히 실존하는 생명을 죽음의 욕망의 홀(유황불로 불태우는 세올 - 지옥, 계19:20)에 빠져서 죽는다. 마약 중독과 도박 중독, 성적 문란과 핸드폰 중독이다. 이런 것들을 뒤집어 엎어버리고 영이신 아버지께로 돌아서야 한다. 돌아서지 않으면 죽음의 고통을 계속당하는 유황불로 태워지는 지옥에서 영원히 죽지 않고 실존한다.

복습하는 의미에서 베드로전서 1:17; 2:11절을 되새김질해 보라.

- **원어 직역 문장정리**

  '그리고 그의 편견 없이 이 모든 일에 대하여 판단하시는 자를 만일 너희가 그를 아버지라고 부른다면 너희는 이 외국 땅에서의 기간에 두려움 안에서 너희는 되돌아오라'(벧전 1:17)

- **원어 직역 문장정리**

  '사랑하는 자들아 내가 외국인 같은 자들과 그리고 외국인으로 체류하는 자

들에게 권한다. 이 목숨에 대하여 너희는 군인으로 전쟁하라. 어떤 사람이든
지 육의 영역에 속한 이들은 충동과 욕망을 멀리하라'(벧전 2:11)

이 세상은 잠깐 들렀다가는 타국이다. 그래서 외국인이다. 성도들은 아버
지의 왕국 백성이다. 편견 없이 모든 일에 대하여 판단하시는 자를 아버지
라고 부른다면 외국 땅에서 사는 기간에 두려움 안에서 되돌아가야 한다.
'목숨에 대하여 너희는 군인으로 전쟁하라'고 하였다. 사느냐 죽느냐의 전
쟁이다. 영생구원을 받느냐 영멸 지옥행이냐의 싸움이다. '어떤 사람이든지
육의 영역에 속한 이들은 충동과 욕망을 멀리하라'고 하였다. 누구든지 육의
영역에 이끌려가지 않도록 육의 충동과 욕망을 뒤집어엎어 버리고 멀리하
는 전쟁을 하라는 것이다.

힐라어 아페코와 이브리어 역어 쑤르 사전적 의미

㋑ 동사 아페코 ἀπέχω (사전적 의미 - 멀리하다, 억제하다, 멀다, 떨어져 있다) 이
브리어 역어는 쑤르 סוּר (5493, 쑤르 사전적 의미 - 옆으로 빗나가다, 고개를 돌리다, 벗
어나다, 떠나다, 제거하다, 끝나다)이다.

쑤르 상형문자와 사전적 의미 복합해설

만왕의 왕이신 예슈아로 버팀대를 삼아 육의 속한 것들을 끝내라는 것이다. 제
거하고 떠나라는 것이다. 다시는 그곳으로 얼굴을 돌리지 말라는 것이다. 멀리
떨어져 있지 않으면 미혹에 이끌려간다. 멀리 떨어져 있어도 정욕이 충동질하

면 보이지 않는 힘에 묶여서 이끌려간다. 담배와 마약을 끊지 못하는 것과 같다. 그 보이지 않는 힘이 사악한 악령인 솨탄이다. 그래서 제거를 하라는 것이다. 그 제거의 방법은 오직 하나이다. 만왕의 왕이신 예슈아로 버팀대를 삼을 때 가능하다. 이 관계를 유지하는 방법은 진리의 말씀을 붙잡고 깨어 기도하는 것이다. 결코 쉬운 일은 아니다.

◆ 야타브(101회)중에서 한글번역 내용들 23가지

* 안전하고 – 창 12:13

* 후대하므로 – 창 12:16

* 잘 되시거든 – 창 40:14, 잘 보았도다 – 렘 1:12, 잘하는 자 같이 – 겔 33:32

* 좋게 여기므로 – 창 34:18, 레 10:20, 신 1:23, 삼하 18:4, 에 5:14

* 기뻐하고 – 창 45:16, 삼하 3:36, 시 69:31, 전 11:9

* 반드시(야타브), 은혜를 베풀어 – 창 32:12, 출 1:20, 느 2:5

* 복을 받아 – 신 4:40, 신 5:16,29, 신 6:3,18, 신 8:16, 신 12:25,28, 신 22:7, 신 5:29, 신 6:3,18, 신 12:28, 룻 3:1, 수 24:20, 삼상 2:32, 렘 7:23, 렘 38:20, 렘 42:6, 습 1:12

* 옳도다 – 신 5:28, 신 18:17

* 자세히 – 신 13:14, 신 17:4, 신 19:18

* 평안하리라 – 왕하 25:24

* 즐겨하시기로 – 느 2:6, 삿 19:6,9,22, 룻 3:7, 왕상 21:7

* 베푼 – 룻 3:10

* 후대 – 삼상 25:31

* 아름답게 – 왕상 1:47, 에 2:4, 시 33:3, 렘 18:11

* 선행 – 시 36:3, 잠 15:2, 사 1:17, 렘 13:23

* 양약이라도 – 잠 17:22

* 기묘한 – 사 23:16

* 선을 행하면 – 창 4:7, 시 51:18, 잠 15:2, 렘 4:22, 렘 13:23

* 빛나게 하여도 – 잠 15:13

* 바르게 하라 – 렘 7:3, 렘 7:5

* 참으로 – 렘 7:5

* 고치고 – 렘 26:13, 렘 35:15

* 유익 – 렘 18:10, 렘 40:9

야타브 사전적 의미는 선하다, 좋다, 즐겁다, 잘하다, 선하게 보이다, 좋아 보이다. 에서 이렇게 다양하게 번역되었다. 중요한 것은 쇠탄을 이기는 자들에게 주어지는 복들이다. 이기지 못하는 자들에게는 반대의 현상이 나타난다는 것을 잊지 말아야 한다.

야타브 사전적 의미, 합성어, 상형문자 의미 해설

יָטַב (3190 야타브 사전적 의미 - 선하다, 좋다, 즐겁다, 잘하다, 선하게 보이다, 좋아 보이다) לְהֵיטִבְךָ 전치사 - 히필 부정사 연계 - 2인 남성 단수이다.

● 야타브 합성어

요드 + 테트 + 베이트이다.

● 상형문자 의미 해설

요드 – 쥔 손, 하게함, 능력, 권세, 에하흐 손의 하게 하시는 능력이다. 에하흐
의 능력의 손에 붙들린 자가 사탄마귀 이긴다. 인간의 온갖 수단과 모든
방법을 총동원해도 이길 수 없다. 에하흐 능력의 손에 붙잡히는 방법은
한 가지 밖에 없다. 루하 엘로힘의 말씀에 붙잡히는 것이다(요 10:28–29).
아담과 하부하가 루하 엘로힘의 말씀을 놓아버렸기 때문에 쇼탄의 거짓
말에 넘어진 것이다(창 2:17, 창 3:4–6)

테트 – 뱀(사탄, 마귀, 계12:9), 선한 것, 지혜, '선한 것'과 '지혜'은 영이신 아
버지의 속성과 엘로힘 – 데오스의 말씀의 지혜이다. 사탄 마귀의 거짓
된 미혹은 오직 지혜의 말씀과 영이신 아버지의 속성으로만 이기고 승리
할 수 있다(엡 6:17, 히 4:12). 마귀를 대적하라고 한다(약 4:7, 벧전 5:9).
보이지 않는 마귀를 어떻게 대적할까? 대적하라는 단어는 안디스테미
$\alpha\nu\theta\iota\sigma\tau\eta\mu\iota$(436, 안디스테미 – 대적하다, 대항하다, 거역하다, 반대하다)이
다. 거역하고 반대하라고 하였다. 말씀으로 무장되어 있지 않으면 쇼탄의
달콤한 미혹을 물리칠 수가 없다. 그러므로 루하 엘로힘께서는 되새김질
(하가)하라고 하셨다. 아래 말씀들을 되새김질을 해보라. 쇼탄 마귀를 이
기는 해답이 나온다. 해설이 필요하지만 전능하신 아버지께서 도와주실
것이다(시 1:1, 욥 23:12, 시 40:8, 시 112:1, 시 119:11,47–48,72,92,97–
100, 요일 5:3, 시 88:1, 시 104:34, 수 1:8).

베이트 – 집, ～안에, 내면의 집, 속사람, 마음의 집이다. 사람들이 자기 마음에

무엇이 들어 있는가의 대한 관심을 가지는 사람이 많지 않다. 사람의 불행의 요인이 그 사람의 마음 상태에 달려있다. 어느 사람의 마음에 쇠탄 마귀가 있다면 그 사람은 불행한 사람이다. 쇠탄 마귀에 의하여 살아지므로 끝내는 불행 지는 것이다.

택 - 쇠탄 마귀에게(계12:9) 속아서 살던 자가 영이신 루하 엘로힘의 선하신 손에 붙들리고 그 능력아래서 하게 하심을 따라 영이신 아버지의 몸으로 살아지는 것이 복이다. 선한 것이다. 잘되는 것이다. 성공하는 것이고 좋고 즐거운 것이다. 다른 사람들이 보기에도 좋아 보인다. '좋아 보인다' 는 것은 부러워 한다는 것이다. 쇠탄을 이기는 자들에게 주어지는 복이다.

야타브가 선하고 좋고 즐겁고 잘되고 성공한다는 것일까? 에하흐 손의 하게 하시는 능력인 선과 지혜의 말씀으로 마음에 자리 잡고 거주하고 있던 뱀 - 쇠탄 마귀를 좇아내고 그 자리에 왕이신 예수스 크리스토스(이브리어 헬라어 복합 표기 - 예수스 크리스토스, 헬라 도기 - 이에수스 크리스토스, 이브리어 표기 - 예슈아 마쉬하, 이브리어 헬라어 복합 표기 - 예슈아 크리스토스, 예수 그리스도는 원어 텍스트에 없음으로 바로 잡는다)를 모셔드리는 자에게 주어지는 복이다. 마음의 집의 주인이 쇠탄에서 영이신 아버지께서 거주하시는 집으로 바뀌어 지는 자에게 '야타브'의 복이 임하기 시작한다. 쇠탄 마귀를 내 좇아내려면 어떻게 해야 할까. 거룩한 영의 검 곧 데오스(전능들)의 말씀으로 쇠탄 마귀를 적극적으로 반대하고 거부해야 한다(엡 6:17, 히 4:12, 마 4:4,7,10, 계 12:11, 약 4:7, 벧전 5:8-9). '야타브'는 성경에 101회 나온다. 성경을 찾아 묵상(하가), 되새김질을 하면 더 복이 될 것이다.

아하리트 사전적 의미, 간략해설

אַחֲרִית (319 아하리트 사전적 의미 - 마지막 부분, 끝, 결말, 마지막 때, 미래)

בְּאַחֲרִיתֶךָ: 전치사 - 명사 여성 단수 - 2인 남성 단수이다.

아하리트 간략해설

'아하리트'을 한글성경에 '마침내'라고 하였다. '시험'의 '끝'을 일컫는다. 시험에 합격한 자에게 베푸신다는 '야타브'의 복이다. 시험의 기간은 결코 긴 시간이 아니다. 능히 감당할 수 있는 시간이다(고전 10:13, 막 13:20, 슥 13:9, 롬 8:37, 고전 15:57, 고후 2:14, 골 2:15, 요 19:30, 요 16:33, 요일 4:4, 요일 5:4,5, 계 12:11, 히 12:4, 계 2:10-11, 계 3:7-13, 계 12:11, 계 17:14, 계 21:7). '아하리트'는 '끝', '결말'이 있다는 것을 알려주신 것이다. 지내놓고 보면 오래가지 않는다. 잠시 지나간다(눅 18:8, 히 10:37, 약 5:9, 벧후 3:8, 계 22:20, 사 26:20). '야타브'의 복은 영원히 누리게 된다(천대의 헤세트 - 출 20:6, 야타브 복 - 신 5:29, 신 7:9-10, 야타브 토브 - 렘 32:38-42, 해설이 필요하지만, 생략).

헤세드 사전적 의미, 상형문자 의미 해설

헤세드 חֶסֶד (2617, 헤세드 사전적 의미 - 친절, 인자(仁慈), 자비(慈悲), 자애(慈愛))이다.

헤세드 상형문자 의미 해설

'헤세드'를 은혜라고 번역하였으나 '헤세드'는 어머니가 낳은 자식에게 아낌없이 베푸시는 루하 엘로힘 아버지의 사랑과 희생을 강조한다. 자녀들에 마음 안에,

생명의 울타리(마음)안에, 당신의 본질인 영이 들어있기에 어떤 상황에서도 그 자식에게 자신을 희생시키면서까지 끝까지 영원토록 버팀대가 되어 주신다는 에하흐 엘로힘의 복된 말씀이다. 그 사랑이 인간들을 구원하시려고 예슈아께서 육신의 모양으로 오셨다. 그리고 죄 없으신 예슈아께서 저주의 십자가위에서 저즈받은 인간들을 위하여 저주에 십자가에서 희생물로 죽으셨다.

'자애'와 '자비', '인자'의 의미를 보라.

자애(慈愛 - 자식처럼 사랑, 어머니가 자식을 사랑하듯), 자비(慈悲 - 사랑하여 가엽게 여기는 어머니의 마음) 인자(仁慈 - 어질고 더진 어머니의 자식 사랑)이다.

결론

'야타브' 복은 쇠탄 마귀를 지배하는 자들이 누리는 복이다. '야타브' 복을 받아 누리시기를 바랍니다.

차라흐 חָלַח의 복

차라흐는 형통이 무엇인지를 알려주는 복이다.

· **개역개정**

'2 여호와께서 요셉과 함께 하시므로 그가 형통한 자가 되어 그의 주인 애굽 사람의 집에 있으니 3 그의 주인이 여호와께서 그와 함께 하심을 보며 또 여호와께서 그의 범사(콜 - 모든 것)에 형통하게 하심을 보았더라. 23 간수장은 그의 손에 맡긴 것을 무엇이든지 살펴보지 아니하였으니 이는 여호와께서 요셉과 함께 하심이라 여호와께서 그를 범사(아셰르 - 그를 위하여)에 형통하게 하셨더라'(베레쇠트(창) 39:2-3,23)

· **원어 직역 문장정리**

'2 에하흐께서 요세프와 함께 그가 일어나시므로 그가 형통한 사람이 되어 그의 주인들 그 미츠리(이집트)사람의 집에 그가 있으니 3 그의 주인들이 에하흐께서 그와 함께 행하심과 에하흐께서 형통케 하는 그 손의 모든 것의 그것을 보았으며 23 그 둥근 건물 집(감옥) 장(長 - 어떤 조직에 우두머리)이 그의 손이 하는 것은 전체 아무것도 본질의 아무것도 조사하지 않았다. 에하흐께서 함께 하시면서 위하여 에하흐께서 그가 일하는 것을 형통하게 하셨다.'

'함께' אֵת (854, 에트 사전적 의미 - ~와 함께, 표시, 놀라운 표적, 기이한 일, 본질, 실체, 진수, 보습)이다.

에트 간략해설

목회자들은 아마도 병 고치는 표적들, 기이한 일들이 나타나기를 소망 할 것이다. 가장 큰 표적은 영이신 아버지, 전능하신 아버지께서 나와 함께해 주시는 것이다. 본문에서는 에하흐께서 요세프(요셉)와 함께 해주셨다. 에하흐 상형문자 의미는 능력과 생명으로 영원히 실존하시는 분이시다. 누구라도 에하흐께서 함께해 주시면 놀라운 표적과 기이한 일들로 인하여 하는 일들(목회, 직장, 사업, 공부 등)이 형통해진다. 형통하기를 원하는 사람은 에하흐와 함께하기를 힘써야 한다(신28:1-14, 수1:3-9). '에트' 상형문자는 힘과 강함과 예슈아 십자가를 믿는 증거가 마음에 있어야 한다는 의미이다.

'형통' צָלַח (6743, 차라흐 사전적 의미 - 앞으로 나가다, 발전하다, 형통하다, 번영하다, 성공하다, 유익하다)이다.

● 차라흐 상형문자 의미

차데 – 낚시 바늘, 책임이다.

라메드 – 목자, 막대기, 가르치다, 익히다,

헤트 – 보호의 울타리, 생명의 울타리, 보혈의 울타리 안에서 예슈아의 구원을
기다리는 곳이다.

차라흐 상형문자, 사전적 의미 복합해설

차라흐는 베뢰쇠트세페르(창) 24장에 아브라함의 늙은 종(엘리에제르(엘리에셀)-하나님은 도움이시다, 창15:2-3)이 사용하였다. 아브라함의 명을 받아 이츠하크의 아내감을 구하려 아브라함의 고향 아람나하라임(메소보다미아)나호르 성읍에 도착해서 에하흐 엘로힘께 기도하였다(창 24:12-14). 그리고 리브카흐를 만나고 리브카흐 가족을 만나면서 차라흐를 4번 사용하였다(창 24:21 - 평탄한(차라흐), 40 - 평탄한(차라흐), 42 - 형통함(차라흐), 56 - 형통한(차라흐)). 아브라함의 늙은 종 엘리에제르는 믿음의 사람 아브라함을 주인으로 모시고 있으면서 아브라함의 믿음의 영향을 많이 받은 것이 분명하다. 아브라함이 신임하고 있는 엘리에제르에게 자기의 모든 집과 재산의 소유권을 이전할 아들로 생각하고 있었던 종이다(창 15:2-3).

인생이 형통하기를 원하십니까? 번영하며 성공하기를 원하십니까? 하는 일들이 성공하기를 원하십니까? 목자이신 예슈아 앞으로 나아가서 차라흐의 비밀을 배우고 익히시기를 바란다. 그리고 에하흐 엘로힘께서 정하여 놓으신 생명의 울타리 안에서 예슈아의 구원을 기다리시기를 바란다. 정하여 놓으신 생명의 경계선을 넘어가면 죽는다. 말씀을 붙들고 때가 될 때까지 기다리면 책임지시고 번영과 형통케 하시는 발전과 성공을 이루어 주신다. 그리고 성도의 편에서는 '차라흐'을 생활화 하고 있으면 에하흐 엘로힘께서 형통하게 하시고 계시다는 것을 본인이 체험을 하게 된다.

◆ 차라흐 관련된 성경 54곳을 '묵상(하가)'하면 더 많은 차라흐의 진리를 발견한다.

창 24:21(평탄한), 40(평탄한), 42(형통함을), 56(형통한), 창 39:2-3,23(형통하게 하셨더라), 민 14:41(형통하지), 신 28:29(형통하지, 15), 수 1:8(평탄(형통) – 차라흐, 형통(지혜롭게 행하라 – 쇠칼), 삿 14:6(강하게 임하시니), 19(갑자기 임하시니), 삿 15:14갑자기 임하시니), 삿 18:5, 삼상 10:6(크게 임하리니),10(크게 임하므로), 삼상 11:6(감동되매), 삼상 16:13(크게 감동되니), 삼상 18:10(힘 있게 내리매),

왕상 22:12(승리를 얻으소서), 15(승리를 얻으소서), 대상 22:13(형통하리니), 대상 29:23(형통하니), 대하 7:11(형통하게), 대하 13:12(너희가 형통하지), 대하 14:7(형통하게), 대하 18:11,14(승리를 거두소서), 대하 20:20(그리하면 형통하고), 대하 24:20(스스로 형통하지), 대하 26:5(형통하게 하셨더라), 대하 31:21(형통하게 하였더라), 대하 32:3C(형통하였더라, 20,24), 느 1:11(형통하여), 느 2:20(형통하게 하시리니),

시 1:3(형통하리로다), 시 37:7(형통하며), 시 45:4(오르소서), 시 118:25(형통하게 하옵소서), 잠 28:13(형통하지), 사 48:15(형통하리라), 사 53:10(성취하리로다), 사 54:17(쓸모가), 사 55:11(형통하리로다), 렘 2:37(형통하지), 렘 5:28(이익을 얻으려고), 렘 12:1(형통하며, 시73:3,1-19, 시37:1, 시92:7, 욥 12:6, 욥21:7-15), 렘 13:7(되었더라),10(쓸 수), 렘 22:30(형통하지, 형통하여),

렘 32:3(승리하지), 겔 15:4(무슨 소용이 있겠느냐), 겔 16:13(올라왔느니라), 겔 17:9(그 나무가 번성하겠느냐), 10(번성하겠느냐), 15(형통하겠느냐), 단 3:30(형통하였다), 단 6:28(형통하였더라), 단 8:12(형통하였더라), 24(형통하며), 25(행하고), 단 11:27(일이 형통하지), 36(형통하기를), 암 5:6(임하여).

다바림(신) 28:29절 중심으로

• **개역개정**

'맹인이 어두운 데에서 더듬는 것과 같이 네가 백주에도 더듬고 네 길이 형통하지 못하여 항상 압제와 노략을 당할 뿐이리니 너를 구원할 자가 없을 것이며'라고 하였다.

צָלַח (6743 차라흐 사전적 의미 - 앞으로 나가다, 발전하다, 번영하다, 형통하다, 성공하다) תַּצְלִיחַ(타체리하) 히필 미완 2인 남성 단수이다.

차라흐 간략해설

정상적인 사람이라면 모두가 성공하며 형통하게 번영하기를 원할 것이다. 그리고 앞으로 주~욱 발전하기를 소원할 것이다. 이런 소원을 이루려면 예슈아의 십자가 복음을 믿는 자에게 목자 장이신 예슈아께서 보호의 울타리 안에 책임 지시고 번영의 길로 인도하신다. 그러나 에하흐 엘로힘의 말씀을 불순종할 때는(신 28:15) 인생을 살아가는 길이 형통하지 못한 정도가 아니라 무서운 저주들과 재앙들을 쉴 새 없이 받게 된다고 하셨다(신 28:15-68).

그리고 항상 압제 עָשַׁק (6231, 아솨크 - 압박하다, 억압하다, 학대하다, 강탈하다)와
노략 גָּזַל (1497, 까잘 - 잡아채다, 벗기다, 뜯어내다, 꽉 쥐다, 붙잡다, 빼앗다, 강탈하다, 약
탈하다)을 당하며 그를 구원(야솨)할 자가 없다고 하셨다.

압꽉을 당하므로 앞으로 나아갈 수가 없다. 억압을 당하니까 성공할 수가
없다. 학대를 당하므로 발전할 수가 없다. 강제적으로 탈취를 당하므로 번
영하거나 형통할 수가 없다. 안목의 정욕으로 인하여 에하흐 엘로힘의 말씀
을 되새김질 하지 않는다. 차라흐 복을 받으라는 말씀을 들어도 아멘으로
화답(和答)하지 않는다. 그러므로 이런 사람은 하는 일들이 형통하여 성공하
고 번영하기를 소망하지만 불가능하다는 의미이다.

아솨크 간략해설

왜 에하흐 엘로힘의 말씀을 불순종하면 인생이 형통하지 못한다고 하셨을까(신
28:15). 앞으로 나아가지 못한다. 성공하지 못한다. 그 원인을 본문에 두 개의 단
어가 있다. '아솨크' 사전적 의미들이 그 이유를 증명한다.

아솨크 사전적 의미들

'**압박**(壓迫 - 기운을 펴지 못하게 세력으로 내리누름)**하다**', '**억압**(抑壓 - 자기 뜻대로 하
지 못하게 억지로 억누름)**하다**', '**학대**(虐待 - 잔인하고 가혹하게 대함)**하다**', '**강탈**(强奪 -
강한 자가 빼앗아감)**당한다**'고 하였다.

힘을 쓰려고 해도 쓸 수가 없다. 잔인하게 학대를 당한다. 조금 벌어 와도 모두 강제로 빼앗긴다. 그러므로 형통할 수가 없다.

까잘 간략해설

생명의 주인을 거역하는 자는 형통과 번영과 성공할 수가 없다. 목자이신 에하흐께서 심판하심으로 발전 할 수가 없다. '까잘'의 사전적 의미들이 그 이유를 증명한다. '잡아채다', '벗기다', '뜯어내다', '꽉 쥐다', '붙잡다', '빼앗다', '강탈하다', '약탈(掠奪 – 폭력을 써서 억지로 빼앗음)하다'의 의미들이다. 에하흐의 심판받은 내용들에 잘 나타나있다. 항상 에하흐의 심판은 거룩한(하기오스) 영(프뉴마)의 검의 말씀으로 하신다. '까잘'은 한마디로 무능력한 자가 된다는 의미이다. 무엇을 빼앗겨도 항거하거나 대항할 수 없는 나약한 자가 된다는 의미이다. 다바림(신) 28:1,2,15절을 거역한 자들에게 임하는 에하흐 엘로힘의 저주 케라라흐 קְלָלָה 의 심판이라는 것을 반드시 잊지말아야 한다.

결론

왜 우리 성도들이 '차라흐'의 복을 받아 누려야 하는지를 가르쳐주는 말씀이다. '차라흐'의 복을 받아 누리려면 힘써 생명의 말씀을 지켜 행하라는 것이다. 인생이 형통하기를 원하는 자는 영이신 아버지께서 각자에게 맡기신 일들을 힘써 행하시기를 바랍니다.

ἐνευλογέω(1757, 에뉼로게오 - 찬양하다, 복을 주다, 축복하다, 행 3:25, 갈 3:8)동사 에뉼로게오는 엔(ἐν, 1722)과 율로게오(εὐλογέω, 2127: 칭찬하다, 찬양하다, 축복하다)의 합성어이다. 동사 에뉼로게오 이브리어 역어는 빠라크 בָּרַךְ (1288, 빠라크 - 무릎을 꿇다, 찬양하다, 복주다, 축복하다, 성공, 번영, 생산, 장수 등을 위한 능력을 부여하다, 창 22:18)이다.

εὐλογία(2129, 율로기아 - 찬양, 축복, 복 blessing, 롬 15:29, 고전 10:16, 고후 9:6) 명사 율로기아(Pindar)는 유(εὖ, 2095: 좋게, 잘)와 로고스(λόγος, 3056 : 말씀, 진리, 진술)의 합성어이다. 명사 율로기아 이브리어 역어는 뻬라카 בְּרָכָה (1293, 뻬라카 - 축복, 복을 주는 것, 선물, 창 12:2, 신 28:2,8, 신 30:19, 삼하 7:29, 시 3:8, 시 24:5, 잠 10:22, 사 44:3)이다.

εὐλογέω(2127, 율로게오 - 칭찬하다, 찬양하다, 축복하다, 마 14:19, 마 25:34, 눅 1:42, 히 7:1) 동사 율로게오는 유(εὖ, 2095: 좋게, 잘)와 로고스(λόγος, 3056 : 말씀, 진리, 진술)의 합성어이다.

동사 율로게오 이브리어 역어는 빠라크 בָּרַךְ (1288, 빠라크 - 무릎을 꿇다, 찬양하다, 복주다, 축복하다, 성공, 번영, 생산, 장수 등을 위한 능력을 부여하다, 창 1:22,28, 겔 34:26, 신 11:26, 신 28:3, 신 30:1, 렘 17:7)이다.

μακαρίζω(3106, 마카리조 - 복되다고 부르다, 복되다고 생각하다, 복되다고 선언하다, 눅 1:48, 약 5:11) 동사 마카리조 이브리어 역어는 아솨르 אָשַׁר (833, 아솨르 - 똑바로 가다들, 나아가다, 계속하다들, 성공하다들, 형통하다들, 향상하다들, 축복하다들, 복되다들), 시 41:2, 시 72:17, 잠 3:18, 말 3:12,15)이다.

μακαρισμός(3108, 마카리스모스 - 복, 행복, 롬 4:6,9, 롬 15:29, 고전 10:16, 고후 9:6, 갈 3:14, 엡 1:3) 명사 마카리스모스 어근은 마카리조(μακαρίζω, 3106: 복되다 부르다, 복되다 선언하다)이다.

μακάριος(3107, 마카리오스 - 복된 blessed, 행복한 happy, 마 5:3-11, 벧전 4:14, 계 14:13, 시 1:1, 시 2:12, 시 32:1, 시 84:12) 형용사 마카리오스는 마카르(μάκαρ: 행복한)이다. 마카리오스 이브리어 역어는 아솨르 אָשַׁר (833, 아솨르 - 똑바로 가다들, 나아가다, 계속하다들, 성공하다들, 형통하다들, 향상하다들, 축복하다들, 복되다들)이다.

목회자들이 강단에서 선포되는 복의 말씀들이 성경적인 것 같은데 아닌 것들이 많다.

목회자가 성도들을 향하여 할렐루야! 외치면 성도들은 아멘으로 화답(和答)한다. 이렇게 해서 복을 받는다면 얼마나 좋겠습니까? 설교 중에 가장 많이 회자되고 있지만 교회 안에는 여전히 어려운 문제들이 해결되지 않아서 신음소리가 많다. 천하에 내놓을 만한 자들이라 할지라도 전능하신 아버지의 말씀 앞에는 무릎을 꿇어야 한다.

아멘도 믿음으로 하면 실제로 현실이 된다.

필자는 신학교 1학년 때, 조영엽교수가 현대신학 강의 시간에 목회자 될 사람은 물질의 어려움을 당하지 않는다는 말이 내 마음에 들어왔고 즉시 소리 없이 아멘으로 받았다. 필자는 주경야독하면서 아주 힘든 시기였다. 주머니에 100원짜리 동전하나가 없는 시기도 있었다. 난생 처음으로 건축현장에서 질통과 벽돌을 져보기도 하였다. 허리와 어깨 피부에 상처가 생겼다. 조직신학 교수 강의 때 아멘한 후 약 한 달 근간에 원모 장로로부터 신학교, 신학원 후에도 도움의 손길이 이어졌다. 그 아멘 이후로 필자의 주머니에 돈이 떨어져 본적이 없다.

필자는 사회에서도 최선을 다하였다. 목회를 시작부터 현재까지 앞으로도 최선을 다할 것이다. 성공하는 모든 사람들을 보라. 다 최선을 다하는 사람들이다. 불가능을 가능하게 하는 자들이다. 좌절을 하지 않는다. 필자는 행복한 목회를 하고 있다. 최선을 다 하는 사람은 불만 불평을 하지 않는다. 그래서 행복한 것이다. 필자는 사람을 바라본 적이 없다. 부모님의 재산과 두 분의 형님, 한명의 동생에게도 도와 달라고 손을 내밀지 않았다. 오직 전능하신 아버지만 바라보았다. 필자의 자녀는 2남 3녀이다. 한 번도 자식이 많다고 생각해 본적이 없다. 어떻게 교육시킬까? 한 번도 걱정해 보지 않았다. 주변 사람들이 걱정들을 하였다. 목회자들과 성도들이 자식교육 때문에 또 무엇 때문에 하면서 자식을 낳지 않는 사람들이 있다. 과연 만능들이신 아버지를 믿는 자들일까 의심이 든다.

내가 믿는 전능하신 아버지께서는 천지에 있는 모든 것들의 주인이시다(창 1:1, 창 14:19, 창 18:14, 신 28:13,1-14, 대상 29:11, 시 1:2,1,3, 시 16:2, 시 18:2, 시 23:1, 시 115:15, 빌 4:13). 필자는 이 말씀들을 확실하게 믿는다. 나는 최선을 다 하는데 이 정도라면 그것으로 행복해 한다. 다섯 명의 아이들에게 점수를 탓하지 않았다. 아이들에게 딱 한 가지 묻는다. 최선을 다했니? 최선을 다하지 않았다면 혼나지만 최선을 다 했다고 하면 그것으로 만족한다. 최선은 필자의 인생 철학이요. 목회 철학이다. 온 영과 마음을 집필하는데 쏟아 붓고 있다. 문서 선교로 책을 남기기 위함이다. 영혼이 잘되면 환경구원이 이루어진다. 이브리어 일곱 가지 복들 안에 환경구원이 담겨있다. 또 환경구원이 이루어져야 죄 사함과 영생구원도 받을 수 있다(눅 8:12-15). 긴 설명이 필요하다.

이브리어와 헬라어의 복은 모두가 영적인 복들이다. 요한삼서 1:2절에 가장 잘 나타나있다.

'사랑하는 자여 ① 네 이 영혼이 잘되고 ② 너의 일이 잘되고 번영하는 그것처럼 ③ 건강이 잘되는 모든 것을 위하여 내가 기도하고 원한다'(요삼 1:2)고 하였다.

영혼이 잘 되면 나머지는 덤으로 주신다. 이것은 영이신 아버지, 전능하신 아버지께서 정하여 놓으신 복을 주시는 불변의 1, 2, 3의 법칙이다. 이 불변의 1, 2, 3의 법칙의 원칙은 어느 시대를 초월하여 지켜지고 있다(요 1:12-13, 요 3:16, 행 2:38, 마 1:21, 마 5:1-12, 마 6:31-33, 시 1:2,1,3). * 데일 카네기의 화술의 1,2,3법칙이 아니다.

'이브리어 단어별 해설로 새롭게 알아가는 일곱 가지의 복' 요약정리를 복습하고 마치고자 한다. 이브리어 원어 안에 감추어져 있는 복의 말씀을 강단에서 전파되어지기를 간절히 소망한다.

1. 예슈아의 복 - 예슈아를 믿는 자에게 죄 사함과 영생구원의 최상의 복을 주신다.

יְשׁוּעָה (3444, 예슈아 - 구원하다, 해방시키다, 구원, 구출, 구조, 복리, 번영, 도움, 승리, 하나님에 의한 구원, (요안네스 감마(요삼) 1:2)이다.

· **원어 직역 문장정리**

사랑하는 자여 네 이 영혼이 잘되고 너의 일이 잘되고 번영하는 그 것처럼 건강이 잘되고 모든 것을 위하여 내가 기도하고 원한다(요안네스 감마(요삼) 1:2) 고 하였다.

2. 토브의 복 - 예슈아를 마음에 모셔 들임으로 뱀 - 쇠탄을 마음에서 쫓아내는 자가 누리는 잘되는 복이다.

טוֹב (2896, 토브 - 좋은, 선한, 즐거운, 선, 이익, 번영, 복지, 상품이나 물건, 선함, 유익, 번영, 행복, 모든 좋은 것들, 아름다운 것들, 기쁘고 행복하게 하는 것의 대명사, 창1:4)이다.

· **원어 직역 문장정리**

엘로힘께서 그 빛의 본질과 실체를 그가 바라보며 좋아하셨다(토브) 왜냐하면 엘로힘께서 그 빛의 간격과 그 어두움의 간격을 그가 계속 나누시며(베레쉬트(창) 1:4) 라고 하였다.

3. 빠라크의 복 - 빠라크 능력의 복을 받아 모든 영역(領域 - 주권영향이나 세력이 미치는 범위)에서 누리는 복이다.

בָּרַךְ (1288, 바라크 - 무릎을 꿇다, 축복하다, 복을 주다, 찬양하다, 성공, 번영, 생산, 장수 등을 위한 능력을 부여하심, 창1:22,28)이다.

• **원어 직역 문장정리**

엘로힘께서 그들에게 그가 능력의 복을 주시며 엘로힘 그가 말씀하시기를 그들에게 ①다산(번성)하라들 ②많이 증가하라들 ③충만 하라들 그것들의 본질을 그 땅에 그 바다의 물고기와 그 하늘들에 나는 새와 곤충과 모든 살아있어 그 움직이는 것 위에서 그 땅의 이것을 ④정복하라들 ⑤지배하라들(베레쉬트(창) 1:28) 이라고 하였다.

4. 아쇠르의 복 - 행복들이 무엇인지를 알고 그 행복들을 누리라는 복이다.

אָשַׁר (833, 아샤르 - 너희는 똑바로 가라, 너희는 나아가라, 너희는 계속하라, 너희는 성공한다, 형통하다들, 향상하다들, 축복하다들, 복되다들, 행복한 자들, 복된 자들, 지복을 받을 자들, 기뻐할 자들, 회양목처럼 단단한 자들, 시41:2, 시72:17, 잠3:18)이다.

• 원어 직역 문장정리

에하흐 그가 저를 지키시며 그가 저를 살게 하시며 이 세상에서 그에게 계속 아쏴르 하시며 주께서 생명을 해하는 그 원수들, 그에게 주지 마소서(테힐림(시) 41:2) 라고 하였다.

5. 쏴람의 복 - 쏴롬의 복은 평화 정도가 아니라 광범위하고 완전하고 안전하며 완성된 복들이다.

שָׁלֵם (7999, 쏴람 - 완성하다, 완전하다, 안전하다, 회복, 약속, 이행, 보상, 배상, 화해, 평화조약 체결, 끝마치다, 평안, 안녕, 번영, 형통 화목희생, 감사희생, 완전한, 완성한, 안전한, 평화한, 평화로운, 보답, 보수, 보상, 창15:15, 룻2:12, 욥22:21)이다.

• 직역 문장정리

너는 노령까지 선하게 잘되다가 평안히 네 아버지들 안으로 네가 돌아가며 네가 매장될 것이다(베레쉬트(창) 15:15) 라고 하였다.

6. 야타브의 복 - 에하흐 손에 하게 하심의 능력으로 마음에 뱀 - 쏴탄이 들어오지 못함으로 누려지는 복이다.

יָטַב (3190, 야타브 - 잘되다, 성공하다, 선하다, 좋다, 유쾌하다, 즐겁다, 잘하다, 신4:40, 신 5:29, 신6:3)이다.

• **원어 직역 문장정리**

이스라엘아 네가 듣고 네가 지키라 하는 것을 준수하라 그것이 네가 하는 것이 잘된다는 것을 네 아버지들의 에하흐 엘로힘께서 젖과 벌꿀이 흘러나 오는 땅에서 너희가 굉장한 힘으로 크게 증가한다고 그가 말씀하셨다(다바림(신) 6:3) 고 하였다.

7. 차라흐의 복 - 차라흐는 형통이 무엇인지를 알려주는 복이다.

צָלַח (6743, 차라흐 - 앞으로 나가다, 발전하다, 형통하다, 번영하다, 성공하다, 유익하다, 창39:2-3,23, 수1:8, 대상22:13)이다.

• **원어 직역 문장정리**

이 가르침의 기록된 이것을 너의 입에서 떠나게 하는 것이 아니다 이것을 낮이나 밤이나 이것과 함께 목적을 가지고 너는 신음하며 깊이 묵상하고 그 기록한 그것 안에서 너는 모두 지키며 행하라 왜냐하면 그때에 너의 길에서 너를 형통하게하며 너는 지혜롭게 행하게 될 것이다(예호슈아(수) 1:8) 라고 하였다.

결론

6가지(2~7)의 복을 추구(追求 - 목적을 이룰 때까지 뒤쫓아 구함)하지 않아도 예슈아를 믿는 최상의 복을 받으면 6가지 복들은 덤으로 주어진다. 예슈아를 믿는 사람들은 잘되지 않을 수가 없다. 믿으시기를 바랍니다.

본서의 표지 그림을 제공해 주신 조예르님께 감사를 드린다. 내지 검수위원으로 수고해 주신 조엘림 권사께 감사를 드린다. 하늘기획 출판사 대표 황성연 장로와 편집하느라 수고하신 박상진 과장께도 감사를 드린다.

*오타는 너그러운 마음으로 양해(諒解)를 부탁드립니다. 감사합니다. 쇠롬

2025.8. 창뜰아랫길 골방에서
이브리어 단어별 합성어해설 연구원 제공

신학대학교, 신학대학교대학원, 총회, 노회, 교회
Mobile: 010 9088 1252 조길봉
E-mail: sure8402@naver.com

─── 강의문의 ───

신학대학교, 신학대학교대학원, 총회, 노회, 교회
Mobile: 010 9088 1252 조길봉
E-mail: sure8402@naver.com